JN004982

火星でフライフィッシングをするつもり?

目次

車寝《シャネ》ルの女 —— 白山篇 7

左右盲 8

タンクトップおじさん 11

満ち足りた夜 15

恐竜が恐い 17

神様は誰だ 19

ソロキャンプ洗礼 —— 白神山地篇 25

嶽きみを買いに 26

かちかち山 29
白神館 34
森のチンドン屋 39
ふがいなくてもいい 47

河童と火星人——遠野篇 55

軽バン現る 56
前途多難 59
女だけの世界 63
タイマグラ 67
分身 73
1年後 78

ストリームサイド・メモリーズ 82

白鷺七変化 ―――― 道東篇 103

旅の始まり 104
やまめさんの憧れ 107
宝石が泳ぐ川 114
そこに魚がいる限り 119
アメマスの朝 124
白鳥の湖 130
月面に旗を立てる 136

フライ女子の一人言 145

アングラーズ・アイドル 146
獣の呪い 149
東屋評論家 152
温泉なしには釣りは出来ない 155

アダムスとイブ 159

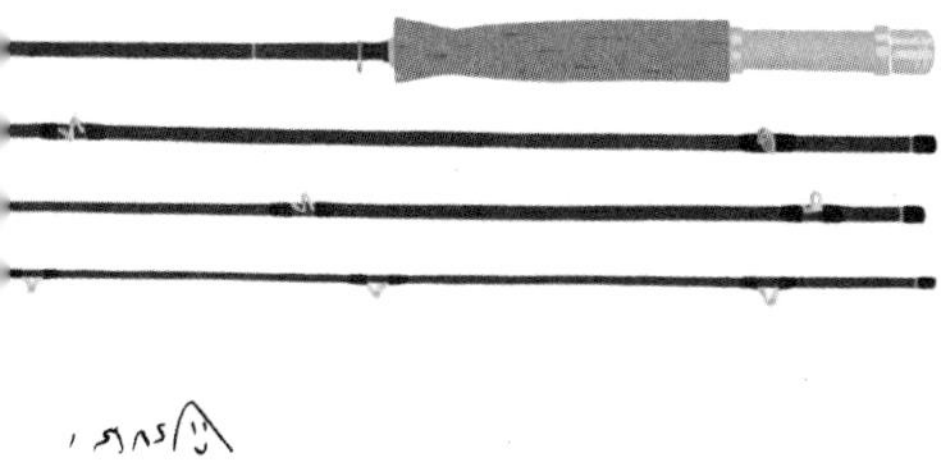

車寝《シャネ》ルの女

——白山篇

左右盲

女の一人旅は、昨今さほど珍しいことではなくなった。しかし、その目的が釣りであるとすればどうだろう。そもそも、一人で旅に出てしまうほど釣りが好きな女性なんて、この日本にどのくらい存在するのかしら？　単独での渓流釣行は、怪我やらクマやらさまざまな危険が付きまとうために、男性ですら行きたがらない人は多いというのに。

しかし一方で、単独釣行を好む人も一定数いる。一人で行きたい理由は何だろう。孤独を愛しているから？　冒険を求めているから？　独り占めしたいから？　恐らく最後の理由が妥当じゃないだろうか。

釣り人が独り占めしたいのは魚に限ったことではない。ドライブ中のＢＧＭや車中泊《シャネル》のマットを敷くスペース、クーラーボックスの中の冷えたビール、ＳＮＳのいいね数など、どうしようもないものすべてだ。かく言う私も例外ではないが、この一人旅を決めたのには、もっと貪欲な理由があった。

それは「釣り人として自立したい」というものである。誰にも甘えずに、自分一人で遠方へ釣りに行き、満足して帰って来ることが出来るのか。それを確かめるために私は、フライロッドと大きなダッフルバッグを背負い、まだ見ぬ土地へ旅に出ることにした。

７月。百万石ドリーム政宗号という大げさな名前の深夜バスが、仙台駅東口のバスターミナルを出発したのは夜の10時半。終点の金沢までは行かず、その手前で降りて富山の川を一日釣り、次の日に石川へ移動して釣る。最終日は金沢観光というプランを立てた。ただし、最終日はあくまで予備日であって、兼六園も現代アートもお寿司も、満足出来る魚が釣れなければお預けだ。我ながらストイックな計画である。

北陸は釣りじゃなくとも訪れたこと自体なかった。私の住む仙台からはアクセスが悪いため、周りの釣り人もなかなか行きたがらない。それなら私が先陣切って、北陸で尺イワナなんか釣っちゃった日には、拍手喝采、名声赫赫《かくかく》、何だか抜きん出た感じじゃないの、という浅はかな魂胆がちらつく。

しかしそんなにうまくいくはずもないことも、重々承知だった。一人で釣りをするのは初めてではないが、遠征の単独釣行は経験がない。周囲に心配されて、急に不安が押し寄せてきたが、行くと言ってしまった以上引っ込みが付かなくなったのは、女の意地だろうか。

深夜バスの座席は、一人ずつカーテンで仕切られていた。シートもほぼ水平まで倒すことが出来て快適だったが、目を閉じても不安と興奮で寝付けない。カーテンをめくって窓の外を見ても、電灯の光が超高速で流れていくばかりでつまらなかった。

朝６時半、富山駅に到着した。バスのステップを降りると、めまいがするほど強い朝日に照らされた。夜に雨が降っていたせいで、むわっとした空気が肌にまとわり付く。駅のセブンイレブンでホットコーヒーとパンを買い、レンタカーを借りた。これから数日間、私の足となり宿となる白いワゴンR。小さな車だが、私一人と少しの荷物なので十分だ。

　実のところ、私は車の運転が苦手だ。運転自体が下手な上に、左右盲なのである。左右盲というのは、右と左の判断がとっさに付かない人のことで、女性に多いらしい。病気や障害ではなく、原因も解明されていないから、治しようがないのがやっかいだ。人に説明してもうまく分かってもらえないし、日常生活で困るシーンもある。口頭で左右を伝えるタイプの視力検査や、タクシーに乗った時の道案内などがそれである。落ち着いて考えれば分かるのに、急にどっち？　と言われると、判断が付かずに答えられない。

　つまり、カーナビを頼りに知らない道を走る時は、いつも冷や汗をかくことになる。右と言われているのに左車線を走り続け、曲がれなくなる。左右を間違えて、一方通行を逆走。なかなか恐ろしいと思いませんか。

　目的地までは神流川に沿って県道7号線を真っすぐ進み、その後も特に入り組んだルートではないのだが、朝から道に迷って時間を無駄にはしたくない。旅情を味わう余裕もなく、音楽を掛けることすら忘れ、「お箸を持つ方が右、お箸を持つ方が右」と、お箸のことばかり考えてひた走った。

タンクトップおじさん

山道を抜けると、青々とした田園の中に合掌造りの民家がちらほら見えてくる。この山里全体が世界遺産らしい。昔話の世界に迷い込んだような風景に、肩の力がすっと抜けていく。集落の間を川が流れている。入渓ポイントはもうすぐのはずだ。北陸の釣りに詳しい友人からの情報を基に、単独でも比較的安全に釣りが出来る川を選んだのだが、確かに入渓や遡行もしやすそうで、人里が近いため安心感もある。

しかしながら、乱立としか言い様のない砂防堰堤《えんてい》には内心がっかりした。数百mおきに建てられた真新しい堰堤。（ビジネスという面で）日本の原風景をウリにしている村の印象と相容れず、何だかちぐはぐだ。こんなんで魚いるの？　と心配になってくる。

河原まで降りられるポイントを見つけ、車を止めた。文字通り手に汗握りながらのドライブから解放され、数時間ぶりに大きく息を吸い込み背伸びをした。

午前9時である。仲間と一緒であれば、釣り場に着くやいなや準備もそこそこに川へ繰り出すところだが、今日は一人なのでそれはしない。普段着のまま水辺に腰を下ろし、朝コンビニで買ったパンと、保温ポットに入れておいたコーヒーをゆっくり味わった。

本当に一人でこんな所まで来ちゃったんだなぁ、と、今さら実感が湧いてくる。こんな時、私はいつも頭の中で日本地図を広げ、今ココ、というように赤い○を付けたりする。蝉の声が響いている。夏の日差しは容赦なく肌を焦がしているが、川の近くにいるといくぶん涼しい。

車に戻って日焼け止めを丹念に塗り、トランクの中のダッフルバッグからウェーディングブーツやサンマスク、ショーツなどを取り出し身に着けた。今回の旅にはウェーダーを持ってきていない。観測史上最高の暑さを記録したこの年、北陸も30度を超える日が続いていたため、軽快にウェットウェーディング・スタイルでいくことにした。ロッドをつなぎ、#14のアント・パラシュートをティペットに結んだ。

あまりに静かなので、水遊びをする子供のようにわざと音を立てて川に入った。ラインを長めに出して腕をならし、フライを落としながら進んでいく。入ってすぐの瀬で小さな反応があった。小さ過ぎて合わせられなかったが、少しだけ安堵して奥へと釣り上がっていった。

川幅が狭くなり、木の葉が日陰を作るようになると、いよいよ雰囲気が出てくる。護岸も見られなくなり、岩がゴロゴロしてきた。小さなポイントだが、いかにも魚が好みそうなとろりとした流れの流芯で、フライに飛沫が上がった。記念すべき1尾目は、小ぶりだが鮮やかなオレンジの斑紋がきれいなイワナだ。白点があまり目立たなく、ヤマトイワナっぽさもある。とにかく普段釣っている東北のイワナとは全く違うことに興奮する。わざわざ旅に行くのはこんな出会いがあるからだよなと、この無茶な旅をこの時初めて肯定出来た気がした。写真を何枚か撮ってリリースし深呼吸すると、一気に胸の中が温かいもので満ちた。

最初の1尾を釣った後も、イワナは飽きない程度に出てくれる。いいペースで3尾のイワナをキャッチした。大型こそ出ないものの、初めての川でこれだけ楽しめれば満足だ。退渓点が分からないので、ある程度まで釣り上がり、川通しに戻って来た。まだ12時。ここからすぐの、もう1本の川に行ってみよう。次のポイントまでは、車で30分も走らなかったと思うが、さっきの川とは水系が違うらしい。あらかじめ調べておいた入渓点に降りていくと、既に1台の車が止まっていた。横ではタンクトップ姿のおじさんがのべ竿を立て掛けている。

どうしよう、他の入渓点はチェックしていない。でも、もしかしたらおじさんは、この下のエリアを釣るのかも、という一縷《いちる》の望みに賭ける。

「こんにちは。今からですか？」

「……うん」

おじさんは、話し掛けてきたのが得体の知れない女だったので、多少面食らっているようだった。

「釣り上がるんですか？」

「いや、橋の下だけ」

「じゃあ、その上から入っても、大丈夫ですか？」

「いいよ」

良かった。めちゃくちゃ無愛想だったけれど、承諾を得ることは出来た。ホッとしたらお腹がすいてきたので、おじさんの車から少し離れた所に駐車し、お昼ごはんを食べることにした。バーナーでお湯を沸かしてカップ麺に注ぐ。３分待つ間、暇なので橋の上から川を覗いてみた。

私は自分の目を疑った。何と、肉眼でも６、７匹の魚影が見えるのである。そこそこいいサイズの魚もいる。放流したてなのだろうか、魚たちは橋の下の深場にじっと定位していた。なるほど、おじさんはあれを釣ろうとしているのか。

魚の姿を見てしまうと居ても立ってもいられなくなってしまうのが釣り人である。カップ麺をすすっている間も、魚が気になって味なんか分からない。私は急いでロッドをつかみ、橋のたもとから川へ降りていった。おじさんはタンクトップに長靴姿のまま、岩の上から糸を垂らしている。後ろを静かに通り抜け少し歩くと、最初の一投にふさわしいプールが現れた。

手前から慎重にキャストする。するとフライが落ちた瞬間、かっさらうように魚が飛び出た。手のひらほどの小さなイワナだった。すぐにリリースし再びキャストすると、次の瞬間フライは消える。ワンキャスト、ワンバイト。放流されたばかりの、お腹をすかせた小魚たちの猛攻である。

釣れ過ぎる、と思った。全く釣れないよりは釣れた方がいい。でも、これはちょっと趣がなさ過ぎないか。もっと先まで行けば変わるかも、と釣り上がってみたが、大体同じような反応が続いた。釣れる度に思わず苦笑いしてしまう。私はいつからこんな気持ちを抱くようになったのだろうか。この状況で、めちゃくちゃ釣れるぜーと大喜びする釣り人と、私と同じような気持ちになる釣り人は、果たしてどれくらいの割合なのだろうか。結局1時間もしないうちに飽きてしまい、入渓点まで引き返して来た。橋の下ではタンクトップおじさんがさっきと同じ場所で釣り糸を垂らしている。どうやら1匹も釣れていないようだった。

近づいて会釈をすると、「釣れたか？」と聞いてきたので、「はい、結構釣れました」と答えた。おじさんは信じられない、といった面持ちで目を大きく見開く。

「餌、何使ってんの？」

「フライです。毛鉤《けばり》」

「なぁんだ、毛鉤かぁ！」

おじさんはその時、初めて笑顔を見せた。歯がなかった。

満ち足りた夜

日が暮れる前に、翌日のポイント付近まで移動してしまいたい。一度山を下りて西に進み、金沢に寄りたい気持ちをぐっとこらえ、白山国立公園方面を目指す。2時間ほど走ると、雰囲気の良い道の駅を見つけた。ここで一夜を明かすことにする。

道路を挟んで向かい側には「源泉掛け流し日帰り温泉」の看板。初めての車中泊《シャネル》に、これ以上ないほど完璧なロケーションである。お腹がすいていたが、まずはお風呂だ。

温泉は薄い褐色の含鉄泉《がんてつせん》で、これがなかなかいいお湯だった。やけに若者が多いなと思っていたら、ここはどうやら金沢工業大学キャンパスの敷地内らしく、寮の学生は無料で入浴出来るのだとか。受付の男性がすごく丁寧に説明して下さったのだが、すごく話が長いので、「あー、アイスおいしそうー」と言いながら、すり足でその場を離れた。

座敷の休憩所には誰もいない。ごろんと横になりテレビを観ていたら、いつのまにか寝てしまった。よだれが垂れそうになってハッと目覚め、寝ぼけて勢いよく立ち上がったら足がつった。

夕食は道の駅の野外テーブルを拝借して作った。レトルトのパスタ、それから道の駅で買った万願寺唐辛子。この日のために用意したアウトドア用の小さなフライパンでじっくり焼いて、醤油を垂らし、七味を掛けていただく。何でピーマン焼いただけなのにこんなにうまいのかよ！と口走る（ピーマンではない）。お土産に取っておこうと思っていた金沢百万石ビールを開けて飲んでしまう。充足感というものを具現化すると、このくたくたの万願寺唐辛子と琥珀色の液体になるのだろう。私は充足感でお腹も胸もいっぱいになる。

今日一日、いろいろなことがあり過ぎて、まだ初日ということが信じられない。仲間との釣りも楽しいが、一人だと一つ一つのことが、こんなにも色濃く感じられる。

スマホを触ることはあえてしなかった。今日の出来事をすごく誰かに喋りたかったし、ＳＮＳ

で投稿することも出来たが、そうした途端、夢から覚めてしまうような気がした。それに私の現在位置を特定されて（釣り人は得意）、変な人が訪ねて来たりしたら怖い。寂しさ以上に、一人の時間を謳歌《おうか》出来ている。そんな自分を頼もしく思った。

ささやかな夕飯の食器を公衆トイレの水道で洗い、びしょ濡れのネオプレンソックスとウェーディングブーツを建物の軒先に干した。車の助手席のシートを倒してフラットにする。蛇腹のマットを敷き、インフレータブル枕を膨らませた。儀式のように黙々と寝床を整え、寝袋に包まる。睡眠不足なのですぐに眠れると思っていたが、なかなか寝付けなかった。リアガラスから見える空は霧雨っぽくて、星は見えなかった。

恐竜が怖い

木漏れ日が差し込み、目が覚めた。鳥のさえずりを聞きながら車の天井をぼーっと見つめ、いつもとは違う朝の訪れを感じている。車の外に出ると、まだそんなに暑くない。トイレで顔を洗い、歯磨きをし、申し訳程度に化粧をした。見覚えのある車が何台か停まっていて、私以外にもここで夜を明かした人々がいたことを知る。

昨日食べきれなかったパスタの残りをスープに入れて朝食にした。コーヒーを入れて飲みながら、駐車場を往来する車を眺める。新しい一日の始まりに胸がわくわくした。

軒先に干したソックスとブーツは、少しも乾いていなかった。ゆうべは雨が結構降ったようだが、川は増水していないだろうか。

今日は手取川の支流で釣りをするので、白山の登山口を目指して出発した。少し寝坊してしまったが、取り返しようもないのでのんびり行く。

手取湖沿いのドライブは気持ちが良かった。青々とした山がまぶしい。窓を少し開ければ、生ぬるい風と草いきれが入り込んでくる。いくつものトンネルを抜け、カーブを曲がる。その時、左手に妙なものが見えた。あれはまさか……。

「アアァ！」とか「ウオォ！」とか言ったと思う。妙なものの正体は、『白山恐竜パーク』のティラノサウルスの大きな模型だった。大の大人がそんなもんで叫ぶなよ、と思われるだろうが、実のところ私は恐竜恐怖症である。過去に恐竜と何かあったに違いない。ジュラシックパークを平気で観る子供を尊敬している。鳴き声を聞くだけで寒気がする。大きな口、鋭い目、鋼《はがね》のような皮膚、そして動物の域を超えた大きさ、恐竜の全てが怖い。

ティラノサウルスの真横を通り過ぎる時は正直目をつぶりたかったが、それではたぶん事故って死ぬので、なるべく左を見ないようにして突破した。心臓がバクバクしていた。

この手の恐竜アミューズメントパークは全国各地に存在するが、割り方、渓流沿いに多い気がする。恐竜時代のシチュエーションを考えれば必然的にそうなるのだろうが、私にとっては大変迷惑だ。というか、道路までせり出してくるのは交通法違反なのではないか。せめてトリケラトプスにしてくれないか。

神様は誰だ

風情のある白峰温泉を越え、山道に入ってしばらく走ると、白山の登山口が見えてくる。辺りは老若男女の登山客でいっぱいで、駐車場も既に満車に近い。係員に案内されてようやく車を止めた。ここで準備をして山に入り、歩いて入渓ポイントを探すのだ。

起き抜けのままのスウェット姿から、ウェーディング仕様に着替える。ロッドケースをザックのサイドポケットに入れ、駐車場を後にした。出口の手前にカラスがいて、何かをくわえている。よく見ると、彼の足元にはカエルの死骸が横たわっている。カラスはカエルの内臓をつついたようだった。横を通る時に薄目で手を合わせた。

林道はコンクリートや砂利で舗装されていて、緩やかな坂道になっている。はやる気持ちを抑え切れず早足で歩くと、息が切れてつらい。今日も気温は30度近くまで上がるらしい。ブナ林の中は日光が遮られ爽やかだが、30分も歩けば汗だくである。

さて、どこから川へ降りよう。堰堤の横から何となく降りられそうと思って入ってみたが、予想以上に薮が濃過ぎて道を見つけられず、不安になって引き返した。もうちょっと楽そうな所を探す。そこからまた数百m、連続する堰堤を何個か越えた先に、簡単に入渓出来るポイントを見つけたので、そこから入ることにした（それにしてもこの川もおびただしい数の堰堤が建っている。私の中でこれが北陸の川を象徴する風景として心に刻まれるのは、何となく悲しい）。

林道から降りて行くと広い河原に出た。川の水量は少し多いが、通常と比べ、そこまで増えてはいないようだった。私のような足腰脆弱人間でも遡行に問題はなさそうだ。フライは沈みにくいブラック・パラシュートにした。

早速タックルをセットし、吟味するように丹念に釣り始めた。だらりと続く流れからは、うんともすんとも反応がない。少し歩いてなだらかなエリアを飛ばす。

河原がなくなって川が細くなり、ポイントは小さいが緩急が付いてきた。流芯を流しても出ないので、巻きにフライをふわり落とすと、小さく水面が割れた。七寸ほどのイワナである。魚の顔を拝めてひとまず安心する。フライを外そうとしゃがんだ途端に額に汗が吹き出してきた。緊張で無意識に汗を止めていたのだろうか。

ここからだ。魚を流れに帰し、頭を上げると、遥か彼方に白山の山嶺。私は坂道をひぃひぃ言いながら登って、とても高い所にいる気がしていたが、実はものすごく下の方にいるのだった。

最初に釣れたポイントのすぐ上で、八寸イワナをキャッチした。しかし、その後の反応は芳しくなかった。歩けども歩けども、魚は姿を見せない。何だか雲行きまで怪しくなってきた。雷すら聞こえるような気がする（幻聴だったけど）。

　こういう時は、ちょっと休憩するとか、おやつでも食べるとかするといいのだけど、私はムキになっていて、そんな気分ではなかった。休みたくなんかなかった。

　気分を変えて、対岸側に渡ってみようと思った。流れは所々強いが、その場所からは容易に渡ることが出来た。しかし、対岸に渡ってからもフライに飛沫が上がることはないまま、30ｍほど釣り上がった。やっぱり少し休もうか、と周りを見渡した時である。

　最初に遡行していた対岸側をふと見ると、大きな岩と岩の間に黒い影が揺らめいている。気のせいかと思って目を凝らしてじっと見るが、どう見ても魚である。しかも、尺など優に超えているように見える。大きい。かなり大きい。そう思う度、心臓の音も大きくなる。

　私は対岸からしばし眺めた。魚の位置と動きを瞳孔に焼き付けた。それからゆっくりと踵を返し、（もしくはほとんど走っていたかもしれない）水が少なく安全に川を横断出来る元の地点まで戻って対岸へ渡り、そこから魚が見えたポイントまで音を立てずに近づいていった。

　大きな赤茶っぽい岩に囲まれ、腰ほどの深さにえぐれた、それほど大きくないポイントだ。木が覆い被さっていて暗く、下流から見ると魚の姿ははっきりとは確認出来ない。確かに、あそこにいた。その場所を凝視すると魚っぽい物体が見えなくもない。私はもう興奮のあまり完全に我を失っていたが、動揺はしていなかった。一発で仕留める。その言葉だけが脳と身体を支配していた。息を潜めてリーダーを外し、フライを手元に寄せる。丁寧にフロータントを付け直す。絶対にブッシュに引っ掛けてはならない。バックもあまり取れない。その時私はどんなキャストをしたのだろう。いつのまにかラインは宙を舞い、手元からフライは消え、魚がいるであろうポジションの30㎝上流に着水した。黒い影が動いた。次の瞬間水面が盛り上がり、大きな魚の頭が見えたと同時に私のフライは静かに水中へ吸い込まれた。

　私が手にした魚は、35㎝はある美しい大イワナだった。色素が薄く少し紫がかった体躯は、しっかりと筋肉を蓄え、グラマラスな曲線を描いている。柔らかなグリーンのアイシャドウ、淡いオレンジの斑紋、透き通る尾びれ、みなぎる生命力。いつまでも眺めていられた。写真に収めなくてはとザックを漁ったが、こんな時に限ってミラーレスカメラを車に置き忘れていた。仕方なくスマホで写真を撮る。たくさん撮る。こんなことなら最新機種に換えておけばよかった、とか適当な文句を言いながら、私はずいぶんだらしなく頬を緩ませていたのだった。得も言われぬ幸福感のせいで、疲労を全く感じなかった。林道を歩いて帰る途中、後ろの方からガサガサと音がするので振り向くと、黒い獣のお尻が薮に消えて行った。たぶんクマだけど、そんなことはどうでもよかったくらいに私は浮かれていた。実際に3㎝くらい浮いていたのではないか。

　尺イワナというものはいつも、釣り人の承認欲求を満たす対象として見られるが、確率からすると出会えたこと自体に非常に大きな価値がある。もちろん今すぐ誰かに賞讃されたいけれど、それよりも「あんた手ぶらで帰れないでしょ」と現れてくれたあのイワナの慈心《じしん》に感謝したい。フライフィッシングのテクニックも知識もない私が（ちなみに運だけはある）、ふらっと北陸までやって来てあんな魚を釣るなんて、向こうが気を利かせてくれたとしか思えない。要はちょっと出来過ぎである。全部夢だったりして。全部うそだったりして。本当は、合掌造りの村やタンクトップおじさんなんて存在しないのかもしれない。大学の中に温泉なんてあるわけないもの。

続く小径《こみち》を歩きながら、これから先の予定に思いを巡らす。白峰温泉でさっぱりしたら、今夜は香林坊で金沢おでんとビールだ。明日は美術館であの有名なプールを観て、兼六園に行こう。お昼は贅沢に、ちょっといいお寿司屋さんでノドグロを食べようか。念願の金沢観光に胸を膨らませていたこの時の私は、ろくに知りもしないアーティストの回顧展に退屈し、美術館の行列に並んだせいで寿司屋のランチタイムを逃し、兼六園の池を泳ぐ婚姻色のオイカワを延々眺めながら、「今日も釣りすればよかったな」と呟くことをまだ知らない。そのくらいには、私も立派な釣り人なのである。

ふもとには柔らかな風が吹いていた。登山を終えた人たちが帰り支度をしている。駐車場で待つ私の車が見える。カエルの死骸はもうなかった。

ソロキャンプ洗礼――白神山地篇

嶽きみを買いに

私はなぜこんな所にいるのだろう。こんなはずではなかった。本来ならば今頃は、白神山地の奥深く、イワナの棲む川のほとりにソロテントを張り、焚き火をおこすために薪でも探している頃である。これから訪れる本当の闇に恐れを抱きながらも、耳を澄まして山の声を聞こうとしているはずだった。それがなぜか、私は今、旅館の一室で壁を見ながら緑茶をすすっている。

窓ガラスに雨粒が当たる音がする。今から、嵐が来るという。

私は昨夜、仙台で仕事を終えたその足で新幹線に乗り込み、青森へと向かった。駅弁をつつきながら缶ビールを開け、浅い眠りを反芻《はんすう》しているうちに、優美なメロディに揺り起こされ、新青森へ着いたことを知らされた。さらにそこから奥羽本線に乗り換えて、弘前駅を目指した。夜も遅いからかＪＲに乗り換える人は少なく、車両には数人の男性がぽつぽつと座っていただけだった。車窓からは闇しか見えず、寝ぼけまなこに映る乗客の顔は皆同じだった。

弘前駅ではＳｕｉｃａが使えず、数百円を現金で払って改札を出る。駅のコンビニでビールとミネラルウォーターを買い、目の前のビジネスホテルにチェックインした頃にはもう、11時を過ぎていた。シャワーを浴び、ビールを2、3口飲んで、明日から向かう釣り場の地図をベッドの上に広げた。地理院地図を印刷して、入渓点や魚の濃い区間を書き込んで手渡してくれたのは、津軽界隈の釣りに精通し、今まで幾度となく白神山地と弘前の街を案内してくれたS氏である。「一人で行くのです」と言うと、彼は心配そうにしながらも、どこか期待を含んだ目で「頑張ってね」と言い、ついでに弘前で贔屓《ひいき》にしている飲食店なども教えてくれた。

この地図があれば、釣り場に迷うことはない。それより気になるのは天候である。私はこの旅で初めてのソロキャンプを決行しようと、大きなキャリーバッグにテントやシュラフやマットなどを詰め込み、勇んでやって来た。山の中でソロキャンプ。女一人でそんな寂しいことをする人はいるのか。いないならば私がやろうというわけである。一人前のアウトドアウーマンなら一人で野営くらい出来てしかるべきだ、というのは勘違いかもしれないが、甚だしく間違っているわけでもあるまい。

しかし、明日の夕方から天気は下り坂。夜半過ぎの天気予報に至っては、傘マークが斜めに傾き、無惨にひしゃげている。まあ、山の天気は変わりやすいし。雨雲がどこかへ流れていきますようにと願って眠りに付いたのだった。

翌朝はよく晴れていた。ホテルの朝食バイキングはあまりおいしくなかったが、昼食までに時間が空きそうだったので無理やりお腹に詰め込んだ。レンタカーの営業所が開くのが8時なので時間を持て余し、町のベーカリーに寄ってパンを買った。レンタカーの営業所で、係のお兄さんは実に事務的に手続きを進めた。コンパクトカーのトランクに大きなキャリーバッグを積みながら「今から白神山地に魚釣りに行くんですよぉ」と言いたかったが、そんなことには興味がなさそうだったので言わなかった。

車に乗り込み、いよいよ出発である。私はカーナビに「嶽温泉」と入力する。朝から温泉に入りたいのではない。トウモロコシを買いに行くのである。以前、数人の仲間で白神山地へ向かう途中、くだんのS氏が「嶽きみ買わなくていいの？　すぐ近くだよ？」と車内で呼び掛けた。早く釣りがしたい仲間たちは口をそろえて「いいです、川に行きましょう」と言い、当時私はダケキミが何なのかよく分かっていなかったため、彼らの意見に従って見送った。後に、嶽きみ、とはこの上なく甘いトウモロコシのことであると知り、夏には毎日トウモロコシを食べるほどのモロコシ好きである私は、買いに行かなかったことを悔やみに悔やんだというわけである。今回、弘前を旅先に選んだのは、ほとんど、嶽きみが食べたいからと言っても過言ではない。

弘前の街を少し走ると、雄大な岩木山がいきなり眼前に出現する。あまりに大きく見えるので呆気に取られたが、津軽富士という名にふさわしい裾野の美しさに思わず感嘆の声が出る。そのまま岩木山に向かって西にひたすら走り、連なるリンゴ畑を抜けていく。西目屋の村に入る前に右折し、嶽温泉方面へ進んでいくと、急に標高が上がり視界が開け、高原らしくなってくる。大きなカーブを曲がると、トウモロコシ直売所というのぼりが見えた。

「最初の直売所で買うんだよ」というS氏のアドバイスに従って車を止めた。売店の軒先には皮に包まれたままの採れたてトウモロコシが積み上げられている。しかしそこには、「嶽きみ」の文字はなく、「恵味（めぐみ）」と書いてあった。めぐみ……？　これは嶽きみではない……？　私は小さなパニックを起こし、ゆっくりと後ずさりしながらその場を立ち去り、次の直売所へ車を走らせた。しかし、そこにも「嶽きみ」の文字はなかったのである。予想外の出来事に頭が真っ白になり、箱で家へ直送しようと思っていたのをやめ、茹でトウモロコシを1本だけ買って車へ戻り、逃げるようにその場から走り去った。

何のことはない、「恵味」というのは品種の名前で、「嶽きみ」というのは嶽高原で栽培されるトウモロコシ全般のことを指すようだった。つまり、「恵味」も「嶽きみ」の一種だったわけだ。私はまたしても「嶽きみ」への知識不足により目的を達成出来なかった。トウモロコシ一つ買えないなんて、何て情けないやつなのだ。何となく、この旅を象徴する幕開けのような気がして、心許ない気分のまま釣り場へ向かった。

かちかち山

高原を下り、西目屋村から岩木川沿いを白神山地方面へ向かうと、右手に美山湖が現れる。美山湖は人工のダム湖だが、トウモロコシの一件で落ち込んだ心を癒してくれるほどには美しかった。橋の上で停車し、写真を何枚か撮った。

橋を渡ってすぐに左へ曲がると、山奥へと続く川沿いの細い林道に入る。今日の釣り場は美山湖へと注ぐこの川である。白神山地の核心部よりずっと手前だが、一人でも比較的安全そうだし、初日の腕試しには最適だろうと選んだのだ。

林道を走っている最中、何度かトラックと擦れ違った。この奥に採石場があり、そこから入渓するつもりだ。砂埃を巻き上げながら奥へ奥へと進む。採石場が見えてきたので、道幅が広くなっている場所に車を止めた。ウェーダーに着替えている間にも何度かトラックが往来し、その度に砂埃に覆われるので、急いでサンマスクを着けた。これから雨が降るなど微塵も思わせないほど、とても乾いた日だった。

今回の旅は、いつになくクマが怖かった。今年はクマの噂が多い。クマ対策として、クマ鈴、クマ撃退スプレーの他、蚊取り線香を携帯することにした。ライターで渦巻線香に火を付ける。煙がどのくらい出ていればいいのか分からない。とりあえず煙は上がったので、カラビナでザックに取り付けて出発した。川へは採石場の脇の水路から難なく入ることが出来た。川は開けていて、気持ち良くキャスティングが出来そうだ。渇水が心配だったが水量もそこそこある。

リールから糸を出し、細かく探るようにキャストをしていった。しばらく反応はなかった。初めての川は緊張する。釣れるかどうか分からないけれど、釣れると信じて歩く。最初の1尾に出会うまでの、そわそわした気持ち。そういう、日常では感じられない心情を味わいながら、ゆっくり歩くのが楽しい。

水の透明度は高く、岩盤の色のせいなのかエメラルドのように緑がかって見える。1歩踏み出すと、岩陰にいた魚が上流に向かって逃げて行くのが見えた。近づき過ぎた。けど魚がいる。期待が高まり、より丁寧にフライを流した。すると流芯の横の緩い流れから、小さな飛沫が上がった。最初の1尾、何としてでも逃すまいと、慎重にラインを手繰り魚を寄せる。無事ネットに収めると、心と体がほぐれ、じんわりとした喜びが押し寄せた。

白い斑点がくっきりとした、青森らしいイワナだった。体高があるのに体長は短くて、変なバランスだが妙に愛らしい。ネットからイワナを取り出して、岩の囲みに放ち、写真を撮った。イワナはじっとこちらを見ている。「こんにちは」と声を掛けると、イワナは口をぱく、と開いた。

それから私は軽快に、同じようなイワナをスパイダー・フライで何匹か釣り上げた。蚊取り線香の煙にむせながら、少しずつ上流へ進んだ。採石場はもう見えなくなり、谷が深くなってくる。心細さと同時に空腹がやって来た。時計に目をやると、もう1時。昼食を取ろうと、ザックを下ろした。すると同時に、白いプラスチックの塊が、ボロっと落ちたのだった。

一瞬それが何なのか、分からなかった。よく見ると、白いプラスチックは溶けて変形し、縁が黒く焦げている。あ、これ、蚊取り線香の裏側に付けていた替え用の線香を入れるキャップだ。円形だったのに、溶けて付け根の部分しか残っておらず、三日月形になってしまっている。火が強過ぎたのだろうか……。

どうりでやけに煙たいし、喉が痛くなると思った。替え用の蚊取り線香はどこに落としてしまったのか。私は、背中から黒い煙をもくもくと立てながら、能天気に釣りにいそしむ自分を想像して苦笑した。

情けない自分にいくらげんなりしても、お腹は減る。ザックから今朝買った枝豆のデニッシュと、茹で嶽きみを取り出し、平らな岩の上に乗せる。コーヒーを入れる気にはなれなかったので、ナルゲンに入れたぬるい水を飲みながら、もさもさと食べた。嶽きみは甘くておいしかったが、格別と言えるほどの感動はなかった。尺イワナを釣った後だったら、もっとおいしく感じたかもしれない。味覚は心の状態で如何様《いかよう》にも変化するものである。

昼食を食べ終えてしまうと、私はすぐに立ち上がり釣りを再開した。今日はキャンプの予定だから、早めに上がって準備をしたいし、お風呂にも入りたい。のんびりしている時間はない。

強くなってきた風に背中を押される。山がこっちへこいと誘っているようだった。上流に向かって、ごろごろとした岩の上をしばらく歩く。広いプールに差し掛かり、立ち止まって前方を見ると、手前の方に揺らめく尾びれが見えた。結構大きそうだ。私はスパイダーから小さめのアントにフライを替え、高鳴る鼓動を抑えて真剣にキャストした。フライは魚の右斜め上に着水し、ゆっくりと流れている。それに気付いた魚は、大きな尾びれを震わせてフライに近づき、口を開けた。

食った！

慌てて右腕を上げると、ぴんと張るはずのラインは手応えなく後方へ飛んでいき、木の枝に引っ掛かった。やってしまった。合わせが早過ぎた。もう一度プールを見るが、無論魚はもういない。大きくため息を付いて、木に巻き付いたリーダーを回収した。疲労がどっと押し寄せた。

今日はもう上がろう、明日が本番だ。そう自分に言い聞かせて川通しに戻った。割と長い距離を歩いたと思っていたが、あっけなく採石場まで到着した。一人で釣りをしているとこんなにも進まないものなのか。

林道に上がり車に向かって歩いていると、作業服のおじさんが擦れ違いざまに「あれ、おたくの車？」と話し掛けてきた。私は勝手に止めるなと怒られるのかと思って萎縮し、「そうです」と小さい声で答えた。しかしおじさんは釣り竿を持った私を見て、

「女性一人でこんな所まで来るなんて、おたく、相当好きだね」と笑った。

「この辺で釣れんの？」

「ええ、小さめでしたけど」

「おっきいの釣るならもっと上流に行かねば。でも、上はクマが出るからね」

「そうですよね」

「まあ、気を付けて、頑張って」

「はい、頑張ります」

「おたくの車、真っ白になってるよ」

車体はトラックが巻き上げた砂埃に覆われていた。トランクを開け、ウェーダーを脱ごうとしたが、あまりに砂がひどいのでどこか違う場所で着替えようと、そのまま運転席に乗り込んだ。エンジンを掛けワイパーを動かす。薄力粉のような砂はさらさらと落ち、フロントガラスの下方にたまった。

帰りの林道は誰とも擦れ違わなかった。朝から失態ばかりで大した釣果も得られなかったが、無心で林道を運転している間は、心なしか充実した気分ではあった。うまくいかなくても、いろいろあったには違いないのだ。美山湖まで出て車を路肩に止め、再び天気予報を見る。やはり、あと数時間後に雨が降り出し、未明に掛けて大雨になるようだ。さすがに川べりのキャンプは危険だから、近くのキャンプ場でテントを張らせてもらおう。屋根のある炊事場とかに張ってしまえば、多少の雨風はしのげるのではないか。私はある程度つらい思いをする覚悟で、しかしあくまでも呑気に、数キロ先のキャンプ場に車を走らせていた。

白神館

キャンプ場は、白神山地核心部の入り口にあった。サイト内に川が流れていて、温泉もある。

本来ならたくさんのキャンプ客で賑わうのだろうけど、今日は私以外には誰も見当たらず、閑散としていた。駐車場に車を止めて着替え、管理棟に入る。白神山地のお土産がずらりと並ぶ売店の奥に受付があった。

「すみません、今日泊まれますか」

「えっ……今日ですか？」

「お風呂も入りたいです」

「はぁ……」

「出来れば、屋根のある所に張らせてもらえませんか」

「ええっ⁉」

急な来客の上に矢継ぎ早に無理を言う私に、受付の若い男性は明らかにうろたえていた。サイトマップを片手にきょろきょろしている。そしてもう一度サイトマップに目を落とし、

「屋根のある所は……ないです」と言った。

すると、若い従業員の狼狽を見かねて中年の男性がカウンター内に入ってきた。

「今日は嵐が来るし、もしかしたらここは冠水するかもしれないよ」

「じゃあコテージは空いてますか」

「いや、今日はやってないね」

「そうですか……」

どうしようかな、とりあえずお風呂だけでも入らせてもらって車中泊《シャネル》か。あの車でちゃんと寝られるかな。などと考えていると、

「白神館なら、今からでも泊まれるかもしれない。電話して聞いてあげる」と、中年男性はいそいそと受話器を持ち上げ、その「しらかみかん」とやらに電話を掛け始めた。あれ、これ、強制的にしらかみかんに泊まることになってしまう感じでは？

私はもう何も言えず、電話をする中年男性をじっと見ていた。若い方の男性も、黙って彼を見ていた。

「空いてるって。夕食は用意出来ないから素泊まりになるけど、いい？」

男性は受話器の通話口を押さえながら私に聞いた。

「はい」

それ以外に何と言えよう。男性は、今から女性の方一人で行くから、と電話を切り、私の顔を見て、「あそこは温泉もいいから」と笑った。

白神館までの簡単な道案内をしてもらい、私はキャンプ場を後にした。何だか変な展開になってしまった。親切にしてもらって本当にありがたいが、宿泊料金がいくらなのかも聞いていない。例え安かったとしても、不本意に余計な出費が増えたことには変わりはないじゃないか。泊まる気もないのにコテージとか言うんじゃなかった。妙な気分だ。こういう気持ちに名前はあるのだろうか。不如意？　何か違うな。ありがた迷惑。いや、迷惑なんて言ったら失礼だろう。そんな

ことを考えていたら、前方に「白神館」という看板が見えてきた。思っていたよりも大きな建物だった。

　私は一度その前を通り過ぎ、近くの道の駅に入った。入り口の目の前に、アイスクリーム屋があった。体が甘いものを欲していたのか、私は無意識にガラスケースに顔を近づけ、アイスクリームに見入っていた。バニラ、チョコレート、ラムレーズン、抹茶、イチゴミルク、カフェオレ……。俗世、ここには俗世が並んでいる。私はその中でもひときわ俗っぽい、『一番人気』と書かれたバニラアイスのハチミツがけを注文した。

「このハチミツは屋上で採れたものなんですよ」と店の女性が言う。その価値はよく分からないが、アイスクリームはおいしい。アイスを食べ終わった私は、売店でビールとちょっとした食料を買い、道の駅を出た。駐車場からは、夕焼けに染まった岩木山がよく見えたので、写真を撮った。

　白神館に戻り、車を止める。着替えを持って行こうとトランクを開けると、テントだのシュラフだの、半分はキャンプ用品で埋まっているキャリーバッグが気まずい顔をして鎮座していた。私はそれを見ないようにして、着替えと洗面用具をそそくさと取り出してエコバッグに放り込み、ロビーへと向かった。

　洋風というか、どこか市役所のような公共施設感のある館内に入る。ロビーの男性は「山田さんですね」と言って館内の説明をし、五千なにがしの料金を前金で精算した。安いのか高いのかいまいち分からない。岩木山の写真が飾られた廊下を抜け部屋に入ると、６畳ほどのちんまりとした和室だった。私は荷物を部屋の隅に投げるように置き、畳の上に寝転んで大の字になった。蛍光灯は憐憫の眼差しで私を照らしている。仕方がない、仕方がなかったのだ。私はビジターであり、日程が決められている限り、天候に左右されるのはいた仕方ない。しかしそうは思っても、こうして蛍光灯を眺めていると、何でこうなってしまったのだ、私はなぜこんな所にいるのかという自問に打ちのめされる。私はのそのそと起き上がり、卓上の茶びつを開け緑茶を入れた。部屋の窓ガラスに、ぽつ、ぽつ、ぽつと雨粒が張り付いている。嵐がやって来た。

　私はお茶を飲み干すと、タオルと下着を持って部屋を出て、階段を降り風呂へ向かった。日帰り入浴もやっているようで、地元のおばさんたちが脱衣所にも大浴場にもひしめき合っていた。おでんのように湯気をあげたおばさんたちは顔見知り同士で語らっていたが、本場の津軽弁は本当に何を言っているのか分からない。ほとんど外国語に聞こえる津軽弁をＢＧＭに、肩まで湯に浸かり目を閉じると、いよいよ私はどこにいるのか分からなくなった。

　部屋に戻って缶ビールを開ける。豆などをつまみながら、窓の外を見やるが真っ暗で何も見えない。本当なら今頃、あの川のほとりで……キャンプが出来なかったことを思うと居たたまれない気持ちになる。それと同時に少し安心している自分もいる。ソロキャンプは怖い。しかしその怖さを乗り越えたかった。

　私はチャレンジングな人間と言われればそうかもしれないが、それは野心から来るものではなく、自分がどこまで出来るのかを知りたいだけなのだ。怖かったり、苦手意識があったりすることでも、案外あっさりやってのける自分が面白いのである（もちろん出来ないこともある。例えば食事制限とか）。山で食べようと思っていたアルファ米を部屋で食べる気にはなれず、座布団の上に放り投げる。ソロキャンプはまた挑戦すればいい。肝心なのは明日の釣りだ。

　雨は爪弾くアルペジオからパワーコードを掻き鳴らすように激しくなり、時折風にあおられて雨粒が一斉に窓を叩く。私はＳ氏に増水が心配だと連絡をした。Ｓ氏はすぐに返信をくれた。明日予定していた川は、今年はいまだかつてないほどの大渇水である。もしかしたらこの雨で逆に好転するかもしれない。明日の早朝、水量を調べて連絡をする。そうした旨だった。心細い夜に、何とも心強い援護である。

　部屋の電気を消し、布団に横になった。暗闇の中で、目を凝らしてみる。だんだん目が慣れてきて、天井の模様が人の眼に見えて怖い。でもよく見ると、トヨタのマークに見えてきて怖くない。雨音は遠い記憶を揺さぶる。何かを思い出しそうになった瞬間、私は眠りの沼に落ちた。

森のチンドン屋

「水位計を見る限りでは増水はない。賭けてみてもいいかも」

翌朝、S氏からのメールを確認し、布団からはい出る。カーテンを開けると、依然すっきりしない空模様だが、この程度の小雨であれば釣りには問題なさそうだ。

私はキャンプ用のコンパクトミルにコーヒー豆を入れ、勢いよくがりがりと挽いた。マグカップにドリッパーとペーパーフィルターをセットして豆を入れ、部屋の電気ポットでお湯を注いだ。注ぐ度、白いポットにコーヒーが跳ねて汚れた。まだ誰もいないロビーを横切ってチェックアウトし、宿を出る。昨晩の大雨により、砂埃で真っ白だった車は洗車し立てのようにきれいになっていた。曇天の西目屋を出発し、今日こそ白神山地核心部を目指す。

道路に沿って流れる岩木川は増水気味だった。一抹の不安はよぎるが、上流域は大丈夫だとデータが言っている。昨日と打って変わってしんなりと湿った美山湖を通り過ぎ、キャンプ場まで戻って来た。この先のゲートをくぐると、約1時間の林道走行が待っている。雨でぬかるんだ林道をコンパクトカーで走るのは怖い。私は自分を勇気付けるために、ｉｐｈｏｎｅでお気に入りのプレイリストを掛けてから、ハンドルをしっかりと握り、森の中へ入って行った。

コンクリートの道路はすぐに途切れ、未舗装になる。いわゆる砂利道だが、この道はれっきとした県道であり、このまま50㎞以上走ると秋田県に出る。こんなに長い林道を私は他に知らない（徳島県に87・7㎞というのがあるらしい）。長い林道を走る行為はある意味瞑想《めいそう》に近いものがある。呼吸をするように、何も考えずアクセルを踏み続けるしかない。周りの景色もほとんど変わらず、永久にたどり着かないのではないかと不安になるし、ここでもまた、何で私こんなことしているんだろうという疑念が湧いてくるが、そうした感情を振り払いながらとにかく走るしかないのだ。

峠の付近は再び舗装道路になる。しばし肩の力を抜いて走っていると、大きな橋が現れた。右の欄干の上に、猿が乗っている。大きな猿だった。車を止めて車内からカメラを構えると、猿は牙をむき出して私を威嚇した。飛び掛かられたら恐ろしいので車を先へ走らせたら、左の欄干も猿だらけだった。しかも全員怒っている。ここまで頑張って運転してきたのに、ぜんぜん歓迎されていなくて悲しい。晴れていれば見られる峠からの絶景も、霧雨がすべて煙らせていた。

ようやく目的地までたどり着いた私は、思わぬ事態に愕然《がくぜん》とした。車、車、車。既に4台も止まっている。秋田から来た車と、関東ナンバーも。まさか、週末でもないのにこんなに人が来るなんて。私は己の考えの甘さにげんなりし、予定より1時間も寝坊した自分を呪った。のんびりコーヒーまで飲んだことに呆れた。しかし、せっかくここまで来たからには、どうしてもこの川にフライを浮かべたい。先行者がいたとしても、狙うポイントによっては全く問題なく釣れる川でもある。私は意地になってもいたが、諦め半分でもやりたいくらい、この川が好きなのだ。他の車から少し離れた場所に停車し、ウェーダーを履いて入渓点まで歩いた。

ここへ来るのは2年ぶりだ。いつもは3、4人で賑やかしく釣るので、少し寂しい。河原へ降りていくと、見たことのある風景が確かにあった。しかし、それはいつもと変わらないようで、ほとんど別の川だった。昨夜大雨が降ったとは到底思えないほど、水がない。大きな魚を育む力強い流れはどこにもなく、驚くべき生命力がみなぎっていたかつての川は、いまや死に瀕《ひん》しているようだった。

今年はどこへ行っても渇水だが、水量豊かなこの川さえも抗《あらが》えないのか。私は改めて、渇水がもたらすものと、渇水をもたらすものについて考え、眉間に皺を寄せた。さて、魚はどうか。

いつもは大体、入渓点の目の前のポイントから何らかの反応がある。それでなくても、50m以内で釣れることが大半だ。しかし、今日は先行者もいることだから、そう容易ではないだろう。私は時計を見た。1時間やって出なかったら移動しようと決めた。

大きめのアント・パラシュートをティペットに結び、いつも魚がいる場所に流す。ここで水面を割って飛び出るのに。ここでフライが吸い込まれるはずなのに。頭の中のイメージと現実のギャップに混乱する。先行者はどれくらい前にここを通ったのだろうか。取って置きの竿抜けポイントさえも、もぬけの殻だ。一度だけ小さな魚がフライを追い掛けてきた。しかし、もう1度流したところで出るわけではなかった。川底に藻が繁殖し、ぬるぬるして歩きづらい。匂いも良くない。胸がむかむかしていた。そして結局、1時間もしないうちにこの川を去ることに決めた。

第2候補の川は、ここから林道を少し戻って、車止めから30分ほど歩かなくてはいけない。正直、森を歩くのは怖いので行きたくなかったのだが、もうこの川をやり続ける理由がなかった。私は車に戻り、次の川へ急いだ。

「なかなか迫力あるよ」

　これから歩く森のことを、Ｓ氏はそう言った。私は覚悟を決めるしかなかった。何がそんなに恐ろしいかというとクマなのだが、実は秘策がある。笛である。普通のクマ笛ではない。ティンホイッスルを持ってきたのだ。

　ティンホイッスルとは、アイルランド音楽に使われるブリキで出来た縦笛のことだ。リコーダーでもよかったのだけど、何となくこちらのほうが自然の中で吹いたら気持ち良さそうなので（映画タイタニックのテーマ曲のイントロの音色を思い出して欲しい）。歩きながらティンホイッスルを吹き続ければクマは寄って来ないし、あっという間に川へ着くはずだ。

　私は右手にティンホイッスル、左手にフライロッドを持って、車止めから先のゲートを潜った。そこで早速、両手を使えなければ笛を吹くことが出来ないことに気付いた。でも今さらロッドを畳むのは面倒なので、脇にロッドを挟んで歩いた。ティンホイッスルの指遣いは覚えていないので、当てずっぽうでドレミの練習をする。調子はずれの笛と、ザックに付けた鈴の音。蚊取り線香は煙を上げながら金具に当たってカンカンと鳴り、まるでチンドン屋である。時折息を吹き込み過ぎてキーンという調子外れの音が出る。きっとクマも耳を塞いでいただろう。

　腰の高さほどのシダ植物が群生している。シダが急にガサガサと揺れたりしたら怖い。私はさらに強く笛を吹く。早足で歩く。汗が額に滲んでいる。胸がどきどきしている。時々むわっとした獣臭と熱気を感じる場所があった。何かが通った後なのかもしれない。半べそをかきながら通り抜ける。

それでも無心で笛を吹き続け30分ほど歩くと、川の音が近づいてきた。同時に後ろから車も近づいてきて、心臓が飛び出るほど驚いた。車は河川管理の人のようだった。車は私の横でゆっくりと停車し、助手席側の窓を開けた。乗っていた男性はのぞき込むようにしてこちらを見やった。

「大丈夫ですか？」

「はい、大丈夫です」

「昨日この辺でクマが出たから、気を付けて」

彼はそう言い残し、林道の奥へ走り去って行った。やっぱり、さっきの匂いはクマだったのか。私は一層怖くなった。何より、忠告をしてくれた男性の顔。心配しているというより、空いた口が塞がらないとでもいうような、完全なる呆れ顔だった。私は今さら事態の深刻さに気付いてしまった。「大丈夫ですか？」というのは、「女一人でこんな所を歩いて、あんた頭大丈夫ですか？」という意味だったのだ。だけどもうここまで来てしまった。入渓点の橋が見えている。

進むしかなかった。ここまで来たんだから、きっといい魚が釣れるに違いない。そう信じて疑わなかった。橋のたもとから川に降りられると聞いている。少し高低差があり土がぬかるんでいて滑りそうだったが、逆に滑り落ちるようにすれば降りることが出来た。この支流をさらに10分ほど歩いて下れば、目指していた本流にぶつかる。もう少しだ。

川は川で恐ろしかった。もう息が切れていたので笛は吹かず、大きな声で歌を歌いながら歩いた（何を歌ったのか本当に思い出せない）。薮の横を通る時はもっと大きく叫んだ。そうしながら進んでいくと段々と視界が開け、ついに本流へたどり着いた。そして川の前に立った私はそのままへたり込んでしまった。

濁っていたのである。

目の前を流れるのは茶色く不透明な濁流。支流の時点で少し濁りは見られたが、まさかここまでとは思わなかった。私はこの不運を嘆き悲しみ、ほとんど涙があふれそうだった。ばかげている。朝の川を傲慢な態度で諦めてしまったことも、危険な道を一人で歩いて来たことも、大きな魚が釣れると信じ切っていたことも。これくらいのことも予測出来ないようなひよっこが、うぬぼれやがって。私は自分を責めた。他に責める相手がいないのがかえって救いだったくらいだ（きっと誰かがいたら二度と仲直り出来ないくらい罵《ののし》っただろう）。

しばらく呆然《ぼうぜん》と川を眺めていた。やけくそで濁った川にフライを投げ入れてみた。流れが強くフライは一瞬で飲み込まれた。それを見てようやく諦めがついた。私はまた、来た道を戻るしかなかった。

私は出来るだけ何も考えないようにしながらまた支流を10分ほど歩き、橋まで戻って来た。そして、滑り落ちながら降りた入渓点を下から見上げ、愕然とした。降りることは出来ても、登るのは困難だったのだ。

突き出している石に足を懸け、登ろうとするが、滑って落ちてしまう。つかまるものが何もなかった。私は途方に暮れて、このまま登れなくて一夜をここで明かすことになることなどを考えた。さっきの車の男性がうまいこと助けに来てくれないかなとか、いつ捜索願が出されたりするのかなとか。冷静なのがおかしいが、確かにそんなことを思ったのだ。しかし、諦めるにはまだ早い。私はもう一度、どうにかして登る決心をした。

小さな石に右足を懸け、左足の部分をつま先で掘ってくぼみにして、一段上がった。右手がようやく届きそうな位置のほんの少しだけ出ている木の根っこの脇の土を指で少しずつ削り、根を露出させた。その根を指先でつかみ、ほとんど腕の力だけで体を持ち上げ、何とか登り切ることが出来たのだった。

安堵でそのまま倒れ込みそうだった。しかしまた、30分林道を歩いて帰らなければいけない。ザックのサイドポケットに入れていたティンホイッスルを再び手にし、私は行きよりもさらに早足で歩んだ。心なしか、行きよりは怖くはなかった。日が高くなって、道を明るく照らしていたせいかもしれない。ドレミの音階をある程度覚えたので適当なメロディを吹いていると、突然私の指は聞き覚えのある曲を奏で始めた。

金色の　花びら　散らして
振り向けば　まばゆい　草原

本当に偶然、私は『風の谷のナウシカ』の旋律を見つけた。そこからは30分、延々と『風の谷のナウシカ』を吹き続けた。息を切らしながら、時に滑らかに、時に大きく音を外しながら。

上り斜面を早足で歩いたせいで、踵が擦れて痛い。それでも私は痛みに気付かないふりをして止まらずに歩いた。土気色の顔をして片足を引きずりながら歩く私はまるでゾンビだ。満身創痍《まんしんそうい》のウェーダーゾンビ。ゾンビはとても疲れていた。車が見えた時は、思わず手を振ってしまった（はたから見たらかなり危ない人だ）。

車のトランクを開けて荷物を下ろし、蚊取り線香を消して、運転席へ乗り込んだ。退渓した時にぶら下げていたせいで泥だらけになってしまったカメラを助手席に放り投げた。あまりの汚れぶりに「戦場カメラマンかよ」と突っ込みを入れたが全く笑えず、今考えても全然面白くない。

ふがいなくてもいい

1時間以上掛けて林道を走り、西目屋村まで帰って来た。魚は1匹も釣っていない。だけど私はもう、川に一人でいるのが嫌になってしまった。川は濁っているし、クマは怖いし、とにかくむしゃくしゃしていた。お昼をとっくに過ぎてお腹もすいていたが、森を脱出するまで何も食べる気になれなかった。村まで戻って、何か食べようと思った。

やがて「温泉」の看板が見えてきた。森のハイキングで汗だくになったため、一刻も早く風呂に入りたい。近づくと「らーめん」、「うどん」など食事ののぼりも立っている。その時の私にはオアシスに見えた。

駐車場に車を止め、外の券売機で入浴券を買った。大人350円。へぇ、安いなあ、と感心しながら館へ入り、受付へ券を差し出す。そしてすかさず中にいた男性に詰め寄るように聞いた。

「ご飯はどこで食べられますか？」

「あ、もう終わっちゃいました」

私はその言葉を聞いて本当に泣きそうになったのだが何とかこらえ、風呂場へ向かった。もういい、一食くらい食べなくたって死にゃしない。脱衣所のカゴに脱いだ衣服を乱暴に放り投げ、体をタオルでゴシゴシと洗い、お湯に浸かった。

踵の皮が擦りむけていて染みた。じんわりとした痛みだけが、とても現実的だった。風呂の隅には地元の老婆たちが集っている。大声で喋っているが何を話しているのかは相変わらず分からない。しかしそんな騒音でさえ愛おしく感じるほど、私は人恋しくなっていたようだった。いつもは一人なんて全然平気なのに、どうしちゃったんだろう。

風呂から上がり、髪の毛を丁寧に乾かして解かし、青森に来てから初めてしっかりと化粧をした。そうすることで、山から街へ、気持ちを切り替えようとしていた。化粧中、一人のおばあちゃんが私の顔を鏡越しにしげしげと見つめていた。そして、「あんだ、ホーモンの人か？」と言ってきた。「違います」と首を振ったら、おばあちゃんは黙って風呂場へ行ってしまった。何か気に障ったのだろうか。ホーモン？

弘前に着いたのは夕刻だった。私はまず、弘前城の前にあるスターバックスに駆け込み、ドリップコーヒーとホウレンソウのキッシュを頼んだ。こぎん刺しが施されたソファにもたれ、夕日の差す中庭を眺めた。ジェイムス・ブレイクが流れている。ここは本当のオアシスだと思った。例え言葉の通じない国にいても、スターバックスは必ず私にやさしい。

それからホテルにチェックインして、S氏に教えてもらった居酒屋に行くことにした。ホテルからはちょっと遠いので、タクシーを呼んだ。居酒屋は、住宅街の中でひっそりと営業していた。のれんをくぐると客は他に誰もおらず、代わりに猫が1匹座敷でゴロゴロしていた。厨房にいた大将は、珍しい客が来たもんだというような顔で「よぐきたねしー」と言い、カウンターに私を座らせた。

「Sさんの紹介で来ました」

「あぁ、んだの、なづがすいな、そえで何すに弘前さ来だの」

「釣りしに来たんです」

「一人で？」

「はい」

「わいは！」

大将は見事な津軽弁を聞かせてくれた。半分は何を言っているのか分からないので適当に相づちを打っていたが、おおむね会話は成り立っていたと思う。大将はおおらかで押し付けがましくなく、いかにも善人だった。

白に茶色の模様がある猫のみーちゃんを何よりも大事に可愛がっていて、みーちゃんもまた大将が大好きなのだった。みーちゃんを愛でながら、裏の畑で採れたという山盛りの野菜天ぷらや、トマトと卵の炒め物などをつまみに生ビールを3杯飲んだ。客はまだ誰も来ない。

そろそろ帰ろうかなと言うと、大将は「わも今がら駅前さ飲みに行ぐはんで送っていぐが？」と言う。まだ8時なのにもう店閉めるのか。でも悪い人ではなさそうだから、お言葉に甘えて乗っけてもらうことにした。

着替えてくる、と言ってコックコートを脱いで戻ってきた大将のＴシャツには「Ｉ Ｌｏｖｅ Ｂｏｙ」みたいなことが書いてあって、私を安心させようとしているのかと思ったらちょっと笑えた（後でよく見ると「Ｂｏｙ」じゃなくて「Ｂａｙ」だった）。

大将の車は駅前のスナックの駐車場に止まった。せっかくだから一杯飲んでいけばと言うので、ここでも甘えてお邪魔した。旅っぽい展開でわくわくする。その小さなスナックは、ママ一人で切り盛りしていた。カウンターには常連の男の人が二人、奥の座敷には男女のグループがカラオケで盛り上がっている。ママは大将が私を連れてきたことに目をまん丸くした。

「こったらだ、わげ子、どごから連れできたの？」

「お客さんだぁ」

大将はたぶん私を連れて来てママを驚かせたかったのだろう。ママもまた派手さがなく人情深そうな女性だった。私はハイボールと焼酎の水割りを一杯ずつ飲んだ。さすがに酔ってしまう。飛び交う津軽弁。カウンターの常連らしき男性は私の方を見て、しきりにピースをしてくる。そこには確かに平和があった。

眠いので帰ろうとすると、大将は「払っておぐはんで」と言い、ママと二人で外までお見送りしてくれた。タクシーのように大将の車を使ったあげく、お酒までご馳走になってしまって、かたじけない。しかも大将の店には２０００円しか払っていないのだ。しかし何と言うか、とても救われた気持ちになった。

私はホテルに戻るやいなや、服を脱いでベッドに体を投げ出した。目を閉じると頭の中で星がチカチカしている。今日一日のことを思い出していた。朝、白神山地にいたことなどウソのようだった。

――わっきゃ、いったい何すに来たびょんか。たいすた魚も釣れねで。情げねなー、ふじゃまげねなー、まいねじゃ

トウモロコシも買えなかったし、背中は燃やすし、キャンプも出来なかったし。せっかく青森

まで来たのに、何してるんだろう。

――すたばって、今のわだば、こうするごとすか、でぎねがったべ。こぃがおらの旅だんだ

ふがいなくてもいいよね。

――ふじゃまなくてもいいじゃ

ふがいなくても、いいのだ。

河童と火星人――遠野篇

軽バン現る

待ち合わせはいつも緊張する。同性であろうと異性であろうと、何度会っている人であろうと、毎回どきどきする。相手はどんな顔をして待っているのか、会った時にまず何て言おうか、私は変な格好じゃないだろうか。待ち合わせはどうしていつも心細いのか。

今日は、初めて会う人と待ち合わせている。９月の第２土曜日の早朝、静かに雨が降り続く新花巻駅。誰もいない構内のベンチに腰を下ろし、私は尚子さんをそわそわと待っていた。第一印象が大事である。背筋をしゃんとしてスマホに目を落とす。「着きました！」とメッセージが届いたが、辺りを見渡しても姿が見えない。

「尚子さん、どこですか？」

「間違えた！」

「え？」

「間違って花巻駅に来ちゃいました」

花巻駅から新花巻駅は６㎞ほど離れている。さらに10分待つと、彼女は面目ない、といった表情で駅に入ってきた。

「ごめんなさい、たまにやっちゃうんですよねぇ」と苦笑いする尚子さんは、私を駐車場へと導き、軽バンのバッグドアを勢いよく開けた。

「荷物、適当に載せて下さい！」と言うが、荷台は既にたくさんの釣具や折り畳まれていない折り畳み椅子や、なぜか自転車まで積まれ混沌としている。幾何学的に積み上がった荷物を崩さずに載せられそうな隙間が見つからず、私は笑いをこらえながら後部座席のスライドドアをそっと開け、そこに自分のダッフルバッグを押し込んだ。

　彼女のちょっとおっちょこちょいな一連の言動は、私の緊張を吹き飛ばしてくれた。今日までのメールのやり取りや事前情報では、すごくしっかりしたやり手の女性という印象を抱いていたので、彼女には悪いが安心したのだった。尚子さんのことは噂で聞いていた。国内の女性フライフィッシャーはほとんど絶滅危惧種である。総数が少ないので、アンテナを張っていれば「フライやる女の人がいるらしいよ」という情報は勝手に耳に入ってくるものだ。尚子さんはもともと私と同じ会社（別の店舗）に勤めていたことがあり、現在は私も愛用している岩手のロッドメーカー『カムパネラ』の工房で働いている。共通項が多いので、会ったことがないのに、とても近しい存在のような気がしていた。きっと気が合うはずだから、会ってみたかった。私はフェイスブックのメッセンジャーから、「二人で釣りに行きませんか？」と誘った。そして見ず知らずの女からの突然の誘いを、彼女は快諾してくれた。好奇心旺盛なところも、私と同じだと思った。

　尚子さんの軽バンに乗り込み、駅を出発する。雨足がさっきより強くなっている。雨粒がフロントガラスを叩く音と、最速で動くワイパーの音にかき消されないよう、私たちは話す時に腹から声を出さなければならなかった。

車内で尚子さんは、彼女の半生を手短に話してくれた。フライフィッシングを始めたきっかけ、色々な仕事をしてきたこと、東京出身で、地域おこし協力隊で岩手へ来たこと、その前は青森にいたこと、家庭のこと、カムパネラとの出会い。彼女の話には芯があった。決断力と行動力が結実したドラマティックな展開に、私は感動した。私は自分の半生をこんな風に語れるだろうか。いや、流されてきただけの私の半生など、語ったところで語り甲斐もないな。

私たちはお互いの素性を探りながら、だんだんと打ち解けていった。共通言語が多いから会話に困ることもないし、二人とも同志と見れば腹を割るのが早い性質みたいだ。新花巻駅での待ち合わせから30分も経たないうちに、不思議と昔からのよしみのような空気が流れていた。世間話の間に、釣りの話がまぜこぜになるのがおもしろい。

いつもさ、どんな釣りしてる？　パートナーはいないの？　コンビニ寄ろうか。息子が自転車盗まれてさ。え？　息子いるんですか？　ねぇ、あの人知ってる？　えー、知ってる。最近菜食にしたら体調良くて。えー、肉食べたい。男の人と釣り行くとさー。それ、めっちゃ分かる。車欲しいな。軽バンいいよ軽バン。雨やばいね。やばいですね。魚、釣れるかな。

早池峰山のふもとを目指し、尚子さんの軽バンは雨で霞む田畑の道を駆ける。辺りは民家がぽつぽつと点在しているだけだ。やがて民家も見えなくなる。じっとりと濡れて彩度を増した田んぼ道は朝なのに薄暗く、大声で喋りながら豪快に水飛沫を上げて走る私たちだけが明るかった。

前途多難

雨はますます強くなる。時に土砂降りになり、わだちにたまった水が大袈裟に跳ねる。目的の薬師川は通常でも水量が多いというから、この分だと増水で釣りが出来ないかもしれない。助手席から望む河川は明らかに濁っている。しかし、山道を縫うように走り、広葉樹のトンネルをいくつも抜けた先は、信じられないほどあっけらかんと晴れていた。

「うそ、晴れてる」

「もしかして晴れ女？」

「雨女です」

橋の上から川をのぞいてみる。増水気味だけど、出来なくはないかな？　と思っていると、

「ちょっと多いけど、せっかくだからやってみようか」と尚子さんが言う。私は大きくうなずいた。

川の近くに車を止めて降りる。雨に濡れた草の濃い匂いと、水の匂いを吸い込む。支度を始める前に、尚子さんは小型スピーカーを持ち出し、「クマが来ないようにね」と大音量で音楽を掛

けた。おしゃれな音楽だったが、私はドライブ中やバーで好みの音楽が掛かるこういった時、「これは誰の曲？」と聞くことが出来ない（たぶんそういう病気なのだろう）。だから誰の曲なのかはいつも迷宮入りなのである。

尚子さんは「今年最後かな」と言いながら、ウェットウェーディング・スタイルに着替えた。彼女は音楽だけじゃなく、ファッションセンスも良かった。モスグリーンのシャツに、パープルのショーツ。肩からサコッシュをぶらさげ、ブラックダイヤモンドのチャートリュース色のコンパクトなザックを背負っている。こなれた装いだ。それに引き換え、私はグレーのウェーダーにグレーのTシャツにグレーの大きなザック。まるでネズミかサイである。私たちはソフトは似ていてもハードは全然違うのだ。尚子さんのロッドはカムパネラのショートシリーズというモデルだった。ブランクの鮮やかなオレンジ色がエキゾチックな顔立ちの彼女によく似合っている。私は、カムパネラのレッドラップをつないだ。このロッドは、私がフライを始めた頃に譲ってもらったものだ。今までのほとんどの魚をこのロッドで釣り上げてきたと言っても過言ではなく、相棒と呼んで相違ない。控えめで落ち着いた赤色が、私らしいとも思う。

東北の魚を釣るならば、東北で作られたロッドを使うことはとても自然で道理にかなっている気がするし、そういう嗜好《しこう》には土地への敬意とロマンがある。

当然「カムパネラ」は宮沢賢治の童話『銀河鉄道の夜』に登場する少年の名が由来なので、賢治ファンとしての所有欲も満たされるわけだ（私がいつか喫茶店を始めるなら、店の名は「ジョバンニ」と決めている）。

尚子さんはクマよけに蚊取り線香をたいて携帯用の赤い缶に入れ、ザックにぶら下げた。準備を終えていざ川へ向かおうとすると、さっきまで明るかった空に厚い雲が掛かっている。またひと雨来そうだった。私たちは急いで川に降りた。橋の上から見た時は分からなかったが、実際は思ったよりも水かさがあった。辺りは霧雨に包まれ出し、それは次第に雨粒へと変化した。私たちは蒸した空気の中、レインウェアを着なければならなかった。雨具のフードをしっかり被り、少し強い流れの中に立って、二人は各々釣り始めた。幅の広い川なので、左右に分かれてキャスティングをする。尚子さんが前方で何か言っているが、雨と川の音で全てかき消されてしまう。水が重く、歩くのがきつかった。明らかに入渓した時よりも水量が増えている。

これはもうダメかも、と思いながらも、何とか魚の顔を拝めないかなと、泣きの一手。ブッシュの下でヤマメらしきものが出たが、合わせ損なった。尚子さんが近寄ってくる。

「ちょっとこの先は行けそうにないね、1回上がろうか」

開始してたったの10分。私たちは退散を余儀なくされた。橋のたもとまで戻り、岸に上がる。車に乗り込んで、作戦を練り直す。こんな雨の中、私たちが意地でも薬師川をやりたかったのは、他にプランがなかったからだ。

実は私も尚子さんも、女だけで釣りをするという経験がほとんどなかった。今回どこの川に行くのかは、地元の尚子さんに全て任せてしまっていた。女だけでとなると、女の脚力で無理のない水量であること、入渓、脱渓が危なくないことなどを加味した上で魚が釣れる川へ案内しなければならない。尚子さんは花巻近郊の数ある河川の中から薬師川を選び、数日前に下見までしてくれていたのだった。それを聞いて私は、何たるホスピタリティ！　と感激したのだが、私が1度女性を地元の川に連れて行った時も、ちゃんと下見をしたことを思い出した。女だけの釣りとは、まだまだ特別で、覚悟がいることなのである。天気予報を見ると、雨雲は夕方までこの辺り一帯をぼんやりと漂っているようだった。尚子さんはＧｏｏｇｌｅマップと天気図を交互に見ながら、客人の私のために知恵を絞り出してくれていた。「あの沢ならいけるかもなぁ」とぶつぶつ言っている。確信はないが、ここにいても仕方がないので私たちは移動することにした。遠野方面に南下し、尚子さんが目星を付けた○川の支流を目指した。私たちは早くまともな釣りがしたくて急いていた。急いているあまり、息が苦しくなってきたと思ったら、車内に蚊取り線香の煙が充満し、二人とも窒息し掛けていた。

「尚子さん、窓、開けないと」

「ごめんごめん、何で消さなかったんだろ」

　窓から香煙を吐き出しながら、軽バンはひと山越えた。どうやら雨雲から逃げ切ったようだ。道路は乾いていたし、○川の水量も増えていない。車は目的の支流に到着した。「○○沢」という小さな看板が見える。

「不吉な名前の沢ですな」

「ふふ、そうなのよ」

「でも、釣れそう」

「読みが当たったね」

明け方はこの辺りも結構降ったようだが、余程渇水していたのか沢の水量は程良かった。私たちはザックを背負い直し、ラインが絡まってくっ付いた2本のロッドを荷台から取り出した。1本を受け取ると、私は待ち切れなくて足早に沢へ降り、平瀬に向かってフライを投げ始めた。前方で小さく飛沫が上がって、私はうれしくなり尚子さんの方を振り向いた。

しかし、彼女は私の方を見ていなかった。サコッシュをひっくり返し、中身を全部出して河原に並べている。何かあったのかと問うと、彼女は悪夢のような言葉を呟いた。

「フライボックスがない」

本日は前途多難なり。

女だけの世界

尚子さんはフライをいくつかの小さなボックスに分けて持っていた。そのうちのメインボックスを紛失したようだった。皆無ではないことは、不幸中の幸いか。

「たぶんさっきの川に落としたんだと思う」

「取りに戻りましょうか」

「大丈夫、あるもので何とかなるよ、後で取りに行こう」

　彼女はあくまで明るく振る舞っているが、内心は結構落ち込んでいるんじゃないだろうか。取りに行こうと言っても、川で失くしたフライボックスを見つけるのはそう簡単なことではなく、見つからない可能性の方が高い。

　何と声を掛けていいのか分からず、「私のでよければあげますんで……」と言ってみたものの、彼女はフライを私から貰うことはしないことも分かっている。フライフィッシングは自分で巻いたフライで釣ることこそが醍醐味であり、他人のフライで釣った魚はどんなにいい魚でも満足感に欠けてしまう。人のふんどしで相撲を取ることは滅多にないのが一人前のフライフィッシャーであり、私も尚子さんもその本質をちゃんと理解しているのだ（旅先のフライショップで珍しいフライをお土産に買うのはまた別の話）。

　尚子さんは全然気にしない、という風体でセカンドボックスからＣＤＣカディスを選び（いいの持ってるじゃん、と思った）、ティペットの先に結んだ。彼女はすぐに小さな流れからヤマメを出しキャッチした。振り向いた彼女は笑顔があふれている。私も笑ってカメラを構え、１枚撮る。魚が釣れれば気分も変わる。次は私の番だ。

目の前には私のために用意されたかのようなおあつらえ向きのプールがあった。近づいてポジションを取り、流れ込みの手前に#14のアントパラシュートをキャストする。キャストした時には見えなかったが、どこからか魚がふらふら浮いてきてフライをくわえた。ロッドを立てて合わせると、背後から「おー！」と声が上がった。

ネットに入ったのはイワナだった。あどけない顔のかわいいイワナだ。私は張りつめていた糸が切れるようにふっと楽になった。きっと尚子さんも同じ気持ちだったと思う。お互いまず1匹ずつ釣れている、これがこの後の展開にとても大事なことなのだ。ここからは安心して、釣りに没頭出来る……。

魚たちは私たちのフライに素直に反応し、小さなヤマメと時折、良い型のイワナも釣れた。沢は盛夏を過ぎ、木々は色付き始め、ヒグラシが最期の力を振り絞って鳴いていた。風が吹くと、小さな黄色い葉が天から降り注いで美しかった。私はこういう小さな沢の釣りが好きだ、と実感していた。魚の付いているポイントが分かりやすく、ロングキャストの必要もないから、下手な釣り師に打って付けだ。何よりも魚たちが皆純朴なので、心を打たれる。

時に真剣に魚に向き合う尚子さんの姿を後ろから眺める。彼女のキャスティングは独特だった。体全部がラインになっているようなキャスト。魂も一緒に飛んでいっているようなキャストだ。釣りの最中、私たちが交わした言葉は少ない。だがこうして釣りをする姿を見ているだけで、しゃべるよりもその人が分かる気がするから不思議である。

気が付けば正午を過ぎていたので、広めの河原沿いで休憩を取った。湿った落ち葉の上に腰掛け、いつも通り私はザックの底で潰れたコンビニおにぎりを頬張る。

「何か夏の終わり感ありますね」

「ねー、寂しいよね」

「何で夏の終わりって寂しいんでしょう」

「秋も最高の季節なのにね」

尚子さんは小さな羊羹《ようかん》をかじっていた。行動食という感じで憧れる。尚子さんはトレイルランニングの大会を運営したり、釣り以外のアウトドアも経験豊富だ。それが彼女の釣りのスタイルにも反映されているし、おやつ一つにも表れている。私、コンビニおにぎりやめよう、と思った。もっと、かっこいいもの食べよう（かっこいい食べものって何？）。

午後の釣りもまた、互いに譲り合ったり、時に勝手に釣り上がったりしながら平穏な時間を過ごした。沢はどんどん細くなり、水量も少なくなってきたが、魚が途切れることはなかった。しかし、私たちの集中力は途切れ始めていた。魚をばらしたり、足を滑らせて転びそうになったりする度に、「早く、ビール飲みたい」と口走るようになっていた。

今日はキャンプ場でテント泊だから、早めに上がる心づもりである。ここで最後にしようかというプールに、半ばぞんざいにフライを投げ込んだ。フライはすぐに水中に吸い込まれた。私はまた小さいヤマメだろうと高をくくり、魚が飛んでいかないようにやさしくロッドを立てた。すると、ロッドは予想外に大きくしなり、重たい感触が手に伝わってきた。まさに寝耳に水、慌てて集中力を取り戻し、丁寧にラインを引き込むと、ネットに入ったのはこの日一番の大きなイワナだった。

傷一つない美しい魚に、カメラを新調したばかりの私は高揚して、さまざまな構図でシャッターを切った。尚子さんも「よかった、よかった！」と喜んでくれた。

「有終の美ですなあ」

「終わりよければすべてよし！」

「ですね、まあまあ色々ありましたけど」

私はイワナをリリースし立ち上がると、いかにも満足げに深呼吸をして、沢を後にした。おいしいビールが飲めそうだ、なんてのんきに思いながら。

タイマグラ

私たちは来た道を引き返し、薬師川沿いのタイマグラキャンプ場へ向かった。タイマグラとは何とも怪しい響きの名前だが、アイヌ語で「森の奥へ続く道」、「きれいな水の流れる所」といった意味らしい。電気が通ったのは昭和63年、携帯の電波が届くようになったのはつい最近。田舎暮らしの尚子さんも「超僻地」と呼ぶ小さな集落である。にもかかわらず、キャンプ場はファミリーや釣り人のテントでいっぱいで、なかなか盛況だった。

賑わうキャンプ場を横目に過ぎ、私たちはまず尚子さんのフライボックスを探しに行った。尚子さんは心当たりがある、と退渓点近くに車を止め、「ちょっと見てくるから待ってて」と小走りで藪の中に入って行った。一緒に探しに行った方がいいかなと逡巡している、ものの数分で尚子さんはグリーンのボックスを手に戻って来た。

「あったんですね！」

「思ってた通りの所にあったよ」

フライボックスは、川を上がる際、高い所にえいっと登った時にサコッシュからこぼれ落ちたようだ。てっきり流されてしまっているだろうと想像していたから、簡単に見つかって驚いたけれど喜ばしい。私たちは嬉々としてキャンプ場に車を乗り入れ、夜の準備を始めた。

整備された芝生が夕日を反射してまぶしい。コールマンの大きいテントの前で子どもが吹いたシャボン玉が、風に乗って運ばれてくる。向かい側では若い男性が女性にフライキャスティングを教えている。川沿いでは大家族がバーベキューを楽しんだり、親子で釣糸を垂れたりしている。私たちはその横に降りて石で囲いを造り、持ってきたクラフトビールの缶を川の水で冷やした。

芝生にそれぞれのソロテントを張っていると、偶然よく知る顔が隣のサイトにバイクで現れた。

仙台に住むフライフィッシャーである。聞くと隣で既に飲み始めていた二人も各々バイクで弘前と石巻から来ていて、タイマグラで合流の約束だったのだという。超僻地で知り合いに出くわすとはびっくりだが、それほどにフライフィッシャー界は狭いというか、行動原理が同じというか。

　その知人に、キャンプ場の高台にある早池峰山荘で4時までシャワーを借りられると聞いたので急いで向かった。時間は少し過ぎていたが、山荘の方は快く貸してくれた。備え付けのせっけんがなく、シャンプーしか持っていなかったので仕方なくシャンプーで体を洗う。ドライヤーもなさそうなので髪は洗わなかった。

　5分やそこらで風呂場から出て、玄関のポーチで尚子さんを待った。遠くに早池峰山が見える。眼下には色とりどりのテントが散らばるキャンプサイト。まるで童話に出てくる小人の村みたいだ。その谷を生ぬるい橙色の風が通り抜けた。風が目に見えたのは初めてのことだった。あれは確かに不思議な風で、言い換えればこの不思議な名前の地によく似合う風だった。

　日が傾き始めた頃、私たちはようやく乾杯をした。川の水で冷やしたビールを（まだぬるかったが）シェラカップに注いで分け合った。尚子さんのカップは一瞬で空になった。「どうぞどうぞ」と注ぐとまたすぐに空になる。私も酒飲みだが、どうやら彼女は私以上に飲むようだった。気持ちがいいくらいの豪快な飲みっぷりだ。私が持ってきた2本のビールが空くと、今度は尚子さんが「ベアレンビール」を開ける。ピルスナー、レッドラガー、セッション、どんどん開けるので今どれを飲んでいるのか分からない（どれも美味しいことだけは分かる）。「旅」と「酒」が切り離せない私にとって（「釣り」はどこへいった）、もしかして彼女はベストパートナーになってくれるのではないかと思ったりする。

　辺りは薄暮れて、だんだんと肌寒くなってくる。晩夏と初秋の入り交じる季節だが、短パンにサンダルの尚子さんは髪も濡れたままで平気な顔をしている。私はジャケットを羽織り、焚火台に薪を積んだ。集めた小枝を火種にし、ふうふうと息を吹き掛け、薪に燃え移らせる。乾いた薪が勢いよく燃えはぜた。尚子さんはなおも短パンで焚火に当たりながらビールを飲んでいる。足が熱くないのだろうか。隣のサイトの青森の方が茹でたトウモロコシを下さった。お腹がすいていた私たちはそれをあっというまに平らげた。

　ほどなくカムパネラの石川さんと友人の中村さん（翌日までこの人をカムパネラの人だと思い込んでいたが違った）がやって来て、皆でジンギスカンを食べた。石川さんは本格的な鋳物のジンギスカン鍋ばかりか、肉や野菜、お酒までたっぷり用意してくれた。ジンギスカンは北海道のイメージがあるかもしれないが、実は遠野の名物でもある。柔らかく臭みの少ないラム肉に、青森の『スタミナ源たれ』を付けて食べるのが石川流だ。本当においしくて箸とビールが止まらない。尚子さんは菜食なので羊は食べず、焼いた野菜やトマトを食べていた。

　彼女はなじみの二人がいることで安心したのか、単に酒が回ってきたのか、目尻がとろんと下り口調も緩み始めた。そして「ちょっとだけ寝る」と言って早々にテントの中へ入っていった。彼女に限らず、この場合は大抵朝まで起きてこない。残された3人で目配せをして静かに笑った。

夜は更けて、焚火はマグマのように赤い熾火《おきび》だけが残っている。いつの間にか中村さんがいなくなっている。日本酒が効いてきてまぶたが重い。大きなあくびをして空を見上げると、無数の星が瞬いていた。中でもひときわ輝く赤い星が目に留まる。確かこの秋は、火星が2年ぶりに地球に最接近するとニュースで見た。

火星にはかつて、豊富な水が存在していたという。でも今は、完全に干上がってしまって見る影もない。火星に海や湖や川があったころは、今から数十億年も前だ。そこに魚はいただろうか。いなかったとは言い切れないだろう。

火星にはどんな魚がいただろうか。絵に描いた火星人のようにタコみたいなのだろうか。もしくはシーラカンスみたいな古代っぽい形かしら。メガマウスみたいな不恰好なやつかもしれない。光ったりもするかもしれない。想像力が乏しくて、Ｂ級ＳＦ映画に出てくるような生物しか挙げることが出来ない。それとも、地球の魚とさほど変わらなかったりして。

火星人も釣りをしただろうか。火星人が人間のような、あるいは人間よりもはるかに優れた知能を持っていたのであれば、きっと釣りをしたと思う。それは人類というか動物の本能であり、文明や文化の発展に必要なことのはずだから。賢い火星人は、わざわざ非効率な方法であるフライフィッシングを選択しないかもしれない。しかし火星人が人間のように豊かさを求める類である場合、狩猟目的でなく遊びとして釣りをする場合は、フライフィッシングに興じることもあり得るだろう。火星の重力は地球の3分の1だから、私でも簡単にフルラインが出るかもしれない。

　火星の生命体についてはいまだに解き明かされていない。でも、かつて火星にあった水が消えてしまった原因については少し分かってきている。太陽から降り注ぐ紫外線によって水が水蒸気になり、大気圏の上層部へ運ばれることで消失した、という説だ。現在の火星は極寒の砂漠だが、水があった時期は温暖な気候だったという。大量の水が蒸発してしまうくらいだから、相当な暑さだったのだろう。あれ、これって何だか、今の地球みたいじゃない。

――火星移住計画。かつて人類は、資源が枯渇し限界を迎えた地球を捨てて、火星へ移り住もうとしていた。そこには人間が生きられる環境があり、豊富な資源があった。人々は火星の地面を掘削して石油を掘り、原子力や石炭で発電し、木を切り山を崩し海を汚した。二酸化炭素が増え温暖化を引き起こし、水はどんどん蒸発していった。猛暑で人々は倒れ、水中の魚は死に、山火事で動物が滅びた。水がなくなって人間を含めた生物は生きることが出来なくなった。ならばもう、この星に用はないよ。さようなら火星、また地球に戻るとしよう――

　人間は愚かだから、ずっと同じことを繰り返しているだけなのかもしれない。今日の火星は、人類が大昔に捨てた、使い果たされた星なのではないか。私は火星で釣りなんてしたくない。火星から視線を外すと急に焦点が合わなくなり、身体が宇宙空間に投げ出されたようになった。いったい自分がどこにいるのか分からなくなってしまう。どのくらいの時間、星を眺めていたのだろうか。もたげた頭を正面へ戻すと、もう周りには誰もいなくなっていた。

　ふらふらとテントへ向かい、寝袋へ潜り込む。目を閉じてもまぶたの裏にまだ星が見えた。川の音を聞きながら、私は深く眠った。朝方一瞬目が覚めた時、頭の上でぺた、ぺたという水気を含んだ足音がした。河童だ、と思った。

分身

翌朝は快晴だった。テントは朝露によりフライシートの内側までびしょ濡れだった。私はたぶん、一番遅くまで寝ていたと思う。起きた時には、昨日食べ散らかしたままだった鍋や食器はきれいに洗われていた。尚子さんが早朝に起きて片付けてくれたらしい。頭が下がる。そして二日酔いで頭が痛い。

尚子さんは朝ごはんにホットサンドを焼いてくれた。中村さんがコーヒーを入れてくれた。私は昨日から何もせずただ食べて飲んでばかりだ。反省。

川の近くで寝ると、いつも頭上に河童が来るのだ。いつもというか、昨日で2回目だけど。という話を皆にしたら、当然のように「遠野は河童の里だからね」と言うのでぎょっとする。急に昨日の出来事が現実味を帯びてきた。今日は遠野に行くので、また出くわすのではないかと少しどきどきする。

テントや道具を片付け、隣のサイトの皆さんに挨拶をして出発する。遠野は多くのフライフィッシャーに愛される土地であり、全国から足繁く通う人も多いというのに、隣県に住む私はほとんど来たことがない。なぜ釣り人は遠野、遠野と言うのか。さぞかし素晴らしい所なのだろう。それをようやく吟味立出来ると思うと心が弾んだ。

タイマグラからくねくねと続く山道を抜けると突然視界が開け高原に出る。延々と緑の牧草地が広がり、遮るものは何もない。あるのは放牧された馬だけだ。先頭を走っていた石川さんは車を路傍に止め、間近でのんびりと草を食む立派な馬を見せてくれた。その屈強な身体にしばし4人で見とれる。草をすり潰す心地いい咀嚼《そしゃく》音を聴く。馬を見る時間は豊かで美しいものだと知る。

高原地帯を過ぎると、いよいよ遠野らしい田園風景に迎えられる。青から黄金に変わりつつある稲穂が風に揺れ、茅葺き屋根の民家を囲んでいる。遠野といえば民話の里である。いにしえの人々にとって山は信仰の対象であり、里山に囲まれたこの地で座敷童子《ざしきわらし》などの奇譚が生まれたことは何ら不思議ではないと思った。昔話のようなこの原風景の中で竿を振るのはさぞ気持ちが良いだろうとも思う。こうした釣り場は確かに今ではほとんど見られず、まして大きなヤマメが釣れるとなれば、秋が来る度に訪れたくなる気持ちも分かる。さて肝心の魚はどうだろうか。

私たちは町に入り、味のあるというか、もはや味しかない古びた商店で釣り券とパンやバナナを買い、釣り場へ向かった。小さな町の中に川が流れている。これが有名な猿ヶ石川。遠野物語には「川には河童多く住めり。猿ヶ石川殊に多し」とある。朝方の河童のことを思い出してまたどきどきする。下流には既に釣り人が入っていたので、上流部へ向かった。入渓点の手前に車を並べて止め、準備をし始める。皆黙々とウェーダーを履き、ロッドをつなぐ。４人ともカムパネラのロッドで、えも言われぬ一体感が生まれる。

いよいよ出発しようとザックを背負った時に、私は妙な違和感を感じた。何かが足りない。右手でザックの周りを探りながら青ざめる。

「ネットがない」

私は自分に言い聞かせるように、そして確かに皆の耳に入るように大きく呟いた。ザックにぶら下がっていたランディングネットが、忽然《こつぜん》と消えていた。いったい、いつどこで？　なぜ今の今まで気がつかなかったのか？　これが柳田國男の言う遠野の神隠しなのか？　それとも河童に盗まれたのか？　私は目を開いたまま失神したように呆然と立ち尽くした。

状況を飲み込めずにいた私に、尚子さんは「きっと昨日の沢に置いてきたんだよ、取りに行こう」と言ってくれて、ようやく昨日の出来事を回想することが出来た。最後に釣れたイワナをすくった後、魚体だけの写真を撮るためにネットからイワナを出し、石で囲いを作ってその中に魚を放った。しばらく撮影してイワナをリリースし、ネットを……置き去りのまま川を上がったのだ。

ネットを紛失するのは２度目だった。１度目は和歌山の山奥に一人で入り釣りをした時で、退渓時に木に引っ掛かったと思われる。その時も無くしたことに気が付いたのは翌日で、スケジュール的に取りに行けず泣き寝入りしたのであった。高野山のふもとだったから、今頃はお大師が夜な夜な境内のアマゴでもすくって遊んでいるだろう（境内の小川には本当にアマゴがいる）。

それがたった1年前の話である。気に入っていたネットだったので、作っていただいた方にもう1度同じ形のネットを注文したのが春のこと。グリップが上等な黒柿で、本来はクレモナが付くところを無理言ってメッシュタイプにしてもらったものだ。手元に来てから半年も経たずにまた同じことを繰り返す自分が情けなくて仕方がなかった。

石川さんと中村さんはそのまま残って釣りをしてもらい、私は尚子さんとネットを回収しに行くことになった。明らかに落胆する私に「大丈夫、まだ今なら誰も入ってないと思うよ」とか、「旅にハプニングは付き物だよ」とか励ましながら、尚子さんは往復2時間も掛かる昨日の沢まで車を走らせてくれた。申し訳なくて道中は何を話したらいいか分からなかった。どうしてネットに紐を付けておかなかったんだとか、昨日尚子さんがフライボックスを無くしたことに気が付いた時、私もすぐに取りに行きましょうと言うべきだったんじゃないかとか、自責の念に押し潰されて胃が痛み、助手席の窓枠に頭を預けてうな垂れていた。

軽バンは見覚えのある場所へ戻って来た。沢の林道に入る。退渓した場所に近づきながら、ゆっくりと進んでいく。私は助手席の窓から沢を見下ろし、黒柿のネットを探した。

「もうちょっと先かな」

「確か深めのプールがあって……」

「この辺じゃない？」

「あっ」

尚子さんが車を止めた真下の岸に、私のネットが昨日の姿のままに、ぽつねんと横たわっていた。私はバルコニーからロミオを見下ろすジュリエットのようにたまらない気持ちになり、急いで崖を駆け降りた。白昼の木漏れ日がスポットライトのようにそこだけ照らし、ネットを手に取ると微かに熱を帯びていた。その小動物のような温かさに涙が込み上げそうだった。林道を見上げると尚子さんが手を叩いて喜んでいた。

○○沢で一夜を明かしたランディングネットは、いつにも増してたくましく見えた。私のネットは夜の沢で何を見て、何を聞いたのだろうか。水生昆虫の羽化、水面を割る大きなイワナ、ツキノワグマの親子、ヤマドリの鳴き声、木々の葉が風で擦れる音、穴を掘るタヌキ、木が腐食する音、水音に紛れて微かに聞こえる誰かの話し声。もしかして、河童の足音を聞いたのはこのネットなのかもしれない。

遠野に戻って来た頃には、正午になろうとしていた。もうこうなったからには、とことんのんびり行くしかない。釣りをする前にそばでも食べようか、と伝承園の近くの駐車場で先の二人と合流することにした。

「いやぁ、ホントにネットあって良かったねぇ」と言い、尚子さんは折り畳まれていない折り畳み椅子を荷室から下ろして座った。

今回の旅の相手が尚子さんで良かったと思った。私たちはやはり似たもの同士だ。釣りが好きで、大酒をくらい、食べたい時に食べて、寝たい時に寝て、行きたい所へ行き、楽天家で、よく物を無くす。と思っていたら、尚子さんが朝商店で買ったバナナをかじりながらぼそっと呟いた。

「何か私たちっておんなじだよねぇ」

石川さんと中村さんを乗せた車が駐車場に入ってきた。

「ネット、あったの?」

「ありましたー、ほんとすみませんでした」

「よかったよかった、とりあえずお昼食べようか」

私たちはウェーダーを履いたまま食堂の方へ歩き出した。尚子さんが来ないので振り返ると、彼女は軽バンに積まれた荷物をひっくり返して何かを探していた。

1年後

紫波インターを降りて県道13号線を数分走ると、青い壁の建物が見えてくる。カムパネラの工房は、滝名川沿いの閑静な場所にたたずんでいた。

「久しぶり！」

工房に入ると、尚子さんは1年前に新花巻駅で会った時と同じ笑顔で迎えてくれた。最近ショップを兼ねた造りに改装したという工房内は、大きなウッドのカウンターが備わっている。尚子さんは、その奥から機密文書の巻物を扱うような慎重な手つきで茶色い筒を持ち出し、私の前に置いた。

ナイロンケースのバックルを外し、中からキャンバス地の筒を引き出す。リボンをほどくと筒は広がり、不規則にステッチが入った1枚の布になる。私はその布の中から6本のピースを丁寧に取り出し、机の上に並べた。

「きれいな色……ちょっと紫っぽくも見えますね」

「うん、でもネイビーなの。光の当たり方で全然違う色に見えるんだよ」

「スレッドの色も渋くていい……」

「グレーにしてみた。落ち着いたトーンがいいって言ってたから」

私は静かに感動していた。イメージしていたものよりも、はるかに美しかった。

2カ月前、職場の仲間と山形の大鳥池に行く予定を立てた。大鳥池までは約4時間ほどの山歩きを伴うため、「パックロッドが必要だ」と思い立ち、急きょ尚子さんに連絡をしたのだった。

「ブランクの色はネイビー、アクセントにイエローを入れて欲しい、全体的に落ち着いた雰囲気で」という大雑把な注文に、彼女は親身になってあれこれ提案してくれた。

初めてカスタムオーダーをするので、グリップ材やスレッドのカラーなどで悩んだが、最終的には尚子さんに任せようと思った。私は彼女のセンスを信用していたから、不安は微塵もなかった。ただただ完成が楽しみだったが、期待を超える仕上がりとなって、今私の目の前にある。感無量である。彼女はラッピングをしながら、私との散々な釣行を思い出しただろうか。もしくはこの小さなロッドをどこかに置いてけぼりにしないように願いながら巻いたかもしれない。

私は外に出て、ロッドをつないで振ってみた。少し硬めのアクション。6本継ぎは初めてだが、特に違和感を感じなかった。真夏の強い光が当たると、ブランクは深いネイビーから透き通ったブルーになった。うれしくなって、何度も光を透過させて確かめた。

石川さんとケンさんがお昼休みから帰って来た。二人にもお礼を言う。作った人の顔が見えるというのは、本当に素晴らしいことだ。だって、裏切りようがないから。

野菜でも、ビールでも、服でも、帽子でも、かばんでも、家具でも、ランディングネットでも、フライロッドでも、作る人、食べる人、使う人の顔が互いに分かる範囲で暮らすということが、一番健全な人間の在り方なのではないだろうか。完全には無理でも、なるべくそういうものを選んで生きたい。そして、それを叶えるクラフトマンたちに恵まれているという幸せを最近は実感している。釣り道具においては、彼らのおかげで一層フライフィッシング熱に拍車が掛かる。

何事も、道具を自分で選べるようになることは一人前の証だ。私はこうして今も少しずつ、釣り人らしくなろうとしている。

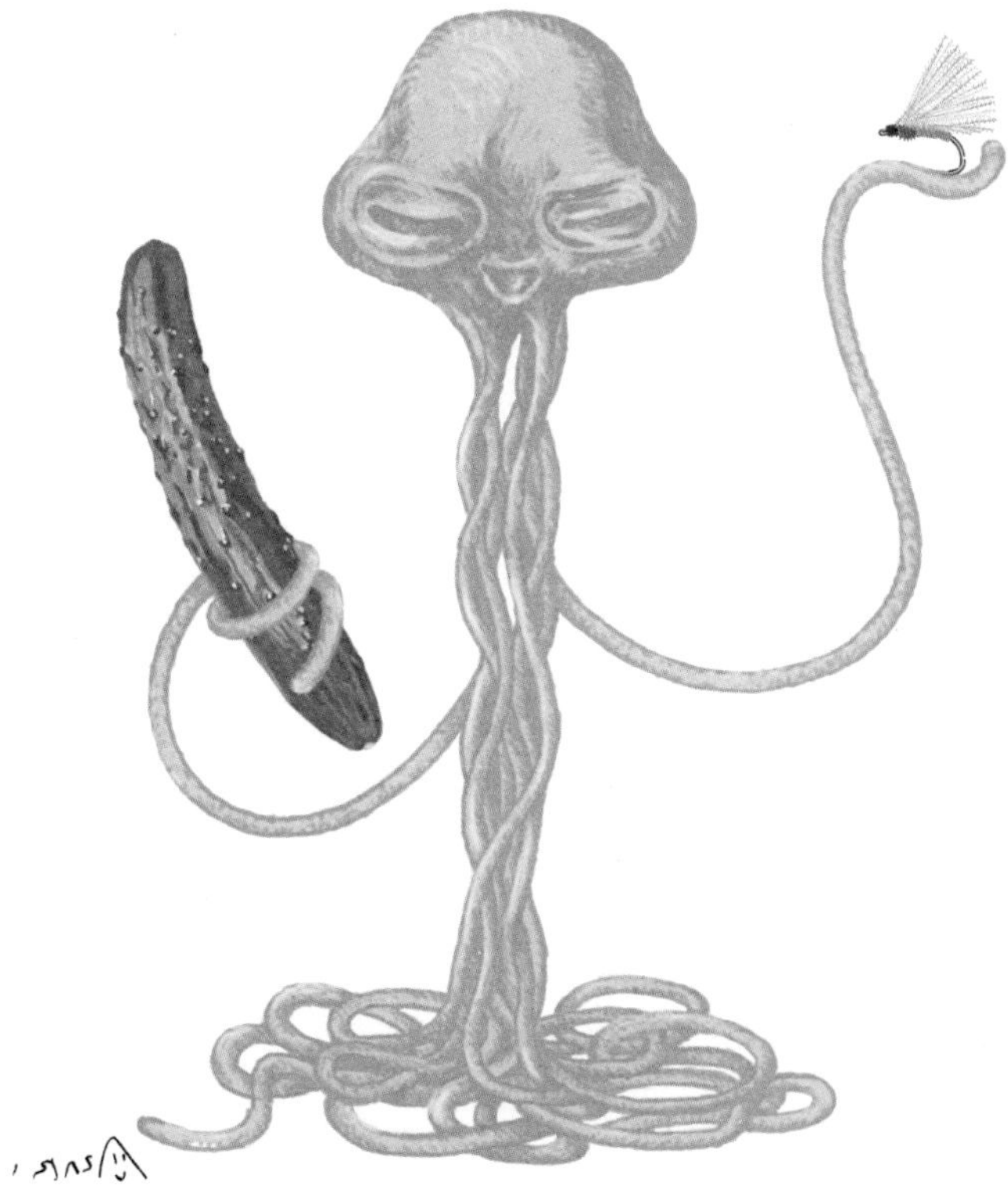

Streamside Memories

BREWED IN PORTLAND, OR.
ESTD
USA
20
12
Long Root
PALE ALE
MADE WITH KERNZA• PERENNIAL GRAIN

梨花
根室っ子
アクア
マリ

白鷺七変化——道東篇

旅の始まり

新千歳空港から電車に乗り、数駅先の小さな駅で降りる。時候は9月末、まさに秋晴れというように空はすかんと晴れ渡っている。構内にはダウンジャケットを羽織っている人もいれば、Tシャツ姿の人もいた。

改札の向こうで、小さな女性がちぎれんばかりに大きく手を振っている。大きな荷物を引きずって改札を抜け、小さな女性の元へ駆け寄る。彼女の名はやまめ。皆にそう呼ばれている。

やまめさんとは一応会社の同僚、ということになるが、私は仙台、彼女は札幌の店舗に勤めているので一度も会ったことがない。電話で話したことはあっても、ほとんど業務上の会話である。にもかかわらず、北海道に行くと決めた時、最初に思い浮かんだのが、やまめさんと釣りが出来ないだろうか、ということだった。

何度でも言わせてもらうが、国内の女性フライフィッシャーは本当に少ない。アウトドア用品を取り扱っている我が社内でも指折り数えるくらいだ。そんな中でやまめさんは真の釣り好きとして名が通っていて、いつか会いたいと常々思っていた。何てったって名前が「やまめ」である。そんな人は他にいない。

やまめさんは声が通り、はきはきとしゃべった。小柄な体に見合わず、気押されるほどのパワーがみなぎっている。明日から三日間、彼女と二人で道東を巡り釣りをするのだ。

私たちはまず、近くの中華屋に入った。水の入ったコップを合わせて、お疲れさま、と乾杯し、おいしいと評判の揚げ焼きそばを二つ注文した。

「こんなことでもなければ、道東になんてなかなか行けないよ」

うれしそうに焼きそばを頬張るやまめさん。彼女には小学生の娘さんがいるし、私のように気ままにふらっと遊びに行くことは難しいだろう。札幌から道東までは片道5時間も掛かるし、日帰りというわけにもいかない。

最初、「やまめさんが一緒に行けないようなら、一人で釣りをしようと思っている」とメールすると、彼女は「北海道の川をなめないほうがいい」と私を叱咤《しった》したのだった。そして、私の能天気さを心配して急きょ家族会議を開くと、割とすんなり二泊三日の同行許可を得たのだという。

「日頃の行いがいいからですね」

「いやもう、本当に。あー楽しみ！」

道東へは明日の明け方に移動を始める。今日は肩慣らしに千歳周辺で軽めに釣りをしてみない？　と言われた。

「この近くにいい所があるから。でもびっくりしないでね」

私たちは腹ごしらえを終え、車に乗り込んだ。それからほんの5分ほど走り、住宅街を流れる小川のほとりに停車した。周辺は一軒家やアパートが建ち並んでいて、本州であれば鯉がのさばっているようなロケーションである。ここで釣りをするってこと？　やまめさんは「びっくりしないでねって言ったでしょ」と笑っている。

　橋の上から川を見下ろす。水中に揺らめいていたのは梅花藻だった。

「こんな街の中だけどさ、奇麗な湧水の川なんだよね」

　さらに川沿いを歩くと、何と鮭が遡上しているではないか。こんな近所の小川に？　私はもう驚きを通り越して、北海道という偉大な土地の洗礼に軽く打ちのめされた。

　実も葉も燃えるように赤く染まった大きなナナカマドの下で、やまめさんはテンカラ、私はフライロッドで釣る準備をした。大きなニジマスもいると言うから、張り切って5番を持ち出したが、川の規模にそぐわず、すぐに木に引っ掛けてしまう。確かにここはテンカラがいいかもしれない。やまめさんは梅花藻の上からフライを流し、ちょうど藻が切れる所でヤマメを出した。私も真似して梅花藻の切れ間にフライを流して誘い、小さなヤマメを釣った。

　息も絶え絶えの鮭がそこかしこにいて気になる。時折藻にフライが絡まってうまく流せない。しかしヤマメを藻の下から次々とおびき出しているうちに、要領を得てきた。やまめさんが私をここに連れてきた理由が分かった。これは明日訪れる梅花藻の川、西別川の予行演習なのだ。

　ニジマスは結局出なかった。明日から本番ね。やまめさんは私を札幌近郊のホテルまで送って、一度帰宅した。私はチェックインを済ませ、部屋に荷物を置いて夕飯を食べに出掛けた。行きたかったスープカレーの店が閉まっていたので、がっくりくる。当てずっぽうで別のスープカレー屋に入った。チキンのスープカレーと、小樽ビールがあったので頼む。ジャガイモがおいしい。さすが北海道、という感じ。店内ではローカル局のラジオが流れている。さらに北気分が高まってくる。

食後、膨張した胃をさすりながら札幌のフライショップ『テムズ』まで歩いた。夏の気配は微塵もなく、冬の匂いも全く感じられない、秋でしかない夜の散歩道。明日からの旅に胸を躍らせ、落ち葉を蹴りながら歩く。ほろ酔いの私は親切な女性店主に勧められるがまま、湖用のフライをいくつか買ってホテルへ戻った。

やまめさんの憧れ

朝４時に札幌のホテルを出発し、私たちは東へ向かった。早速高速に乗ったが、工事のため、かなり早い段階で通行止めになっていて、すぐに降りなければならなかった。やまめさんはそのことに朝から憤慨している。

「あーもう、何でちゃんと調べてこなかったんだろう、ごめんねぇ」

私こそ全部任せてしまっていてすみません。旅にトラブルは付きものですから、と言って助手席で、のんきにパンをかじる。昨日パン屋で買った塩パンに、やまめさんがポテトサラダを挟んできてくれた。２個食べる。

車内では時間がたっぷりあったので、お互いのことを話した。好きな食べもの、家族のこと、仕事のこと、それから釣りのこと。やまめさんはこの道かれこれ20年以上、筋金入りのフライフィッシャーだ。そんな彼女が、ずっと行ってみたかったの、という西別川に今、向かっている。

根釧台地を蛇行して流れ、根室海峡に注ぎ込む西別川。地図を遡ると源流は西別岳だと思っていたが、ふもとで途切れている。どういうこと？

「西別川の水は摩周湖の伏流水なんだよ。虹別っていう地域に水がたくさん湧き出ていて、そこが源流」とやまめさんは言う。

「ほへー」と気の抜けた返事をして、ぼこぼこと水が湧き上がっている源流部を想像する。日本で最も透明度の高い摩周湖を水源とする川。どんなに奇麗な所なのだろうか。さらに、西別川の名前の由来は、アイヌ語でヌー・ウシ・ペッ「魚のたくさんいる川」だというから思わず、にやっとする。

もしかしたらシマフクロウにも会えるかもしれない、と彼女は興奮気味で話す。シマフクロウは道内、主に道東に１６０羽くらいしか生息していない。実は今夜、野生のシマフクロウがやって来る（餌付けをしている）宿を取っているのだが、それもタイミングが合わなければ見ることが出来ないらしい。まして川で目撃するなど至難中の至難である。やまめさんの20年越しの思いに免じて、どうかその姿を見せて欲しいと願う。

車は再び高速に乗って足寄インターで降りた。阿寒横断道路を通って弟子屈を目指す。深い森の中をうねりながら進んでいく。阿寒湖周辺に差し掛かると急にリゾート感が出てきて浮き足立つ。オンネトー、ペンケトー、パンケトー。不思議な名前の看板は声に出して読みたくなる。ついつい寄り道してしまいそうだが、今回は我慢。

午前10時頃、ようやく目的地に到着した。あらかじめダウンロードしておいたGPSマップを見ながら入渓点を探し、車を止めた。外に出ると、むわっと牛と草の匂い（牛の勝ち）。天気も悪くない。夢にまで見た憧れの川を前に、やまめさんの瞳はきらきらと輝いている。急いで釣り仕様に着替えて歩き出すと、前方から6、7人のウェーダーを履いた集団がこちらに向かって来た。聞くと、先頭を歩いていたのは標茶町の町長さんだった。町の観光資源にならないかと、西別川を視察していたそうである。記念に一緒に写真を撮った。別れ際に、「シマフクロウ、いますよ」と職員さんが教えてくれた。やまめさんのボルテージは一層上がった。

川へ降りる。本当に、川いっぱいに梅花藻が茂り、一面緑色だ。やまめさんは入渓したすぐ下で魚を出し、「今のはブルックだったかも！」と高ぶっていた。しかし、その後すぐに釣った魚はヤマメだった。私も昨日覚えた戦法で1尾釣る。その後も梅花藻の間から、ヤマメがどんどん飛び出してくる。このエリアはヤマメが優勢みたいだ。

川幅が広くなると、より一面の梅花藻の美しさが際立つ。緑の流れの中で、やまめさんの薄ピンクのグラスロッドと水色のジャケットが映えた。この川に立てた喜びが彼女の背中から立ち上っている。「イワナ釣れたー」と振り返って笑っている。私は駆け寄って、写真に収める。私たちは互いに釣りに没頭した。ほのぼのとしながら、至って真剣に。

ふと、西別川は特別な川であることに気が付く。美しい水やおびただしく繁る梅花藻だけではない。くねくねと蛇行しながら進むこの川には、堰堤などの人工物が一切なかった。本当はないことが当たり前なのに、ないことが特別なんて変だなぁとは思う。しかし、自然の流れを残している川とそうではない川は、明らかに川と森の生命力が違うことを最近は実感している。

小さな魚たちとひとしきり遊ぶと、大きい魚を釣りたい欲が出る。私はニジマスを狙って#8のカズンイットにフライを替えた。小さな滝壺に投げ入れてみる。すぐに飛沫が上がる。八寸ほどのイワナだった。その後も幾度となく大きなフライに小さなイワナがアタックしてくる。私はそこを「イワナ無限壺」と名付けた。

無限壺に飽きた私は、先に進んでいたやまめさんに追い着こうとフライを落としながら歩いた。途中、岩盤沿いの段差の、水が落ちるぎりぎり手前で、フライがぽっかりと消えた。ロッドを高く上げ合わせると、さっきまでと全く違う重さを感じた。水中で右往左往する魚の腹に、赤い一筋が見える。ニジマスだ。ロッドをしならせ、魚をゆっくりと寄せる。この旅のために新調した、大きなフィッシュポンドのラバーネットに似合う魚がようやく釣れた。「やまめさーん！」と大きい声で呼ぶ。

「良かったねー、やっぱこれくらいの釣らないとね！」。やまめさんはハイテンションで祝福してくれた。私は何だか照れくさくて、うれしさをこらえてにやにやしていた。梅花藻の上にニジマスを横たわらせて写真を撮った。グリーンの絨毯《じゅうたん》、儚《はかな》げな白い花と、ピンクの頬がかわいいニジマス。その色彩に私は満足した。

　セオリー通りのポイントでニジマスが釣れたことで、肝心なことを思い出した気がした。梅花藻に気を取られ過ぎていたのかもしれない。しかし、それからはいくら忠実にセオリーを守っても、ニジマスは姿を現さなかった。午後を回り、魚の反応も鈍くなってきた。緑の川はどこまでも続き、私たちは無言で竿を振りながら、どこか途方に暮れていた。その時、木々がざわざわと揺れ、大きな鳥が私たちの上空を舞った。見たことのないくらい、巨大な羽を広げて。

「シマフクロウだ！」

　やまめさんは叫んだ。大きな鳥はそのまま、森の中へ消えた。一瞬の出来事だった。

「すごい、シマフクロウ見ちゃった！」。やまめさんは少女のようにはしゃいだ。「標津町の職員さんがいるって言っていたから、注意深く探していたの。ホーっていう鳴き声がしたから、まさかと思って見上げたら……」

　私には、鳴き声は聞こえなかった。たぶん、聞こうとする者にしか聞こえないのだ。空を見上げなければ、星は見えない。魚を釣らなければ、魚は見えない。でも、見えないだけでは、いないことにはならない。ベガもアルタイルもずっとそこにあるし、魚もシマフクロウも、見えないだけでそこにいる。その存在を信じて、本当に見ようとする者だけに、姿を見せてくれるのかもしれない。

　私たちは釣りを切り上げ、宿に向かうことにした。ＧＰＳで車の位置を確認し、白樺と笹の中を進む。先頭のやまめさんが「ほーほぅ」とクマよけに声を出す。秋の北海道の森は、イチジクのような甘い匂いがする。この匂いがとても好きだ。

「車、あったよ！」。やまめさんの後に着いて笹藪から道路へ出る。トイレに行きたくて慌てて車のトランクを開けようとしたら、開閉ボタンと間違ってバックモニター用のカメラを中へ押し込んでしまった。やまめさんに平謝りする。

　宿までは30分ほどで着いた。この辺りに宿はここしかないというのを理由に、ちょっと高かったが奮発した温泉旅館である。いろりのある落ち着いた雰囲気のロビーに座り、出されたお茶を飲んで、ほーっと一息付く。大きな窓の外には川が流れている。フロントの横にカレンダーがあり、そこに8時、9時半、など例のシマフクロウが訪れた時間が書いてあった。ここ最近は毎日来てくれている様子。もう既にシマフクロウに会うという夢は叶っているのだけど、間近で見られるなら見てみたい。

　部屋に荷物を置き、楽しみにしていた温泉へ向かう。思いの外、冷えていた体に熱めの湯が染みる。露天に出ると、ひんやりとした空気が肌を急速に冷やした。岩風呂の上にあるサウナが気になってちらちら見ていたが、夕飯まで時間がなかったので断念した。せわしなく風呂から上がり、夕食会場の席に着く。まずはビールで乾杯をする。やまめさんはビールを飲む時の私が一番うれしそうだと言った。食事はちょっと後ろめたいほど豪華だった。メンメ（キチジ）の煮付けがとてもおいしくて、汁まで平らげた。

ちょうど夕飯を終えた頃、仲居さんが「シマフクロウ来てますよ」と教えてくれたので、私たちはロビーへ急いだ。ロビーの窓の前には既にたくさんの宿泊客がいて、皆写真を撮っている。「いたいた！」。私たちもシマフクロウがよく見えるポジションを探す。近くで見るとものすごい迫力だ。

威厳のある端正な顔立ちは、確かに神様とあがめるにふさわしい。しかしどこかおちゃめな印象もあって、特にちょこんとはみ出している耳と、茶色いふわふわの羽の下からのぞく2本の足がいじらしいのである。シマフクロウは思い立って魚を獲ったり、じっとこちらを見たりしている。ガラスの向こうにいる人間たちが、皆自分を見に来ていることを分かっているようだった。「ずっと見ていられるね……」。やまめさんは熱心に写真や動画を撮りながら、終始うっとりとしていた。

布団に入った後も、シマフクロウのことを考えていた。夜行性のシマフクロウが、なぜあの時私たちの頭上で鳴き、羽ばたいたのか。私はそもそも、やまめさんに教えてもらうまで、シマフクロウに興味を持ったことすらなかったのだ。それなのに、今日は2回も会ってしまった。これがどんなにすごいことなのかも、よく分かっていない。だけど、気分は妙に高揚している。ちょっとした奇跡を見た気がするからだ。

西別川もシマフクロウも、やまめさんの憧れをたどって巡り会えた。私はまだまだ知らないことがいっぱいで、そのことに胸が膨らむ。

夜中、外でシマフクロウが鳴く声が聞こえた。

宝石が泳ぐ川

道東の朝は札幌に比べてうんと寒かった。目が覚めてバルコニーへ出ると、白い息が魂のように浮かんで消えた。滋養を付け、ふかふかの布団でぐっすり眠ったおかげで体の調子はすこぶる良い。私たちは昨日シマフクロウを見た食堂で朝ごはんをもりもりと食べ、知床半島へと向かった。

今まで「知床」や「羅臼」なんて、おとぎ話の中の言葉のように縁遠いものだと感じていたけど、こんなふうに、えいっと思い切れば来れてしまうものなのだ。1時間ほど走ると、海が見えてくる。海の向こうにかすかに見えるぼんやりした物体は、国後島だ。ロシア人が住んでいるなんて、信じられないくらい近い。

標津町までは快晴だったが、羅臼は薄曇りだった。延々と続く堤防、接岸する漁船、漁協の建物、消波ブロック、トタン屋根の小屋、ローカルのコンビニエンスストア。漁港の町はどこも同じに見えるので、気が緩むと、ここが知床だということを忘れてしまう。知床といえば観光客は皆「世界遺産」と口をそろえて言うが、そんな大仰な言葉とは裏腹に、町はつましく素朴だ。人々はただ静かに海辺の生活を営んでいる。

河口では、鮭釣り師たちが長く太い竿を持ってずらりと並んでいた。しかし私たちは鮭を釣りに来たのではない。至極小さなオショロコマを釣りに来たのである。私はイワナが好きなので、どうしてもオショロコマを釣ってみたかった。オショロコマは源流域にのみ生息しているものだと思い込んでいたのだが、知床では河口からすぐの場所で釣れるのだという。にわかに信じがたい。どの川に入るのかは、やまめさんが地元の方にリサーチしてくれていた。

漁港から数ｍも離れていない空き地に車を止める。すぐ目の前に川が流れ、海へと注ぎ込んでいる。本当にここでオショロコマが釣れるの？

やまめさんは昨日と同じ４番のグラスロッド、私は３番ロッドをつないだ。河口付近とはいえヒグマ密集地帯なので、やや緊張しながら入渓する。すぐに小さな堰堤があった。まずはその下の瀬に、フライを流してみる。早速魚が掛かった。どきどきしながらラインを手繰る。楕円形のパーマークがちらりと見える。「何だヤマメか……」。ヤマメとやまめさんには申し訳ないが、少々がっかりする。

やまめさんも同じようにヤマメを釣っていた。続けて何尾も。「あれれ、ヤマメだねぇ」。やっぱりこんな河口にオショロコマがいるわけないのでは、と私は内心疑い出していた。もう少し上流まで行かなきゃだめかも、と思いながら堰堤にフライを投げ込んだ。小さく飛沫が上がる。どうせまたヤマメだし、と思ったら、違った。オレンジ色の斑点が散りばめられたオショロコマだった。体はガラスのようにまぶしく色めき、腹は朱色に染まっている。小さな胸びれ、腹びれ、尻びれは赤く透き通り、まるで飴細工のようだ。これほど美しくかわいらしい魚を、私は見たことがなかった。

やまめさんを呼んで、魚を見せる。「知床のオショロコマって奇麗だねぇ！」と言う。以前別の場所で釣ったオショロコマと比べ、特に朱色が濃いらしい。私も写真で見ていたオショロコマとはまるで別ものだと思った。あるいは産卵の時期が近付いているからかもしれない。

すぐにやまめさんも、オショロコマを釣った。「やったー！」とネットを顔の高さまで上げて喜ぶ彼女の背後には、まだ海が見える。やはり不思議なロケーションだ。魚を見せてもらうと、彼女の釣ったオショロコマはかなりアバンギャルドだった。

まず、斑点や腹の色の赤みがかなり強い。それから、背中の白い斑点がほとんどなく、頭から尾びれに掛けて黒い不思議な模様が浮き上がっている。私は珍しい個体を見ると興奮するたちで（そんな人間の方が珍しいのかもしれないが）、イワナが好きな理由もそこにある。地域や川によって全く違う個性が表れる。そんなイワナの個性に、悠久の時とロマンを感じるのだ。それまで冷静だった私がすごい、すごい、と彼女の釣った魚の写真を撮り続けているので、やまめさんはそんなにすごい魚を釣ったのかと驚いていた。

　堰堤では、ヤマメとオショロコマが半々くらいで釣れた。キャストする度にどちらかが釣れる。堰堤を越えていく前に、お腹がすいたので車に戻ってお昼を食べることにした。

「こんなに釣れるのに中断するなんて、私たちのんびりしてるよね」

「ですね、でも腹が減っては戦は出来ませんから」

　やまめさんは車からシングルバーナーを出し、ハムとチーズのホットサンドを焼いてくれた。ウェーダー姿のまま、道路沿いに座ってパンを食《は》み、蝿を払いながらコーヒーを飲んだ。

　一服終え、釣りを再開した。堰堤を越え、瀬を釣り歩く。二人とも、かなり勝手気ままに釣りをした。ここからは、ほとんどオショロコマしか釣れなくなった。オショロコマは至る所からどんどん出てくる。しかし、何度釣ってもその美しさにため息が出てしまう。オショロコマの魔力に取りつかれた私は、夢中で釣り上がった。気付いた時にはやまめさんと結構離れてしまい、しまった、没頭し過ぎた、と思った。

　次の瞬間、目の前の水面で何かがバシャバシャと音を立てて暴れたので、仰天して尻もちをつきそうになる。その正体はカラフトマスだった。こんなに間近でカラフトマスの遡上を見られるなんて。やはりここは知床なのだ。

飽きるほどオショロコマを釣った私たちは満足し、陽が沈む前に移動を始めた。羅臼から知床横断道路を通って斜里町へ向かう。辺りは霧がかかっていて、空はねずみ色だ。紅葉し始めた羅臼岳に雲が掛かる。晴れていれば素晴らしい景色なのだろう。私たちは連日の釣りの疲れもあったか口数少なく、薄暗い峠道で、お化けのように低く枝を広げた不気味なハイマツを横目に進んだ。

　斜里町の宿は、ログハウス造りのペンションを取った（格安だったのだ）。2階の客室は屋根裏部屋で、屋根の傾斜の下に足を差し込む形でベッドが並んであった。広くはないがテーブルも備わり、本棚いっぱいに漫画本が並んでいる。荷物を置き、宿にはシャワーしかないというので、近くの温泉施設へ風呂に入りに行った。

　帰ってきた頃には夕飯が出来上がっていた。簡単な夕食付き、とあったので期待していなかったが、ボリューム満点の豚丼で、すごくおいしかった。ビールを二人で飲み、デザートまで頼む。お腹がはちきれそうだ。

　やまめさんは、薪ストーブの前のソファに座って新聞を読んでいる。私はロッキングチェアに座り、目をつむって揺られた。静かに、充実した時間が流れていた。

　まぶたの裏には、知床オショロコマの鮮やかな朱色が焼き付いている。本当に、宝石のような魚だった。夜、森の中を流れる川いっぱいに発光するオショロコマたちを想像して眠った。いい夢を見た気がする。

そこに魚がいる限り

斜里町の朝は曇っていた。ログハウスの宿を出発し、再び弟子屈方面へ戻る。やまめさんと釣りをするのは今日で最後だ。明日から二日間は一人で道東に残り、一人で湖の釣りをする。出来れば今日帰ってしまうやまめさんに、いい魚を釣ってもらいたい。地元の人に教えてもらった、大物のニジマスが釣れるポイントに向かった。

牧草地の前に車を止める。再びかぐわしい牛の匂いがする。一昨日来た場所と同じように見えるが違うポイントだ。私たちは二人とも5番ロッドを選び、気合十分で川に降りて行った。細く曲がりくねった川が森の中へ続いていた。森の奥は暗く鬱蒼《うっそう》としていて、今にも向こうからヒグマが現れそうである。魚の大きさと危険は比例するのかもしれない。もちろん例外もあるけれど、フライフィッシングではそう思わせるシーンが頻繁にやって来る。

私はやまめさんの後ろで控えめに竿を出しながら歩いた。ドライフライでは厳しいとのことだったので、ニンフやら、ソフトハックルやらストリーマーやらをいろいろ試した。いずれもキャストがうまくいかず、あまり楽しくない。魚もうんともすんとも言わない。

大きくカーブした倒木のあるポイントに差し掛かった。私たちは陸からそのポイントを眺めた。

これまで反応がなかったのだから、魚がたまるとすればここしかないだろう。木は私たちの数m前を横切るように倒れている。その奥が深くえぐれていて、2mほど先に岩盤がある。小さなプールのようになっているのだ。目を凝らすと、プールの中央にはやはり数匹の魚が沈んでいるようだった。そして、岩盤に張り付くように定位しているレッドバンドが見えた。

それは、身震いするほど大きな魚だった。60㎝はあるように見える。

「すごい、あれは大きいね」

「やまめさん、あの魚釣って帰りましょう」

やまめさんは真剣な面持ちで、魚に近づいていった。彼女の胸の高鳴りが聞こえてくるようだった。私も緊張していた。

やまめさんのキャストは見事だった。優雅で、的確で、こなれていた。彼女はストリーマーをキャストし、引っ張らずにそのまま流れに任せて流し切った。3回目に流した時、彼女のロッドは大きく弧を描いた。

魚をキャッチするには、倒木を避けて上流へ魚を引っ張り出さなければならない。やまめさんは竿を倒し、暴れ回る魚を制しようとした。大きく飛沫が上がる。しかし、魚のパワーは想像以上だった。大きなニジマスはティペットを食いちぎり、プールの底へと消えた。

糸を切られた彼女は呆然としていた。壮絶なファイトだった。

「悔しい……」。やまめさんはしゃがみ込み、小さく丸まった。小さなやまめさんが一層小さくなってしまった。掛ける言葉が見つからない。このポイントを教えてくれた人は、「魚を出すことは出来るかもしれない。でも、釣り上げるのは難しいよ」と言っていた。その真意がよく分からなかったのだが、今理解した。

私は魚の出た場所をもう一度眺めた。すると、岩盤に張り付いていた巨魚は、まだそこにいるではないか。

「やまめさん、魚、まだいます！」

「え？　ほんとだ！　さっきのは違う魚だったんだ」

巨魚は先ほどの騒ぎに動じる様子もなく、同じ場所に悠々とたたずんでいた。やまめさんは一度呼吸を整えた後、再びレッドバンドの上流目掛けてキャストをした。私は魚を凝視していた。そして数秒後、そいつが白い口を開けるのをこの目で見た。

やまめさんのロッドは再び大きくしなり、私は目を見張った。やまめさんは冷静に見えた。しかし、今度はものの一瞬で切られてしまった。残酷に空を切るライン。彼女は高速道路が通行止めだった時みたいに、声をあげて憤慨したりしなかった。ただただ、無言で苛立ちをかみ殺していた。

その後も魚は釣れぬまま、タイムアップが来てしまった。逃した魚は悔やまれるが、やまめさんは徐々に鋭気を取り戻し、「いやー、いい経験出来たわ」と苦笑いしながらウェーダーを脱いだ。

彼女は帰る前に、屈斜路湖のほとりにあるフライショップ『チニタ』に寄りたいと言った。目立たない店だが、小さなトレーラーハウスの前に、大きな鹿の皮が干してあったのですぐ分かった。扉を開けると、レネ・ハロップみたいな白いひげのオーナーが迎えてくれた。

　薄暗い店内には、見たことのないマテリアルがたくさんあった。私たちは顔付きのイタチの毛皮を頭にかぶったりして遊んだ。オーナーは親切に、倉庫の中の切り出す前のマテリアルまで見せてくれた。倉庫には獣毛の甘ったるい匂いが立ち込めている。外に干してあった鹿は牝鹿で、気温が下がるこの時期は傷みが少なく、とてもコンディションがいいのだと説明してくれた。やまめさんは興味津々であれこれ質問している。私は物珍しさにシャッターを夢中で切った。

　ショップの外で話していると、地元の釣り人たちがちらほら集まり出した。顔の広いやまめさんは皆知り合いらしく、立ち回って挨拶をしている。私は後ろでもじもじしていた。彼女はここ数日の出来事を皆に話し始めた。西別川に行ったこと、シマフクロウを見たこと、オショロコマを釣ったこと、大きなニジマスに出会ったこと、太刀打ち出来なかったこと。彼女はそこまで話したところで急に悔しさが込み上げたのか、被っていた帽子を地面に投げ付け「わーーーーー！」と大きな声で叫んだ。ほとんど涙目であった。

　本当はずっと、叫びたかったのだろう。激情は彼女の釣りに対する誠実さによるものである。私はその姿に、彼女の人間性を見た気がした。純粋で、情が深く、真面目で、負けず嫌いで、とても愛らしい人だと思った。

　私たちは『チニタ』で、それぞれ土産用にヒグマの毛を買った。そろそろお別れをしなければいけなかった。「また絶対釣り行こうね！」。やまめさんはこの旅を心から楽しんでくれたようだった。数日前までは会ったこともなかったのに、やまめさんは私を相棒と言ってくれた。私も気を遣わずに楽しめたのは、彼女がそんな人柄だからだった。

真っすぐに伸びた道を、私たちは一抹の寂しさを漂わせながら走った。一面緑色の牧場に白いビニールが巻かれた牧草の塊が点々と置かれている風景がアート作品のようだった。車を止め、写真を撮ったり、押し込まれたままだったバックモニター用のカメラを直したりして時間を引き伸ばす。やまめさんは、とある川の橋の上でも車を止めた。「ここからアメマスが見えるらしいよ」

私たちは車を降り、橋の上から川をのぞいた。橋のたもとから下流に掛けて、十数匹のアメマスが見えた。

「ほんとだ！　すごい、アメマス初めて見ました」

「いっぱい、いるね……」

「あれって、釣れるんでしょうか」

「ちょっと、やってみようか」

「え？」

４時には弟子屈を出なければ、と言っていたのに、もうとっくに過ぎている。しかし彼女は車の荷室を開け、ロッドをつなぎ始めた。

「魚が見えているのに、やらないなんてないでしょ」と、長靴を履いて颯爽《さっそう》と川へ降りて行ってしまった。呆気に取られたが、何だかやまめさんらしい。私は橋の上から彼女の最後の釣りを静かに見守った。

アメマスの朝

弟子屈町で借りた軽自動車で、宿に向かっている。途中でセイコーマートに寄って、サッポロビールを1本買った。もうすぐ日が落ちる。街灯がほとんどない道路を照らす頼りないハロゲンのヘッドライト。小さな宿の看板を見過ごしそうになり、慌ててブレーキを踏んで右折する。釧路川のほとりにたたずむ宿は、北米風の大きなロッジだった。オーナーが鱒釣りに通じているため、全国から釣り人が集まるらしい。重厚な扉を開けると、薪ストーブの温かさが冷えて縮んだ体をやさしく包んだ。

オーナーは一人で訪れた私を別段珍しがらず、淡々と設備や夕飯の時間の説明をして、2階の部屋へ案内した。あまり干渉されるのは嫌なので、かえってありがたかった（釣り好きオーナーの話は大抵止まらない）。

夕飯まで時間があったので風呂に入り、ここ三日分の衣類を洗濯した。回る洗濯機の前に腰掛けて缶ビールを開け、誰に言うでもなく「お疲れさま」と呟く。

　やまめさんはアメマスの群れから離れられず、結局1時間近く投げ続けた。しかし取ることは出来なかった。魚が見えているのに諦めるというのは、釣り人にとって最大の屈辱といえる。さぞかし悔しかったと思う。

「後は頼んだぞ、相棒」

　彼女は私に小さなボックスを託し、札幌へ帰っていった。全く食い気がなかったけど、早朝ならチャンスがあるかもよ。ボックスの中身は、色とりどりのエッグとガン玉だった。遡上アメマスは基本的に卵食いなので、エッグが主流だと現地の人に聞いてはいたが、本州では使うことがほぼないので、私は持ち合わせていなかった。使うことがない、というか、およそタブーとされているところがあるから、使うことに抵抗がある。やまめさんはさすがにしっかりエッグのボックスを持っていた。そして、それをまるごと託された。郷に入っては郷に従ってみるべきか。何となく気持ちがぐずぐずする。

　夕食の時間が近づき、リビングには他の宿泊者たちが集まり出していた。男性3人と女性一人のグループの他に、それぞれ一人で来たらしい男性が二人。私はその二人の男性と同じテーブルに付いた。二人は既に何泊かしているらしく、料理がそろうまで今日の釣果をぽつぽつと話していた。自己紹介みたいなことをした方がいいのか悩んだが、特に望まれてなさそうなので黙って会話を聞いていた。

トンテキにホタテのバター焼き、透き通ったイカの刺身など、オーナーの奥さんの手作り料理がテーブルいっぱいに並ぶ。お預けされた犬みたいにじっと料理を見る。そういえば今日はろくにお昼ご飯を食べていなかった。料理がそろい、皆で乾杯をする。

食事をしながら、同席の二人と話す。どこへ行かれたんですか、釧路川です、どちらから、東京です、私は名古屋から、私は仙台です、料理おいしいですね、本当においしいですよ、釣れましたか、ええまあ、おかわり下さい、明日はどこへ、どうしようかな、天気がね、これおいしい、お仕事は、動物の医者でして。どちらも品の良いフライフィッシャーの紳士だった。パタゴニアのキャプリーンを着た東京さんは40代後半くらい、獣医の名古屋先生は50代後半くらいだろうか、鮮やかなピンク色のトレーナーが不思議に似合っている。

私は昨日までは友人と、明日からは一人で釣りをするのだ、という旨を話したが、二人ともきょとんとしていた。何となく要領を得ないというか、合点がいかないというか、半信半疑のような顔をしている。それなら一緒に行きましょうか、みたいな展開になるのではという思いは甚だ取り越し苦労であった。

ぎこちない会話は続き、気まずさをごまかすためか二人とも酒をハイペースであおっている。私も釣られてどんどん飲む。別のグループの人たちも相当飲んでいる。座りながら寝ている人もいる。私ももう倒れる寸前だ。

おやすみなさい、と言って部屋に戻った。すぐにベッドに仰向けになる。視界がぐるぐる回る。

ちょっと飲み過ぎた。気を失うように眠る。

6時に目覚ましが鳴った。目を開けると見慣れない天井で、びっくりして飛び起きる。しばらく放心していたが、脱ぎ散らかしたウールの靴下を見て、釣りに行かねばならないことを思い出した。昨日洗った服を着て、1階の洗面所へ降りる。リビングは薪ストーブの温かさを残し、昨日の賑やかさがウソのように静謐《せいひつ》さに満ちている。まだ誰も起きていないようだ。私は今から悪いことでもするみたいに、物音を立てずに廊下を歩き、ひっそりとドアを出た。

外はまだ薄暗く、ひんやりとしている。パーカーの上に綿入りのジャケットを着ても寒いくらいだった。車に乗りナビをセットして走り出すと、エゾリスが忙しそうに目の前を何度か横切った。早朝は動物たちの時間である。

川までは15分も走れば着くので、1時間やっても朝飯前に余裕で帰れる。1時間。昨日と同じような状況だったら、それは長いのか短いのか。アメマスはスイッチが入らなければ、いくら頑張っても釣れないという。スイッチ。アメマスたちの脂びれがカチャッと前方に動くのを想像する。

ナビにはあと3分で着くとある。何となく辺りに見覚えがある感じがしてきた。もう少しで橋が見えてくるはずだ。ナビの通りに細い私道に入り進んでいくと、道路の真ん中に薄茶色っぽい塊が落ちていて、通せんぼをしている。ゆっくり近づくと、それは犬だった。

犬は道路の中央にぺたんと座ったまま動かず、こちらを真っすぐに見ている。雑種の大型犬で、茶色い毛はボサボサしていて所々固まっていた。リードも付いていないし、周りに人もいない。まさか野犬？　それとも幽霊？　いずれにしても怖い。

　全く動く素振りを見せないので、もう少しだけ車を近づけてみる。すると犬は面倒臭そうにのっそり立ち上がり、道路脇へのろのろと歩いて行った。私はその姿を見て動揺した。犬は前足に、成人男性のこぶし大ほどもある腫瘍のようなものをぶら下げていたのだ。その大きなぶよぶよを引きずりながら、犬は民家の門の前まで歩いて再びぺたんと座り、私を見送った。

　不吉な予感を振り払い、車を止めて橋の上から川をのぞいた。昨日と同じ場所に、同じくらいの数のアメマスが見える。おまけに白くて大きな1匹の鳥が草むらの中に佇立《ちょりつ》していた。とっさにタンチョウだ！　と思ったが、違うような気もする。私は急いで釣りの準備をした。橋のたもとから藪の道を降りていく。やまめさんの真似をして「ほーほぅ」と声を出すが、かっこ良く出来ない。

　川岸に立ち、アメマスの群れを眺める。少しずつ空が明るくなってきた。やまめさんから預かったフライボックスを開け、チャートリュースのエッグを付けた。上流から下流に向かって流す。ガン玉のせいでキャストが変になる。底を擦るように流さなければいけない。何度も石や護岸に引っ掛かり、やり直す。アメマスたちは私のことなど気にも留めずに前を向いてじっとしている。スイッチが入っていないようである。10分が経ち、20分が経つ。私はじりじりと下流側へ降りながら、相変わらず馬鹿の一つ覚えでエッグを投げ続けている。釣れない。フライを変えようか。でもスイッチが入っていないから、何をしたって無駄なんじゃないか。スイッチ？　アメマスは機械仕掛けだとでも？　あの犬は行かぬが吉だと言いたかったのではないか？　お腹すいたなぁ。私は一体こんな所で何をしているんだろう？

じきに30分が経とうとした時、ふてくされていた私の竿先に、かすかな振動を感じた。また引っ掛かったか、とロッドを立てると、ラインがそのままスーッと水中に引き出されたので、慌ててラインを右手でつかむ。身体をよじらせて暴れる魚の動きがロッドに伝わってくる。私はその重さに興奮して飛び上がりそうだったが、冷静に、慎重に魚を寄せるよう心掛けた。イワナとも、ニジマスとも、ブラウンとも違う、今まで経験したことのないねっとりとした引き。私はこの時、初めてアメマスを釣り上げた。

ネットに入ったアメマスを眺める。これは、大きいイワナだぁ、としみじみ感動した。40㎝を少し超えるくらいの、そこまで大きくないサイズだが、朝飯前には十分過ぎる。黄金で、程良く筋肉質で、美しい顔をしていた。深呼吸をして写真を撮り、すぐにやまめさんに送る。きっと「相棒、良くやった！」と言ってくれるに違いない。初めて自分で餌を取った雛鳥《ひなどり》のように、誇らしい気分。

釣れてくれたことに感謝をしてリリースすると、アメマスはお前なんか嫌いだと言わんばかりに大きな尾びれをばたつかせ、私に水を掛けた。辺りはもうすっかり朝の日差しに照らされている。橋の上を通る車。排気ガスの匂い。動物たちの時間は終わり、人間たちの時間が始まっていた。

白鳥の湖

宿の朝食は8時半からだった。パンの焼ける香りを嗅ぎながら、私はにんまり顔で席に着いていた。東京さんと名古屋先生も降りてきて、おはようございます、と挨拶をする。光が降り注ぐ明るいリビングで、もくもくと朝食を食べる。しかし私は黙っていられず、実は、今朝、うふふ、アメマスを、と話し始めてしまった。調子に乗ってスローで撮ったリリース動画まで見せびらかす。二人とも品が良いので「すごいですね」、「良く撮れている」などと品良く褒めてくれた。部屋に戻ってから子供染みたことをしたと恥ずかしくなる。

今日は屈斜路湖に行くと決めていた。この日のために私はカメムシフライを巻いてきたのだ。表は緑、裏はピンクのフォーム材を切り出し、赤いラバーレッグを付けた。まぶしい水面でも見やすいように、ポストは黒。なかなかポップなフライに仕上がり、気に入って何個も巻いた。今の時期、天気が良ければカメムシパターンで釣れるというが、あいにく今日の天気は下り坂だった。それでもとにかく、屈斜路湖に向かってみた。

屈斜路湖プリンスホテルの脇から林道に入るポイントを目指し、のんびり走る。空模様が既に怪しい。プリンスホテルの駐車場にはたくさんの車。林道に入ってもポイントごとに車がたくさん止まっていた。平日なのにすごいな、と思うが、自分もその一人である（後から土曜日だったと知った）。

木々の隙間から湖がちらちらと見えて胸が高鳴る。湖の釣りは久しぶりだ。北海道で一人で釣りをするに当たり、渓流よりも滑落や遭難のリスクが少ない湖を選んだわけだが、とにかくだだっ広くて途方に暮れてしまう。一応ポイントらしき場所に着いたが、合っているのかどうかも分からないまま車を降りる。

水辺に立ってみる。これが屈斜路湖か、と腕を組んで感慨にふける。向かい風が強い。水面はまるで海のように波立っている。低い雲、打ち寄せる波の音、木の湿った匂い。寒い。誰かが笛を吹いているみたいにピューっと音をたてて風が吹く。

しばしその場に立っていたが、風が強過ぎてつらくなってくる。そのうちキャスト出来る自信がなくて悲しくなってきた。困って地元の知り合いに電話をする。「風が、風が強いんです」と言うと、「反対側に行けば全然違うよ」と教えられる。私は来た道を戻ってぐるっと湖の周りを走り、対岸の砂湯という場所まで来た。

砂湯はその名の通り、砂を掘ると温泉が湧く。キャンプ場やレストハウスがあり、観光地らしい雰囲気でほっとする。大きな駐車場に車を止め、歩いてキャンプ場の奥へ入るとポイントがある。小雨が降ってきたのでレインウェアを着て歩き出す。湖畔にスワンボートが浮かんでいる。こんな天気なので乗っている人は誰もいない。冬にはここに本物の白鳥が温泉に入りにやって来るのだという。茹で鶏にならないのか心配である。キャンプをしている人もほとんどいない。キャンプ場の囲いのロープを越えて、森の中へ入っていく。

　助言の通りに移動をして良かった。さっきのような風はこちら側には吹いていなかった。森はどこまで歩けばいいのか分からないので、歩き疲れたところで水辺に出る。小雨が降ったり止んだりしていて、残念ながらドライで釣れそうな感じではない。フライボックスの半分を占領しているカメムシたちの肩身が狭そうである。

　私はマラブーを適当に巻いたアオミドロ・フライを選び、ティペットに結んだ。最初は岸際から、キャストを始める。そのうちにどんどん沖へ入って行ってしまう。遠投に慣れていないので、思っている所に全然届かないのだ。ロッドは5番シングル、ウィンストンのジョアンウルフ・フェイバリット。グリップが細く、「ここに親指を置きなさい」というふうにくぼんでいる。そこに親指を置いて頑張るが、さっぱり飛ばないのだった。

　アオミドロを投げて引っ張る。アオミドロを投げて引っ張る。何十回か繰り返していると、突然抵抗を感じる。おお、とロッドを立ててラインを手繰っていくと、どうにも引きが、ぬるっとしていて力ない。ネットインしたのは予想通り大きなエゾウグイだった。ウグイはとぼけた顔をしている。釣り人の怒りを買う顔つきである。無論私も怒っている。淡い期待が途端に白ける。

　その後も掛かるのはウグイばかりだった。水に腰上まで浸かっているのでどんどん冷えてくる。周りに釣り人はいない。見渡す限りの黒い水面、聞こえるのはチャプチャプという水音だけ。この世に自分一人のような気がして恐ろしくなる。恐ろしさを下手なキャスティングでごまかす。

とうとう冷えが極限に達したので、陸に上がって昼食を取ることにする。時刻は2時を過ぎていた。お湯を沸かしてアルファ米のチキンライスに注ぐ。残ったお湯はフリーズドライの豚汁に注ぐ。宇宙食みたい、と思うが、ここもある意味宇宙みたいなものである。どちらも温かくておいしいが、チキンライスは食べ切れずに残した。魚が釣れないと食欲も湧かない。キャンプ場方面から来た釣り人が、遠く離れた所でキャスティングを始める。あの人もシングルハンドだ、上手だな、と眺めていたら、じっとしていられなくなり、再び湖へ入った。ひたすらストリーマーを投げ続けて引っ張る。しかし目当てのニジマスは最後まで釣れなかった。最後がいつなのかは、自分で決めるだけに、ひきぎわが難しい。

朝にアメマスを釣ったのでまあよし、と自分で自分を慰めながら、森を歩いて帰る。クマが怖いので早足で歩く。早足で歩いても、体は芯から冷えているみたいで全然温まらない。車に戻って着替えた後も軽く震えがくる。これは一刻も早く温泉に入らなければと、数㎞先の川湯温泉に急ぐ。

屈斜路湖から摩周湖方面に山道を走る。道中から既に硫黄の匂いが漂っている。温泉街は人もまばらで、うら寂しい雰囲気だ。川湯温泉は90年代までは賑わっていたようだが、徐々に客足が減って宿の廃業が続き、現在は数件しか営業していない。私はその中の欣喜湯《きんきゆ》という宿の風呂に入った。立派なホテルで、入り口からフロントまでハッピを着た、めでたい感じのおじさんが案内してくれた。

夕方で浴場は閑散としていた。すいている風呂が釣りの次に好きな私は存分に湯を堪能した。大量の湯の花が湯口に蓄積している。変わった造りの露天風呂が気に入って、ふらふらになるまで入っていた。これで風邪を引かずに済む。脱衣所で着替えながら、すごくいいお湯なんだから、もっと人気が出ればいいのに、と勝手なことを思う。

宿に戻る頃には、もう日が落ちていた。暗い山道を走っていると、鹿がしょっちゅう目の前に飛び出してくるので心臓に悪い。私はハイビームにして、いち早く鹿の光る目をキャッチするように努めて運転した。

宿に帰ると、ちょうど夕飯の時間だった。2泊目なので要領を得て、３００円を缶に入れ、リビングの冷蔵庫から缶ビールを取り出す。今日で人とご飯を食べるのは最後か、と思うと心寂しい。東京さんと名古屋先生は今日もいて、また3人で食卓を囲んだ。今日はどうでしたか、と各々の釣りの話を聞く。

東京さんは、今朝私が見せびらかしたアメマスの動画を観て、「実はすごいなと思って、僕も同じようなのを撮ろうと思ったんですが、だめでした」、と笑った。わぁっと私の胸は明るくなった。冷静沈着な東京さんが、あの動画を観て火が付き、今日一日密かに燃えていたのである。そのことに私は励まされた。今日はどことなく昨日に比べて、二人とも友好的に話してくれてうれしい。アメマスを釣ったからなのか、釣り雑誌に寄稿していることを自慢したからか、一目置いてくれた感じがする。

調子に乗って名古屋先生に今朝の腫瘍犬のことを話したら、「病気でしょうねぇ」と遠い目をした。それは分かっている、と思ったが、これ以上聞いてはいけない気がしてそれきりにした。それよりも釣りの話をした方がいい。東京さんも屈斜路湖にいたらしい。名古屋先生は阿寒川でいい釣りが出来たようだ。ビールを何本か飲み、昨日と同じように酩酊する。

疲労と眠気と正常な意識が混濁したものが、薪ストーブの熱で温められて水蒸気になっていく。皆口数が少ないが、そこには昨日のような気まずさはなく、それぞれが静寂を楽しんでいた。

ふと名古屋先生が、「僕が死んだらたくさんある釣り道具を、こんな若い人に託したいなぁ」とこぼした。今度は私がわざときょとんとした顔をして、照れ隠しに残りのビールを飲み干した。

翌朝も、またアメマスを釣りに行こうと早朝に起きた。目をこすりながら着替えようとすると、服や下着の入った袋が見当たらない。部屋のどこを探してもない。車のトランクにもない。昨日の行動をぼんやり思い出してみた。そして、川湯温泉に着替えを一式忘れてきたことに気付いた。私はすっかり消沈し、アメマスを釣りに行くのをやめて、もう一度ベッドに潜り込んで眠った。

月面に旗を立てる

今日で釣りをするのは最後である。夜には釧路へ向かって、明日は札幌へ行く用事がある。朝食を食べながら「電車で釧路まで行くんです」と言うと、「電車じゃなくて、汽車ね」と正される。北海道では、電車のことを汽車と呼ぶと知る。というか、未だに非電化区間が圧倒的に多く、大半の路線で気動車が走っているという。

朝食を終え、東京さんと名古屋先生に「また、どこかで」とお別れを告げる。狭いフライフィッシング界だから、本当にいつかまた、ばったり会いそうな気がする。でも、３人がそろうことは二度とないような気もする。もしそろったら、その時は祝杯を挙げたい。３人で飲むお酒は、結構おいしかったから。

宿の精算をして、荷物をまとめる。出掛けしな、オーナーに「もう一度屈斜路湖に挑戦しようと思います」と言うと、「今日は暖かいしドライでいけると思うよ、頑張って」と、激励された。まずは昨日忘れた着替え一式を川湯温泉に取りに行かねばならない。とんだタイムロスだ。いっそのこともう一度風呂に入ってやろうか、とも思ったが焼けになってはいけない。再び欣喜湯の前に車を止めエントランスに入る。昨日と同じハッピのおじさんが立っている。

「あの、昨日お風呂に忘れ物を」

「ああっ、お待ちしておりました」

　おじさんはフロントまで私を誘導し、「いつ来るか、いつ来るかと待っていましたよ」とその先を指した。「こちらですよね？」

『忘れもの』と紙が貼られた私の着替え袋は、フロント台の一番目立つ高い所に神様のように祭られていた。赤面しながら「そうです」と言って、でも何か面白いから写真でも撮るかと携帯を探したが、車に置いてきていた。忘れてばかりでいやになる。

　無事に着替えをピックアップし、そのまま屈斜路湖へ向かう。昨日とは違うアプローチで林道に入っていく。途中、『アメマス川』という名の川があり、橋の上から見下ろすと本当にアメマスがたくさん泳いでいるのでしびれた（産卵河川のため釣りは自粛とのこと）。

　魚の姿を見て鼓舞されたが、すぐにくじけそうになる。長い林道をしばらく走るからだ。林道は所々ぬかるんでいる。軽自動車は悲鳴を上げながらも耐えている。私はずっと冷や汗をかいていた。しかも目当てのポイントには既に人が入っていた。少し先まで走り、空いているスペースに駐車する。

　フリースのパンツの上にウェーダーを履く。昨日と打って変わって、湖はとても穏やかだった。水面がまぶしく光り、虫も飛んでいる。ついに、満を持してカメムシフライの出番だ。中でも一番良く出来たものを結び、キャストを始める。

数回投げると、小さな水飛沫が上がった。ウグイである。そんなことは想定内だ。あたかも何事もなかったかのようにリリースし、キャストを再開する。数分後、またウグイが釣れる。平常心でリリースする。再び投げる。フォームフライは毛のフライのようなメンテナンスが要らないので楽だな。今度は派手に飛沫が上がる。さっきよりも強い引き。ネットに入れる。少し大きいウグイだった。期待した私のばか。気付くとカメムシフライは、憎きやつらの歯形だらけになっていた。

2時間ほど粘ったがウグイしか出ず、ポイントを移動した。8・6ftのロッドを組んだまま軽自動車に無理やり載せて走り出す。それにしても、どのポイントも釣り人だらけだ。今日は何曜日だっけ。何日も釣りをしていると、曜日感覚など完全に失う。他にもビジネス感覚や金銭感覚などさまざまな感覚が失われる。魚と対峙する時に、そんなものは必要ないということだ。釣りとは極めて原始的な自分になることなのだ。

次のポイントに車を止めて準備をしていると、道の向こうからキツネが歩いて来た。こちらをじっと見ているが、何を言いたいのかは分からない。まだ小狐らしくかわいらしい。じっと動かないので近づいてみると、一目散に逃げられた。

湖に下りていくと、川の流れ込みの中でヒメマスが跳ねていた。この際だからヒメマスでもいい。とにかくマスが釣りたい。カメムシではウグイばかり釣れるので、他のドライフライも試してみた。テムズで買ったブラック・カディスに、一度だけニジマスっぽいのが出たが、乗らなかった。

ストリーマーも各種流す。当たりはこない。ヒメマスのライズが続いている。日が傾き始めて、体が冷えてくる。汽車の時間も迫っている。そういえばお昼を食べ損ねている。ひもじい。相変わらずウグイしか掛からず、もうお手上げだった。誰かに助けて欲しいが誰もいない。フライボックスを開けてじっと見る。その時風が吹いた。

「ヒメマスは赤い色を追い掛けるのよ」と、ジョアン・ウルフが耳元でささやく。私は赤いストリーマーをティペットに結ぶ。出来るだけ遠くにキャストし、ゆっくりと引っ張る。こつん、という当たりがくる。ラインが弦のように張り詰める。果てしなく続く湖の中で、月面に旗を立てるように、私はロッドを高く掲げた。

霧雨の中、弟子屈の町まで戻り、クロネコヤマトの営業所で大方の荷物を家へ送った。摩周駅でレンタカーを返し、釧路駅までの切符を買う。汽車は１両編成で、乗客は学生ばかりである。摩周を出発する頃にはすっかり日が落ちて、窓の外にはただただ暗闇が広がっていた。街灯がないので、本当に何も見えず、まるで宙を走る銀河鉄道のようだった。足元に暖房が効いていて、うとうとする。朦朧《もうろう》として、文庫本は２ページ目から先に進まない。

１時間半近く汽車に揺られ、釧路駅に到着した。ホテルにチェックインして、空腹で倒れそうな体に何とか鞭を打ち、釧路の繁華街へ繰り出した。８時過ぎ。雨がしとしと降っていて、人はほとんど歩いていない。そもそも日曜日なので、店もほとんど閉まっていた。ネオンだけが虚しく光り、道路に青く反射している。食べたかったザンギの店も閉まっていた。がっくりくる。泣きっ面で街をさまよっていると、煌々《こうこう》と光る赤提灯を見つけた。炉端焼きの店だ。藁《わら》にもすがる思いで、のれんをくぐる。

コの字のカウンターは、客でほとんど埋まっていた。今ここが釧路の中で一番人口密度が高いのではないか。カウンターの中には、女将らしき背中の曲がった老女がじっと焼き物の世話をしている。対照的に、少し若い女性が一人、忙しそうに動き回っていた。私はカウンターに座り、ビールを注文する。若い方の女性は愛想なくうなずいた。おでんの湯気で視界が曇る。何て幸福な蒸気。鍋の中から、ツブ貝、ダイコン、巾着を頼み、ホタテとシイタケを焼いてもらう。

明日で旅も終わりだ。やまめさんと中華屋で乾杯をしたのが遠い昔のように思える。ミラーレスカメラの小さな画面で写真を見ながら、数日間のことを振り返る。この旅は、自分にとって何だったのか。私の何かを変えただろうか。酔った頭でいくら考えても、空をつかむだけである。しかしそもそも、旅にも釣りにも理由付けなど必要ないのかもしれない。行きたいから行くし、釣りたいから釣るだけだ。

ただ一つ分かったのは、私があまりにも自然に、この旅の一連の流れをこなしたということだ。歯を磨いたり、お茶を入れたりするのと同じように、魚を釣って、旅をしている。その習慣はもう随分と、自分が思っていたより体になじんでいる。それから度胸も、いくらか付いたというところか。

お酒をもう一杯頼む。帆立の貝に残った汁でおじやを作ってもらう。これがすこぶるおいしくて、「おいしい」と声が出てしまう。隣で飲んでいた年配の夫婦も同じものを食べていたので、「おいしいですねー」と意気投合する。札幌から来たという夫婦も昨日、川湯温泉に行ったのだという。とても泉質が良かったこと、摩周湖やその周りの自然が素晴らしかったこと、鳥が好きなことなどを、奥さんは顔を紅潮させながら話した。ご主人は黙ってうなずいている。私も、釣りをしたこと、シマフクロウを見たこと、屈斜路湖のことやタンチョウを見たかもしれないことなどをべらべらと喋った。

帰り際、奥さんは「ぜひ札幌にも遊びに来てちょうだい！」とはしゃいで言ったが、連絡先などは特に交換しない。代わりに二人の写真を撮らせてもらう。カメラを構えると、ご主人は律儀にハットをかぶり直し、奥さんはご主人と腕を組み、よそゆきの顔で微笑んだ。

「また、いつか」

「そうね、また会えるかしらね」

「ええ、きっと。おやすみなさい」

「おやすみなさい、あ、後ね」

奥さんは私の耳元に手を当てて、そっと呟いた。

「あなたが見たのは、たぶんシラサギよ」

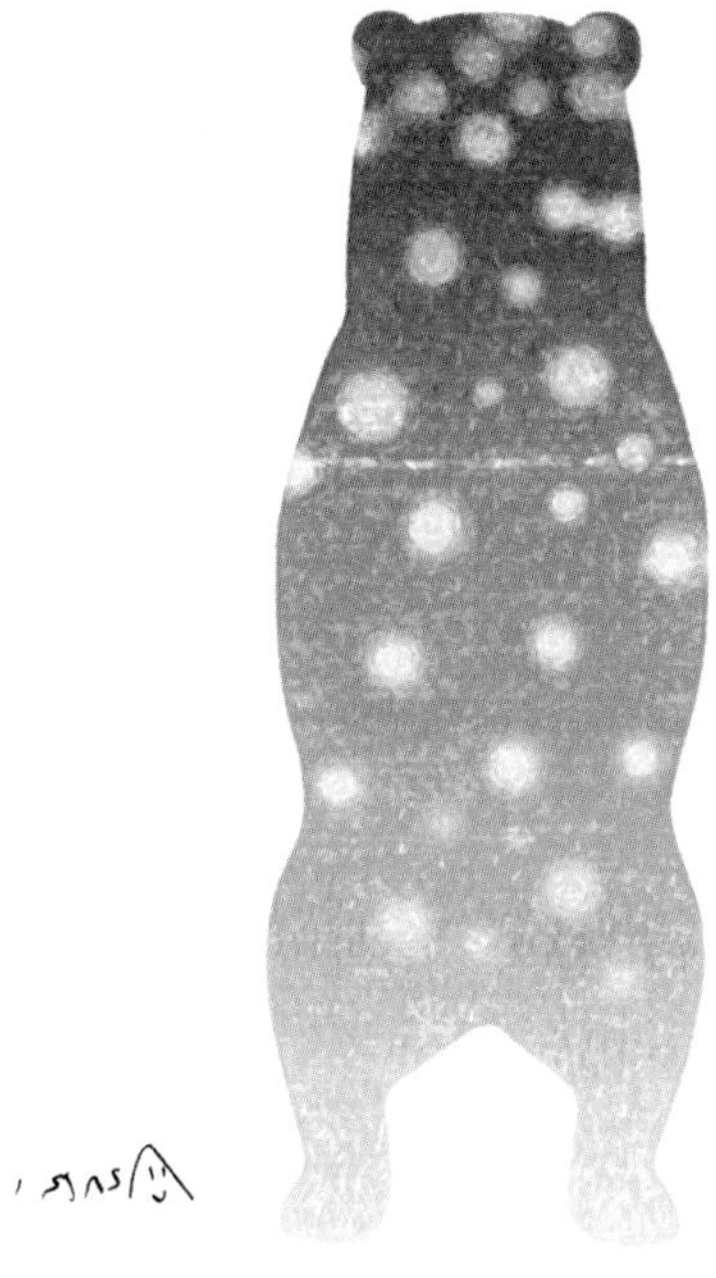

フライ女子の一人言

アングラーズ・アイドル

なぜフライフィッシングをやっているの？　と聞かれることは多い。なぜと聞かれても困る。好きだからとしか答えようがないからだ。例えばそれがヨガや園芸、カフェ巡りであればなぜと聞かれることはない。もしくは私が男性であればわざわざ聞かれることはないのだ。それほどに釣り、とりわけフライフィッシングにおいてはジェンダーの壁がいまだ高くそびえ立っている。

フライフィッシングを始めたきっかけについて話すと、男性の影響であることは相違ない。魚も触れなかった私が、休日に置いていかれるのが嫌で、週末ごとに釣りに出掛けるボーイフレンドに付いていった。恋の力というものは偉大で、臆病者の私が泣きながら谷を下り、転びながら川を歩き、スパルタのキャスティングレッスンに耐えた。管理釣り場で魚のいなし方を学び、荒雄川でニジマス釣りを覚えた。初めて釣ったイワナは奇跡的に尺イワナだったが、その価値など少しも分かっていなかった。思ったポイントで魚が釣れるようになってくると、自分でフライを巻いてみたくなり、フライタイイングを教わった。その頃には、自然と私の中にフライフィッシングという地軸が生まれていた。つまりその後は、フライフィッシングを中心に人生が回り始めたということだ。釣り友達が出来て、フライフィッシングに関わる仕事に就き、川の近くに住んだ。彼とは別れたが、フライフィッシングをやめることはなかった。

ここまで来ると男も女も関係なくなってくるが、ここまで続けられる女性があまりいないのが実情だ。運良くフライフィッシング（をやる男性）に出会えたとしても、大抵途中で飽きてしまうか、彼氏と別れてやめてしまう。よく、男性は狩猟本能が備わっているから釣りが好きなのだとか言われているが、私が考えるに、女は女の釣りの楽しみ方を自分で身に着けなければ続かないのだと思う。男性はキャスティングやフライのセレクトは教えてくれるが、釣りに付随する楽しみ方を教えてくれる人は少ない。釣果至上主義の体育会系のノリには、女性は付いていきたいと思わないのだ。

フライフィッシングは力を必要としないこと、繊細なフライを巻くこと、美しい自然と魚に触れ合えることなど、女性にこそ向いているような気がする。私は運動音痴なのでエクストリームスポーツは苦手だが、この釣りは自分に合っていると思えた。アメリカやカナダでは女性のフライフィッシャーはさほど珍しくなく、パタゴニアのウェーダーでキメた女性グループの写真などをよく見る。日本で女性のフライフィッシャーが増えないのは、女性によるフライフィッシングの発信がほとんどないこと、それから釣り業界における女性の立場が非常に弱いことが原因ではないだろうか。現在の釣り業界における女性の扱いは、はっきり言ってひどい。業界の中で女性たちは皆「釣りドル」とか「釣りガール」とか呼ばれる。彼女たちの中には本当に釣りが大好きという人もいれば、アイドルとして売るために、ライバルの少ないこの業界を踏み台にしようという魂胆が透けて見える人もいる。そして後者の方が頻繁に雑誌のグラビアを飾る。つまりこの業界では、女性は実力ではなく容姿が重視され、男性フィッシャーのように釣りのスタイルや生き方にフォーカスされることがほとんどないと言える。

釣りフェスティバル（旧フィッシングショー）という国内最大の釣りの祭典をご存じだろうか。このイベントでは、毎年一人の女性がアングラーズ・アイドルとして選出される。ある年、たまたま仕事で会場にいたので、興味本位でオーディション会場を見に行ってみた。どんな釣り好きたちがエントリーしているのかと女性たちのプロフィールを見ると、釣りの経験が全くない人もいる。え？

ウェブ投票で勝ち残ったファイナリストたちが壇上に上がる。いよいよ最終選考のパフォーマンスタイムである。私はそこで、信じられない光景を目にした。壇上の女性はいきなりTシャツを脱ぎ捨て、スポブラ1枚という姿になった。会場から男性たちの歓声が上がる。そして彼女は満面の笑みで、『イージー・ドゥ・ダンス』をくねくねと踊り出したのだ。ええ!?

ダンスに合わせて手拍子する会場の男性陣。その光景に私は疑念と怒りでパニックになった。釣りとイージー・ドゥ・ダンスの関係を20文字以内で説明せよ。

結局ここで選ばれる「アングラーズ・アイドル」というのは、「釣りをするアイドル」ではなく「釣り人のアイドル」だということなのか。私が憤りを感じたのは、ダンスを踊った彼女のせいではない。みんなが気付かないフリをしているせいだ。

獣の呪い

会社の同僚から、鹿の皮をもらったことがありますか。私はあります。革ではなく、皮。フライマテリアルになる前の、生の皮。

北海道にスノートリップに行ってきた彼女が知り合いの猟師からもらったというそれは、茶色い紙袋に入っていた。大きさの割にずっしりしていて、とても不気味なお土産だった。

「悪くなるといけないから、冷蔵庫に入れておきますね」と彼女が言うので、さらに生モノじみて怖い。他の同僚には、鹿の皮を冷蔵庫に入れたことは黙っていた。

帰宅後、その紙袋をしばらく涼しい窓際へ置いた。なめし液に浸かっているので、早く洗って乾かさないといけないのだが、気が進まない。でもそのままにしておくと虫が湧いたりするという。それは嫌なので恐る恐る紙袋を開け、幾重にも重ねたポリ袋をさらに開け、中をのぞいた。皮はじっとりと濡れて丸くなっていた。齧歯《げっし》類のチンチラみたい。勇気を出して丸まった皮を袋から取り出すと、それはべろんっと不愉快な動きで手の上に広がった。ちょうど両手を広げたくらいの大きさだった。

毛が生えている表側は見慣れたものだが、裏側を見る時は正直怖かった。ひっくり返してみると、それは白くて、ぬるぬるしていて、例えるなら生ダコみたいな質感。こんな手触りは初めて。触りたくないのに触っていたいといういじらしい物質である。所々ピンク色の肉片っぽいものも残っていて生々しいが、思ったよりもグロテスクではなくホッとした（ここまできれいにするのは大変だったろうけど）。匂いも嗅いでみたが、ほぼ無臭だった。

石鹸で洗い軽く絞った後、段ボールの切れ端に洗濯バサミで皮を張り付け、出窓に置いて干した。こうしないと、端っこから丸まってしまうらしい。また、乾くとカチカチになるので、何度も揉んで柔らかくしなければならないという。うまく出来るだろうか。

前に彼女にもらったカスピ海ヨーグルトの菌は、すぐにダメにしてしまったのだった。確かパクチーの種ももらった気がするが、記憶にないということは植えてさえいない。私は如何《いかん》せんこういうもののお世話が苦手で、善意を踏みにじるようなことばかりしていて本当に申し訳ないと思う。だから今回は、どうにかお世話を成功させて、名誉挽回したいのだ。心から、そう思っていたのだ。

しかし私は忙しさにかまけて、皮を窓辺に三日間放置した。あれほど面倒を見ると誓ったのに、いとも簡単に皮の存在を忘れたのだった。その日、部屋で原稿を書いていると、窓を開けていないのにカーテンが揺らめいた。驚いてじっと窓辺をにらむと、カーテンの向こう側から小さな獣の声が……というのはウソで、急に皮のことを思い出した私は「鹿！」と叫びながら出窓に駆け寄った。皮はカラカラに乾いていて、革になっていた。ディアヘアはふかふかで艶があった。たぶん雌の毛だ。長さも程良い。しかし裏側は、きれいに白く乾いている所もあるが、一部はあざのように赤黒くなっていた。フライショップで売っているマテリアルでは、こんなの見たことない。私は落胆した。きっと放っておいたからこんな色になってしまったのだ。今後、山で鹿に蹴られたとしても文句は言えまい。

　翌日、鹿をくれた彼女に、裏側が黒くなってしまったことを正直に打ち明けた。

「え？　黒くなっちゃった？　うーん、もしかして穴が空いてる所かな？　そこは、銃弾が通った所なんですよ」

　家に帰って確認してみると、確かに黒くなった部分には穴が空いていた。弾痕の周りが衝撃によって物理的に変色したのだろうけど、何となく因果のような呪いのようなものを感じてしまう。しかし放置したせいではないと知り、私は胸をなで下ろした。

　この鹿の毛を使って、ディアヘア・カディスを巻いてみた。根本からカットし、コームで丁寧にアンダーファーを取り除く。スタッカーに入れて毛先をそろえ、慎重に取り出し、ボディの上に乗せる。スレッドで固定し強めに締めると、程良くフレアした。なるべく白っぽい部分が欲しいとリクエストしていたので、視認性も良さそうだ。なめしと言えるほどの工程は踏んでいないが、自らの手で皮から革にしたディアヘアは、何となく誇らしい。

　フライの写真を撮って彼女へ送った。送ってから、彼女はフライをやらないから、返信に困るかもしれないなと思った。数分後、「オショロコマァー！」という、謎の返信があった。たぶん最近覚えた言葉なのだろう。そして、「奇麗。これで釣れたら、教えて下さいね！」と喜んでくれた。

彼女は最近、家の畑で採れた野菜をくれる。無農薬で育ったトマトやホウレンソウは、野生的で甘く、お世辞抜きでおいしい。不精者の私でも簡単な料理くらいは出来るから、こういうもらい物は大歓迎だ。しかし彼女は、

「また鹿をもらったので、次は肉を削《そ》ぐところからやってみませんか？」と言う。どうしようか、迷っている。

東屋評論家

東屋《あずまや》が好きだ。公園の中にある東屋、森の小径にある東屋、湖畔にある東屋、どれもそれぞれの趣があっていい。東屋は、いつも遠くから私を呼んでいる。ここで休んでいきなさいと。東屋の中に入ると、とても安心する。なぜなのか。あの小さな屋根の下に足を踏み入れると、多幸感と安堵に包まれる。もはやこの世のものではなく、四角く（あるいは多角形に）切り取られた天国の入り口なのだろうか。

東屋の定義とは、屋外にあり、屋根があり、椅子がある建屋ということ。基本的に、4本またはそれ以上の柱で建っているものを指す（私調べ）。一本足の傘おばけみたいな形で、その下に椅子が備わっているものは東屋ではなく、私はただのベンチと見なしている。素材は木材やガルバリウム鋼板、コンクリートや石などで、形は本当に多種多様だ。和風の東屋が多いが、西洋風の「ガゼボ」と呼ばれるしゃれた東屋なんかもある。

テーブルが備えてある東屋は一級品だ。そのテーブルにハンカチを広げ、サンドウィッチを分け合うカップルや、おにぎりを頬張る母と子供。もしくは冷めたコーヒーを見つめながら別れ話をする夫婦。テーブル付き東屋の下では、今日もたくさんのストーリーが生まれているのである。

日本にはいったいどれくらいの東屋が存在するのだろうか。ネット上を探しても答えは見付からない。定義が人によって違うから数えるのは難しいのか。個人宅の庭を勝手にのぞくわけにもいかないし。探偵ナイトスクープに依頼しようか。

しかし、恐らく相当な数の東屋が身近にあるにもかかわらず、東屋に関心を寄せている人はほとんどいない。日常の風景の一部となるほど溶け込んでしまっているのだ。もはや人工物であるのに自然物になり果てているところは、山奥に並ぶ墓碑や地蔵と同様である。東屋はもっと評価されるべきなのだ。散歩中や山歩き、またはドライブ中など、私は東屋を見付ける度に隅々観察し、「星二つ！」と心の中で評価を付けたり、「景色はいいがテーブルが低過ぎる」などと勝手に批評したりして遊んでいる。

東屋は、時として人を救ってくれる頼もしい存在でもある。とある秋のキャンプの夜、台風が近づき大雨洪水警報まで出たことがあった。私たちは東屋にテントを張ってしのぐ選択をした。その東屋はキャンプ場の中央にあり、ソロテントを三つ張っても有り余るほどの大きなものだった。中心にはテーブルも備わっていて、私たちは吹き込む嵐を感じながら、そのテーブルで小さな晩餐会を開いた。テントの横にマットを敷いて寝転んでみると、ダイナミックな木目の天井が実に素晴らしかった。

「いい東屋だな」

皆それぞれそんな言葉を自然に口にしてしまうほどだった。あの時東屋がなかったら、私たちは途方に暮れて、狭いバンの中でカップ麺をすすり、雑魚寝でもしていたのだろう。あの日から私は、東屋に一目置いた。

東屋に救われたことは一度や二度ではない。長野の木曽福島へ釣りに行った際も、運悪く大雨に見舞われた。私は雷の音に怯えながら、今日の寝床（車中泊）と煮炊きが出来る場所を探した。大抵はトイレがある道の駅で寝るのだが、バーナーを使えそうな場所がない。車はレンタカーだし、車内で火を使うのは気が引ける。私はこの時どうしても、道の駅で買ったトウモロコシと味付け肉を焼きたかったのだ。どこかに、東屋はないか……。私は冗談半分でＧｏｏｇｌｅマップに「東屋」と入力し検索した。すると、近隣に二つもヒットしたのである。東屋はれっきとした建築物として、マップに登録されているのだ。うそだと思うならぜひお試し下さい。

温泉なしには釣りは出来ない

いつからか、釣りの帰り道に風呂に寄らなければ気が済まなくなった。一人で釣りに行けば、気兼ねなく風呂に寄れる。仲間と釣りに行く時は、ご飯を食べて、じゃあ、と別れた後にこっそり風呂に行く。車を乗り合わせて釣りに行く場合は、風呂に行きましょう、と誘う。断られた時は、家に送ってもらった後、自家用車で風呂に出かける。

私の言う風呂というのは家の風呂ではなく、温泉や銭湯のことで、サウナがあればなお良い。近場へ釣りに行く時は、決まって近所のスーパー銭湯へ行く。やはり釣り場も風呂も、ホームは落ち着くものだ。両者とも、ポイントを熟知しているからである。

脱衣所で服を脱ぎ、洗面用具の入ったポーチとタオル2枚を持って中に入る。1枚は体を洗ったり大事な部分を隠したりする用、もう1枚は頭に巻く用である。これは釣りで言うところの履き慣れたウェーダーとお気に入りのキャップに相当する。洗い場に向かう。ホームでは2列目の右から3番目を使うと決めている。そこが一番シャワーの出る時間が長いからである。しかし今日は既に知らぬ女が使っている。先行者だ。1級ポイントをしぶしぶ諦め、2級ポイントに移動する。体を洗い終わったら、ぬるめの炭酸泉に10分ほど入ってじっくりと体を温める。十分に温まったら、サウナに入る。一番上段がいいポイントだと思いがちだが、実は2段目のストーブの目の前がアツい。竿抜けポイントである。サウナの温度は約90度、7分で良い汗をかける。水風呂に入ってクールダウン。ここの水風呂は16度前後だから、夏の川の水温と同じくらい。何回か繰り返した後は、露天へ出て外気浴用の寝椅子で休憩する。ここに先行者がいた場合も、焦ることはない。座り湯という穴場ポイントがあることを私は知っている。

釣りの旅へ出掛けた時は、その土地の風呂に入るのが釣りと同じくらい楽しみだったりする。あらかじめ、好みの施設をチェックしておき、釣りは早めに満足して（もしくは潔く諦めて）切り上げ、いそいそと風呂へ向かう。旅先の風呂では、地元のおばちゃん達が地元の言葉でおしゃべりしている。湯煙の向こうでこだまする方言に耳を傾けている時、私の旅情は最高潮を迎えるのだ。

川の近くには大抵いい風呂がある。川を望める露天風呂なんかは、いつまででも入っていられる（ライズを探して出られなくなったりも）。温泉大国日本万歳。でもいつか北欧に行って、アトランティック・サーモンやアークティック・チャーを釣り、サウナ三昧なんていうのも憧れる。サウナがある場合、湯船には大体最初と最後に浸かる。釣りの疲労は足腰にくる。お湯の中でマッサージするとだんだんと体と精神がほぐれてきて、焦点が合わなくなってくる。お湯がちょろちょろと出ている湯口をぼんやりと見つめる。そうすると、その流れ込みに魚がいるんじゃないかと錯覚してしまうのは私だけですか？　と、この話をするとほぼほぼ引かれる。

例えば朝の8時から午後3時まで川で釣りをして、4時から2時間ほど風呂に入ったとすると、一日のうち9時間は水の中にいることになる。つまり人生の3分の1くらいは、陸ではなく水の中にいるってこと。それってすごいことなんじゃないかって思う。何がすごいのか分からないけれど。

レジェンドフライフィッシャーの佐藤成史さんから今年頂いた誕生日のお祝いメッセージには、「水瓶座は一生、水から離れられません。私も同じです」と添えてあった。成史さんもお風呂が好きなんだな。

アダムスとイブ

霧がかった空が白み始め、鳥たちがさえずり出すと、男はむくりと寝床から這い出し、準備を始めます。私はその気配を感じながら、タオルケットに包まりまどろんでいました。猫も私の腕の中でまだ眠っています。男は数分でシャワーを浴び、着替えをしながら私に「起きろ、置いていくぞ」と言いました。そう急かされて私はやっとベッドを抜け出し、顔を洗ったり化粧をしたりし始めます。着替える前に、ロッドやベスト、ウェーダーやブーツなどを玄関の前に置いておきました。男は黙ってそれらの釣り道具を車に積み、運転席で煙草をふかして待っています。私は服を着替え、軽くベッドメイキングをし、猫に餌をたっぷりとやってから車に乗り込みました。

近所のコンビニに寄り、朝食を調達します。私はサンドウィッチとコーヒー、男は「飽きたな」とぶつくさ言いながら、何十種類もあるおにぎりの中から食べたことのない味を探していましたが、結局いつもと同じすじこおにぎりを選びました。

車はすぐに高速道路に乗ります。男はおにぎりのフィルムをむいてくれと助手席の私に頼みます。言われたようにしておにぎりを差し出すと、男は片手で運転をしながら、ぱりぱりとすじこおにぎりをかじり、コーヒーで流し込んでいます。「すじこおにぎりにコーヒーは合わないのでは」と言うと、男は「分かってないね」と一蹴したのでした。

空は真っ青に晴れ渡り、遠くの山の上には入道雲が浮かび、いかにも夏らしい情景です。「釣れるかな」、「釣りたいね」という他は特に会話もなく、1時間ほどで車は高速道路を降り、今度は青く瑞々しい水田の中を走って行きます。

川が近づくにつれ男は高揚をあらわにし、へんてこな鼻歌を歌い始めます。私はこのまま川に着かなければいいのにと思うことがあります。出来ることなら流れる景色をずっと見ていたいのです。木々の間から切れ切れに川の様子が見えます。男は運転席から「どう」と聞いてきますが、いつもと変わらなく見えたので「いいよ」と返しました。

　この川に行きたいと言い出したのは私でした。今まで2度訪れたことがありますが、大きな魚が釣れたことはありません。しかしながら夏になると、この川に立っている自分の姿を想像し、思い焦がれてしまうのです。いつも神々しいほど光に満ちているその渓流は、苔むした岩が幻想的な雰囲気を醸していて、私たちを美しい物語の中へと連れて行ってくれます。緩やかな流れの中に魚の好みそうな淵が適度に配置され、それら全てを川に沿って続く林道から望むことが出来ます。プールの真ん中で貫禄のあるイワナがゆっくりとライズしている様や、若いヤマメが流れる虫をせわしなく追い掛ける様を見ることが出来ます。好きな所から入渓し、やめ時になったらすぐに退渓出来ます。そんな魅力的な川ですから、たくさんの釣り人が訪れるはずで、晩夏にもなると魚は賢さを増し、私たちを弄《もてあそ》ぶのです。

　川沿いの長い林道を走り、目ぼしいポイントの脇に車を止めました。私たちは車を降り、黙々と支度を始めます。朝起きてから仕事に出掛けるまでのルーティンのように、何も考えなくても身体が勝手にウェーダーを履き、ブーツのひもを締め、アルミのロッドケースから竿を出してつなぎ、ラインをガイドに通します。しかし、今日の男はロッドにリールを取り付けてから、まじまじとブランクを眺めたり、空で振ってみたりしています。どうやら新しいロッドを買ったようです。

「いつの間に買ったの？」

「オークションで安く買えたんだよ」

スコットの４番ロッドはグリップが真っ白で、新品同様でした。男は安かったと言いますが、値段を聞いてもそれが妥当なのかはよく分かりませんし、本当なのかどうかも分かりません。それはいつものことなのです。

男は今日も完璧な釣り人の出で立ちで意気揚々と川に降りて行きます。私はなぜだか、格好良く決まりません。ウェーダーはぶかぶかだし、フィッシングベストはちっとも似合っていません。いつまで経っても借り物感が拭えないのです。実際に、私の握っているロッドは男からの借り物でした。

男はキャスティングも完璧でした。少なくとも私にはそう見えました。緑色の陰影の中を舞う橙色のタイトループ。それはまるで、印象派の絵画のようでした。真似をしてみても、私のラインは力なく不格好に水面に落ちるだけです。いつも水面をラインで叩いて魚を散らしてしまい、男に呆れられます。そんな私でも、調子が良い時は男をしのぐ数の魚を釣ることもあります。およそ運が良かっただけのことでしょうが、実際そんなこともあるので、いつまで経ってもちゃんと練習しようとしないのです。

男は小さな2本の流れが合流するポイントに遠くからキャストし、最初の魚を掛けました。男はわざと魚を泳がせ、新しいロッドの手応えを楽しんでいます。九寸ほどのまるまるとしたイワナを手にした男は、夏休みの少年のように無邪気に笑いました。魚をリリースし、「手前で出たから、まだこの奥にいると思うよ」と言うと、煙草に火を付けて甘美な余韻に浸っています。

私は言われた通りに、魚が出た少し上からフライを流し始めました。けれども反応はありません。

「もっと奥だよ」と男は言います。

分かっています。分かっていますが届かないのです。分かっていることを言われると、人は癇《かん》に障るものです。私は心穏やかに釣りをするためにその場所を潔く諦め、上のポイントに進むことにしました。

そこもまた、上等なポイントでした。左側に大きな岩がせり出していて、その下が深くえぐれています。流れに複雑さはなく、私でも自然にフライを流すことが出来そうでした。

私はポイントの手前に立ち、アダムス・パラシュートにフロータントを塗り直していました。すると丁度せり出した岩の下で、魚がライズしたのです。ここから魚の姿は見えません。ですが、確かにそこでライズしました。男もそれを見ていました。私は渾身の一投を放ったつもりでしたが、フライは鏡のように静かな水面をこちらに向かって流れて来るだけでした。フライを替えても同じでした。何度キャストしてもそこには沈黙があるだけです。私はしばらくその場所にこだわっていました。男はただ待つことに辛抱出来なくなって、林道へ上がり上流へ歩いて行ってしまいました。

それから20分ほど経ったでしょうか。私はひとしきり手持ちのフライを試すと、ようやく降参しました。そうして我に返った瞬間、一人ぼっちであることが急に怖くなったのです。いつどこから獣が飛び出してきてもおかしくありません。そればかりではなく、現実離れした静寂の中に取り残され、後ろを振り返ることすら恐ろしくなりました。さっきまで風光明媚なコントラストの一部だった苔岩が、今では化け物のように見えます。

私は急いで林道に上がり、川に男の姿を探しながら早足で上流に向かいました。男は１００ｍも離れていない場所でのんきにラインを操っていました。私の姿に気付くと、「釣れた？」言いました。私は息を切らしていることに気付かれないように、首を横に振りました。

男もまた、最初の1尾以来釣れていないようです。私は川に降り、男の後に付いていきました。男はせっせとキャストを続けましたが、とうとう無反応の魚たちにしびれを切らして煙草に火を付け、岩の上に座り込みました。そして次のポイントを指し、どうぞ、というジェスチャーで私を促したのです。

朽ちた倒木の下を狙う、私には少し難しいポイントでした。あの倒木から飛び出た枝に、リーダーを引っ掛けてしまいそうです。しかし、木の下は大きく流れが渦巻いていて、いかにも魚が潜んでいそうです。私はラインをリールから繰り出し、倒木ぎりぎりを目掛けて慎重にキャストしました。フライは枝をよけて思惑どおりの場所に落ち、2秒ほど漂った後、静かに水中に飲み込まれました。私は思い切り強く合わせました。フライが飲み込まれる瞬間、少しだけ見えた魚の頭がとても大きかったからです。魚は底へ潜ろうとし、ロッドが弓のようにしなっています。男はそれを見て、「でかい！　でかいぞ！」と興奮し、私のすぐ後ろまで駆け寄って来ました。

私はラインを手繰り、少しずつ魚を寄せました。倒木の下にまた潜られてしまっては、枝に巻かれて切られてしまいます。張りつめたラインを緩ませてしまわぬよう、右手に細心の注意を払いました。それはかなり長い時間のように感じましたが、ほんの数秒のやり取りだったのかもしれません。観念した魚はついに潜るのをやめ、私の目の前に浮いて来ました。ランディングネットを取り出し魚をすくおうとしますが、上手く入りません。ネットの内径をはるかに超える大きな魚だったからです。何とか収めた魚は、37㎝もある巨大なイワナでした。

私は緊張のあまり全身が痺れていました。ぶるぶると震える手で、イワナをネットの上に横たわらせました。男は「すげぇ、すげぇ」と言いながら、カメラを取り出しています。私はついぞ今までこんなに大きなイワナを釣ったことがありません。しかもこの美しい川で釣れたことが本当にうれしくて、天にも昇るような気持ちでした。

男は「証拠写真、撮っとくからな」と私とイワナを写真に収めました。私は自分のカメラでもイワナの写真をたくさん撮りました。色々なアングルで撮影に興じる私を見て、男は「いいなぁ」とつぶやいておもむろに歩き出し、静かに釣りを再開しました。

私はこれ以上、竿を出すつもりはありませんでした。それは暗黙のルールとも言えますし、正直満足を通り越すような釣果を得てしまい、この時点で帰ってもいいくらいだったからです。私は少し離れて男の後に付いていきます。男の心情はきっと複雑でしょう。魚が釣れない焦りと、私に大物を釣られてしまった悔しさと、この川のポテンシャルへの期待が入り交じっているはずです。偉そうなことを言っているようですが、いつもは全く逆の立場であることの方が多いのです。

男は眼光が鋭くなり、言葉を発することもなくなりました。小さなヤマメが続けざまに2尾釣れましたが、ランディングしようとせず水中で針を外し、何事もなかったかのようにキャストを続けました。全く私の方を振り返らず、孤高の釣りに没入しています。時折後ろの木に糸を引っ掛けて、いつもなら、おどけた顔を見せるところですが、今はただ苛立ちを含んだ顔で強引にティペットを切り、私に一瞥《べつ》もくれません。

「コーヒーでも入れようよ」

もう2時を過ぎていたので、私は一息入れようと提案しました。男は「うーん」とか何とか生返事をしながら、しぶしぶ竿を置き、河原に腰を下ろしました。

やかんを火に掛け、お湯を沸かしている間、コーヒーミルで豆を挽きます。いつもは男の仕事ですが、今日は自分で挽きました。フィルターに挽き立てのコーヒー豆を開けると、芳醇《ほうじゅん》で甘い香りが広がりました。この川で飲むために買ってきたばかりの新鮮な豆ですから、お湯を注ぐと気持ちいいくらい、もこもこと泡が膨らみます。各々のマグカップにコーヒーを注ぐと、男は「どうも」と言って一口飲み、ポケットからすじこおにぎりを取り出して食べ始めました。

「また、すじこなの」

「結局これが一番うまいんだよ」

私はザックの底で潰れていたカレーパンを救出し、頬張りました。普段揚げパンは食べませんが、釣りの時は体力を消耗するからか無性に脂っこいものを食べたくなります。コーヒーカップに浮いたカレーパンの脂がまるでオーロラのようでした。男はおにぎりを食べ終え、川の流れを呆然と眺めながら駄菓子を食べています。

風向きを変えるために、少し移動しようかという話になりました。確かにこのまま闇雲に進むより、林道から魚を見つけてやるほうが効率が良さそうです。一服終えた私たちはカップやバーナーを機械的に仕舞い、林道に上がって歩き出しました。

真夏だというのに林道は涼しく爽やかです。男は少し休んで気力が回復したのか、また変な鼻歌を歌いながら私の数歩前を歩いています。度々立ち止まっては川を真剣にのぞき、魚を探しています。何度かそうしているうちに、男はついに見つけたようです。私の顔を見て手招きをし、その下のプールを指差しました。そこには堂々たる大イワナがぽっかりと浮いており、尾びれをわずかに揺らしながら餌の流下を待っていました。

「あれは釣れるぞ」

男は少し下流まで戻ってから林道を降り、足音を立てずにそろそろと魚のいるプールに近づきました。私は林道からその様子を見ていました。イワナは男に気付いておらず、流れてきた小さな虫を少し右に移動して補食し、また元の位置へ定位しました。男からもその動きが見えていたでしょうか。男は姿勢を低くし、黒っぽいフライをキャストしました。イワナは流れてきたフライに興味を示し、鼻先まで近寄りましたが、口を開くことなくそっぽを向きました。男は林道にいる私を見ます。私は腕で×を作り合図しました。

あのイワナは何を食べているのでしょう。男はフライボックスを開けて、幸運を導いてくれるフライを探しています。男のフライボックスの中は、奇麗に整頓されていました。男は元来整理整頓が苦手です。仕事の鞄をひっくり返すと、くしゃくしゃになった数年前の書類やガムの包み紙などが次々と出てきます。しかし、フライボックスの中だけはいつ見ても整然としているのです。逆に私はというと、部屋を片付けるのが好きなわりに、フライボックスの中には無頓着で、壊れてハックルが飛び出してしまっているものや、フックが錆びてしまったものがいつまでも入りっぱなしなのでした。

男は決断し、一つのフライをティペットに結びました。ここからは何のフライか見えませんが、ポストの付いていない、白っぽくて小さなフライでした。イワナはまだ同じ場所に浮いています。男は低い姿勢のまま、静かにキャストしました。フライは魚の鼻先からわずか20㎝の所に落ち、瞬きをする間に大きく飛沫を上げて消えました。男の竿がぐんとしなり、張りつめたオレンジ色のラインの先には、喘ぎながら水中を泳ぎ回る大きなイワナが見えます。男は左手でラインを引き、魚を寄せます。立ち上がってプールの淵まで行き、ネットを背中から取り出し再びしゃがみました。男はネットを水面ぎりぎりまで持っていき、魚をすくおうとしました。すると、魚は最後の余力を振り絞るように頭を振って暴れ出し、ティペットを食いちぎってプールの底へと消えて行ってしまったのです。弧を描いていたロッドはただの棒になり、男はへなへなと、うな垂れました。

私は林道の上で「よし」とか「ああ」とかいちいち大きな声を出しながら観戦していましたが、へたり込んでいる男に向かって掛ける言葉は見つかりませんでした。少し放っておくと、男はとぼとぼとこちらに歩み寄り、「つらい」とだけ言い放って再び林道を歩き出しました。男の気持ちは痛いほどよく分かります。しかし慰めの言葉など何の意味もありません。魚を逃がしてなくした自尊心は、魚を釣って取り返すしかないのです。男に連れ立って私もしばし林道を歩き、川をのぞいては魚を探しました。しかしそれからは、いくら探しても小魚すら姿を見せてはくれませんでした。

私たちは車まで歩いて戻りました。時刻はもう5時になろうとしています。トランクを開け、背負っていたザックを下ろしながら私は、「温泉でも入って帰ろうか」と言いました。この近くに有名な温泉郷があり、せっかく来たのだから行ってみたいと思ったのです。しかし男は、「いやぁ……」とあいまいに応えながら逡巡している様子でした。私はトイレに行きたかったので、とりあえず道の駅まで戻ろうと言い、ウェーダーを履いたまま車に乗り込みました。車内には昼間の熱がこもったままで、湿気と共にどこからともなく魚の匂いが漂ってきました。

　男は黙ったままエンジンを掛け、窓を開けて走り出しました。気まずい雰囲気を紛らわそうとラジオをつけましたが、電波が届かずザァーという雑音だけが流れてきます。ラジオを切って、何か明るい音楽をと、男の好きなクイーンのベスト盤を掛けました。しかし男は反応せず、なおも沈黙し続けています。車内には感傷的なフレディ・マーキュリーの声だけが虚しく響いていました。

――僕はただの哀れな男　しかし同情はいらない――

　林道を抜け国道に入り、15分ほど走ると道の駅があります。私はそこで用を足し、ついでに地元の野菜でも買おうかと売店をのぞきましたが、既に閉まっていました。車に戻ると男は吸っていた煙草をもみ消して、

「イブニングやろうぜ」と言いました。

　やっぱりそう来たか、と思いました。

「そうだね、でもどこで?」

「ここから40分くらいの所に、いいポイントがあるからさ」

　せっかくここまで来たんだから温泉に入りたい、なんていうのは女の戯言《たわごと》であり、ここまで来たんだから、いい魚を釣らずに帰るなんてあり得ない、ともっともな道理を説き始めると、男は

急に流暢《りゅうちょう》にしゃべるようになりました。士気がみなぎって眼に光を取り戻し、音楽に合わせて大声で歌っています。

――我々は勝者なのだ　我が友よ　闘い続けよう、最後まで――

　空は目を見張るほど激しい赤色に染まっていました。よく晴れた日の夕焼けはなぜこんなにも鮮やかなのでしょう。この時間、空が刻一刻と色を変えていく様を静かに見ているのが好きなのですが、今は運転席がやかましくセンチメンタルな気分に浸ることが出来ません。仕方がないので私も一緒に小さく歌いました。

　車は民家の脇をすり抜け、河原に降りて行きました。イブニングに適していると言っていたそのポイントは、瀬に沿って河原が続いていて、ウェーディングをしなくても陸《おか》っぱりで釣りが出来そうでした。車を降り、川の様子を眺めていた私の目の前をヒゲナガ（ヒゲナガカワトビケラ。大型の水生昆虫）が横切って行きました。川ではちょうど魚たちのディナータイムが始まったようで、水面のあちこちに波紋がにじんでいます。男はロッドをつかんで川の方へ走って行き、ティペットに大きなエルクヘア・カディスを結んで投げ始めました。水面に落ちたフライは一瞬で飛沫に飲まれ、男は八寸ほどのヤマメを釣りました。男はうっすらと笑いながらこちらを振り返り、手に持ったヤマメを差し出して見せると、鉤を外してすぐにリリースし、キャストを続けました。

　男は次々と魚を掛けてはリリースしています。そうしている間にも魚たちの食い気はピークを迎え、辺り一面ライズの海となりました。まったくどこに投げていいのか分からないくらいでしたが、もはやどこに投げても釣れるとも言えます。

私も男から少し離れた場所で竿を出して楽しみました。1投目でヤマメが釣れ、次に釣れたのはイワナでした。この時期ならではのイブニングの釣りにしばし没頭していると、遠くから男の呼ぶ声がしました。私はもう十分に満足したので、結び目を切ってフライを回収し、ラインをリールに巻き取りました。男の元へ駆け寄ると、男のネットの中には尺上と見られる立派なイワナが収まっていました。

「よかったね」

「うん、よかった」

「写真撮ってあげるよ」

私はカメラを構えましたが、辺りは既に夜の帳《とばり》が下り始めていて、フラッシュをたかなければ撮影が出来ないほどでした。フラッシュをたいて撮った渓魚の写真ほど情趣がないものはありませんが、男はそれでも申し分なさそうでした。撮影を終えると、男は「ありがとう！」と言いながらイワナを川に放ち、濡れたカディス・フライを布で拭き取ってティペットを切り、フライパッチに刺しました。

私は男が納得出来る魚を手にすることが出来て良かったと、心底思っていました。それは、美しく言えば、男が幸福を得たことに対する慈愛の念であり、現実的に言えば、帰りの車内でのバツの悪さを回避出来たことに対する安堵でした。温泉に行けなかったことは心残りですが、きっとこの方が良かったのでしょう。私は踵《きびす》を返して車の方に歩き出しました。

　すると背後で、「パカッ」とフライボックスを開ける音がしました。嫌な予感がして振り返ると、男は額にヘッドライトを付けて、フライボックスから新しいフライを選び、ティペットに結ぼうとしているところでした。私はてっきりもう帰るものだと思っていたので、唖然《あぜん》としてしまいました。川は完全に漆黒の闇に包まれています。確かに耳を澄ませば、まだ魚の跳ねる音が微かに聞こえますが、それにしてもこの暗さでフライが見えるはずもありません。

　私は男の背後から、「もう真っ暗だよ」と諭しました。すると男は新しいフライを摘《つま》んでこちらに見せ、不敵な笑みを浮かべて言いました。

「大丈夫、このフライ、光るから」

　男は蓄光塗料をまとったパラシュート・フライを幾度となく川へ投げ入れ、際限なく魚を釣り続けました。私は男の飽くなき釣欲に倦厭《けんえん》すると共に、憧憬にも似た感情を覚えました。または、何かに取りつかれているのでは、と恐ろしくもなりました。しかし男は、これは当然の事であると言わんばかりに、平然と魚を釣り続けているのです。

　闇はますます密度を増していき、川も、木も、草も、車も、男の姿すらも、全てを覆い隠しました。見えるのはまばらに散らばる蛍の光と、男のフライだけです。私はコールタールのような真っ黒い流動体に浮かんだ異様な発光物をぼんやりと見つめながら、近くの民家から流れてくる炊飯の匂いをただただ嗅いでいました。

火星でフライフィッシングをするつもり？

著者　山田美緒

表紙デザイン、イラスト　浅里まゆみ

写真　山田美緒、やまめさん（P5）

校正　舟串彰文

発行日　2022年2月8日　第1版

発行者　ふらい人書房

印刷所　株式会社　藤プリント

発行所　ふらい人書房

東京都町田市三輪緑山2‐25‐21

HP　www.flybito.net

e-mail　flybito@me.com

©2022 Yukinari Bando, Tokyo Japan　Printed in Japan

ISBN978-4-909174-09-3

本書を許可なく複写複製、またはスキャンすることは、著作権法上で禁じられています。

第一章　不可解な映画に魔がひそむ

シャマラン絶対主義！

なんとなく、M・ナイト・シャマランについて論評する際、「とりあえず叩いておけば大丈夫」という風潮があるように感じます。シャマランの話になると薄笑いになったり、映画館にも茶化す気満々で来ていたりする観客とか。しかし受け売りではなく、ちゃんと自分の内側から溢れた価値観に基づき、自分の言葉によって批判はできているんでしょうか。「シャマランはどんでん返しの監督」「オチが最近面白くない」というのはなしです。オチだけ気になるならネタバレサイトを見ていればいい。改めて、シャマランの独創性とはなにか、そして問題があるとしたらそれは本当に映画としてダメなのかどうかを、再検証してみましょう。

『シックス・センス』

99／アメリカ／監督・脚本　M・ナイト・シャマラン
出演　ブルース・ウィリス、ハーレイ・ジョエル・オスメント、トニ・コレット

『シックス・センス』はこの世でもっとも、「オチが途中でわかったから面白くなかった」と上から目線で言われた映画ではないでしょうか。わたしは最後までオチがわかりません

でしたが、それよりも途中で現れる幽霊の見た目の怖さや、幽霊登場のびっくらかしのインパクトの方が強かったので、今でもオチだけで語っている人を見ると不思議でしょうがありません。

『シックス・センス』の物語はすでに皆さんご存知でしょうが、幽霊が見えると言い、情緒不安定気味なハーレイ・ジョエル・オスメントと、夫婦生活がうまくいっていないらしいブルース・ウィリス演じる児童精神科医がやりとりをしていくうちに、ウィリスがある真実に気づくというストーリーです。

映画というのは始まってからラストに至るまでに、細々とした時間の経過や場所の変化を矛盾なくつなげていき、また人生や感情の移り変わりをドラマとしても滑らかにつむぐもの。一本の映画は大量な描写の集積です。『シックス・センス』はＨ・Ｊ・オスメントのエキセントリックな孤独を丁寧に積み上げていきます。「幽霊は怖いのに見えてしまう恐怖」を繊細に描き、観客たちはオスメントの複雑な性格を理解するために、じっとスクリーンを見ているはずです。本作は別にオチだけに目的を絞って、それを説明するためのみにカットが積み上げられているわけではありません。オチで良し悪しを決める人は、母子家庭であるオスメントと母親が、学校や父母の中で二人とも孤立しがちな不安を抱えつつ、スーパーのカートで戯れて二人だけの世界でつかの間ホッとするシーンの、寂しい柔らかさなどはどう見てるんでしょう。この映画の良さは、漂う孤独と侘しさにあるとさえ思います。

いま見返してみると確かに『シックス・センス』は不自然な映画です。視線を追って見れば、いくらこの世に参加しているつもりの幽霊でも自分を無視する人々に気づくだろうとか、この映画における幽霊の意識のあり方をシャマランがどう規定しているのかは曖昧な点や、幽霊が死んだ状態で出るなら、メインの幽霊も腹に穴が開いて血まみれでなきゃヘンだろうとか。でもそんなのはある種のジャンルの代名詞ともなった、この名作にとっては瑕瑾です。本作が特にそれをかまびすしく言われてしまったのは、基本的にオチがわからなかった人の驚愕の度合いが大きかったからでしょう。それでオチが途中でわかった人の「俺はわかった！　わかんなかったヤツはバカじゃねえの？」という鼻息荒い自慢が強度になり、それに対する反発がメインの感想になってしまったのだと思います。

でもオチでしか語らないオチ至上主義の人って、オチに至るまでの間は映画のどこを見ているのか、本当に疑問です。

シャマランポイント

出たがりのシャマラン監督はほとんどの自作に登場します。本作ではパニックを起こしたH・J・オスメントを診察する小児科医役。オスメントの腕には常に幽霊につけられた傷があるのですが、それを児童虐待と疑います。ワンシーンのみの出演。

『アンブレイカブル』

00／アメリカ／監督・脚本　M・ナイト・シャマラン
出演　ブルース・ウィリス、サミュエル・L・ジャクソン、ロビン・ライト

『シックス・センス』はずっと音楽も鳴っているし、まだ普通の映画の形をしていますが、『アンブレイカブル』は音楽もほとんど途絶えてしまったとても静謐な映画です。ブルース・ウィリスとサミュエル・L・ジャクソンの共演で、ミスター・ガラス役のS・L・ジャクションが紫を基調にした設定にされており、髪型は爆発七三分けで、衣装や車もグラマラスでゴスっぽい艶やかさ。しかし演出はよけいなものを排した、寂しげな雰囲気が漂っています。

本作も、映画館で見終わった瞬間わたしは男泣きしてたんですが、前の席の客が「なんだコレ、わけわかんない」と半笑いの呆れ声で言ったので（ナニッ！）と思いました。で

もその後のネットに溢れる感想も、大半はトンデモ映画だという論調。もちろんこれがトンデモ映画なのは明らかで、それでも「やっと唯一の理解者である友人を見つけたと思ったら、それが生涯の敵」という、メチャクチャ切なくて泣ける設定が生み出されているのです。

　トンデモ＝だからダメというのは短絡的であって、トンデモの中にも傑作や駄作がそれぞれにあるというのを見極めなければならないでしょう。なんだコレはと思いつつ、ものすごいエモーションに巻き込まれて、よくわからないけど感動してしまう映画は少なくありません。わたしのオールタイムベストテンに入る『フィアレス』も、ラストは「ジェフ・ブリッジスに苺アレルギーが起こった！　大変！」↓「大丈夫だった！」というだけのことを、これ以上ないほどの崇高さで描いています。映画の力というのはストーリーだけではなくて、演出全体で語る力が重要じゃないでしょうか。

　『アンブレイカブル』の設定は相当おかしいです。生まれた瞬間から骨折するほど体が脆弱で、ミスター・ガラスとあだ名されるイライジャ・プライス（サミュエル・L・ジャクソン）が、これほど自分に特殊性がある意味を、大好きなアメコミの世界から解いていって、遂に答えを見つけるという物語です。そして実際にそれが正解である証明として、一度もけがをしたことのない男デヴィッド（ブルース・ウィリス）が登場します。「アメコミにはこの世の真実がある」という定義の求め方は確かにありえないし、ほんとにそうだったというウィリスの存在が、現実離れしていてシャマランの勝手すぎるというのはわかるんだけれど、それでも「よくこんな面白い設定を生み出すものだ」と感心してしまいます。「アメコミに描かれることをまず真実として前提に置く」なんて、奇抜だし独創的で、閉じた世界にこもるゆえの面白さを感じます。ブルース・ウィリスが自分の能力に気づいて人助けに行くとき、ヒーローらしく危機に陥るんですが、それを助ける子どもたちのそっと佇む気配。ラストのさっくりとしたネタバレへの持っていき方もやるせないし、だからプロデューサーの指示で入れられたという、ラストカットのクレジットの蛇足ぶりには腹が立つのですが。

　シャマランは笑いと恐怖を一緒くたに入れる作家。本作でも最初はサミュエル・L・ジャクソンを山師だと思うウィリスが「こういうやつは最後にカード番号を聞きだすんだ」と揶揄した後日、改めてウィリスに会いに来たジャクソンが、彼のヒーローとしての特質を伝えた後に「じゃあカード番号を教えてくれ……冗談だ」と、静かにジョークを飛ばすのを柵越しにすごい引きで撮っています。

シャマランポイント

ブルース・ウィリスがセキュリティを担当しているスタジアムで、麻薬を買った男。所持しているのは見つからず解放されます。ウィリスを小馬鹿にしているような高飛車な小芝居あり。

『サイン』

02／アメリカ／監督・脚本　M・ナイト・シャマラン
出演　メル・ギブソン、ホアキン・フェニックス、ローリー・カルキン

地味でビックリしましたがそこがイイ！　メル・ギブソンとホアキン・フェニックスのむさくるしい男やもめ二人と子ども二人の家庭って、なんてバランスの悪い設定！　でもそれってよく考えると斬新じゃないか？という映画。やはり音楽や物音を極力排して、非常に孤独な雰囲気を湛えている映画です。神父だったメル・ギブソンが、妻を事故で亡くしたのをきっかけに信仰を捨てていて、その荒廃し寂寥とした心理が全体に溢れる映画。

今度のテーマは宇宙人です。何回も観てたら慣れてきちゃいましたが、初見のときは、子どもたちが買った宇宙人の本に載っている絵がすごく怖かった……。暗いパステル調で描かれていて、彼らが住む家とそっくりな屋敷が燃えており、野原に焼け焦げた大人と子ども二人の遺体がある絵で、ものすごく見てはいけないものの気がしました。ニュースで

流れるブラジルで偶然家庭用ビデオに撮られた宇宙人の映像も、子どもたちの高まる悲鳴がリアルでこれも怖かった。

本作はホアキンがアルミニウムの水滴みたいな帽子をかぶるシーンが有名ですが、ほかにも笑いのシーンは結構あります。子役製造機なカルキン家のローリー・カルキンが、テレビ放映のＵＦＯ襲来を「今日から科学が変わる重大な日だから録画する」といって、叔父のホアキンのビデオテープの上にダビングするんですが、ラベルが手書きの「水着特集」。いまどき水着を大事に録画って、ヌルいエロが好きなのがよけいムッツリな雰囲気。

シャマランポイント

とうとう大きく出た！　メル・ギブソンの妻を、居眠り運転で事故死させてしまう役です。その後も同じ町に住んでいて、ずっと罪の意識に苛まれていた暗い男。宇宙人騒ぎをきっかけに、ようやくメル・ギブソンに詫び、宇宙人は水が苦手と伝えて去っていく重要な役です。

『ヴィレッジ』

04／アメリカ／監督・脚本　M・ナイト・シャマラン
出演　ブライス・ダラス・ハワード、ホアキン・フェニックス、エイドリアン・ブロディ

ブライス・ダラス・ハワードを見出しただけでも、すごく価値のある映画。一九世紀風

のこじんまりした村が舞台ですが、「町に出てはいけない」「赤は不吉な色だから使わない」「森に入ってはいけない」という禁忌があり、実際に人間大のハリネズミのような赤いフードを着た怪物が時折襲来する、風変わりな土地。盲人のアイヴィー（ブライス・ダラス・ハワード）とルシアス（ホアキン・フェニックス）の結婚が決まると、彼女を愛していた知的障害のあるノア（エイドリアン・ブロディ）がルシアスを刺してしまいます。そのためアイヴィーが町にある薬を手に入れようと、怪物が住む森へ出発するという物語。

ウィリアム・ハートが娘のブライス・ダラス・ハワードにとある真相を教える、長回しの芝居と草原の美しさが素晴らしい。ホアキンとブライスが愛を確かめ合うふたりの横顔のショットもロマンティックだし、ブライスのラストカットの表情も、これが主演一作目とは思えない豊かさです。

昔のおとぎ話のようであり、そういうつもりですっかり見入った辺りで意外な時間軸が見える映画で、これもかなり「オチがパクリでダメな映画」と公開当時酷評されました。でも本歌取りや換骨奪胎という言葉もあるくらいで、十全にできているのだから別にそのことよりも、観る者を振り分けるのはシャマランルールに乗れるか否かだと思うのです。本作のおとぎ話と思われたものは、じつは新しい村であるこの地で大人たちが描いた絵図でしかありません。恐怖によって危険から愛する人を遠ざけて、二度と家族を悲劇によって失わないようにしようとする一種のコミューン。それを村の二代目、三代目に継いでいこうとするかなり大掛かりな妄執の具現化ではあって、「そんなこけおどしをマジでやるのか？」「村の大人たち全員でこんな妄念の共有と、村を作り上げる力技はありえない」と冷静に思ってしまうと冷める、というのはよくわかります。でもこけおどしを利用して核心を語るシャマランルールがアリと思うと、同じ理由でこの切実で大胆な設定が胸に響くのです。

わたしはそこよりもノアの悲劇が好きです。ひとりだけ、どこか邪悪さをもった存在で村の異物であり、この村の創立者たちが否定したかった外部からの恐怖をもたらす者そのものとなったノア。しかも愛する人を失っただけでなく、惨めな終わりを迎える孤独がとても哀しい。俯瞰で捉えたノアのラストショットが泣けます。

ホアキンが長老たちの前で、町へ出たい理由を作文で朗読させられる場面が、たぶん本作の笑いポイントだと思います。それと、長老たちが遭遇した悲劇は言葉で語られるだけですが、その残酷さがシャマランらしい怖さで、本作を包む寓話性と強烈なコントラストを放ちます。

クライマックスで、ブライスは町への出発前に父親から「怪物は我々が作ったまやかしだ」と実体を聞かされていたにもかかわらず、やはり幼い頃から植えつけられた恐怖に揺り戻されて、村へ戻ってきたとき「森に怪物がいた」と言います。それがラストで村を存続させる決意を長老たちにさせるのも、奇妙な展開で独特。現代の中に、あえて一九世紀風に暮らす集団がいたというオチを責めるより、このモラルの是非は問われるべきだと思う。ホアキンやブライスは世界の現在形という真実を知らず、架空の村で架空の伝承を信じてこれからも生きていくことになります。それは「若者には真実を知る権利がある」というモラルに長老たちが抵触しているわけで、親の都合で文化的学びが損なわれている状況は若干気持ち悪いです。

シャマランポイント

森を抜けた管理人室で新聞を読んでいます。薬棚のガラスの反射で顔がわかる小細工アリ。

『レディ・イン・ザ・ウォーター』

06／アメリカ／監督・脚本 M・ナイト・シャマラン／出演 ポール・ジアマッティ、ブライス・ダラス・ハワード、フレディ・ロドリゲスたぶん一番の問題作でしょう。これで観客は振り分けられて、わたしはシャマラン派に残りました。シャマランの作ったおとぎ話が、マンション一棟の宇宙で展開したっていいじゃないですか。別にそんなの、地球とマンションの相対的な大きさの問題にすぎなくて、別に地球規模に拡大したからといっても、人が作るおとぎ話はそうそうたいして変わりません。「蝋で羽根を作って飛んだのはいいけど、太陽に近づいたら溶けて落ちました」というのを、現代で思いついたら「マンションに水の精が来て未来を予言していった」レベルでたぶん違わないです。

マンションの管理人のポール・ジアマッティが、プールの中に不審者がいると思って探ったところ、それが予言を伝えにきた水の精（ブライス・ダラス・ハワード）であるとわかります。中国からの移民の伝承によると、水の精が現れた瞬間から、彼女を狙う怪物がうろつき始めるので、無事に彼女を元の世界に送り戻すためには、ある役割を担った人間が協力する必要があります。しかし、「ヒーラー」「ギルド」「解読者」「守護者」など、漠然とした役割を宿命的に備えた者が誰なのかはわからず、マンション中の住民でそれを探していくお話。

確かにこれはかなり勝手な映画で、中国の伝承となってるけどすべてシャマランの創作です。ほんとにシャマランの頭の中で作ったルールに、シャマランがキャラをはめていってるだけなので、世界のなにかに適応させているわけじゃないから、ダメだというのもわかる。でも、そもそものアプローチ自体をほんとにやるっていうのが、ワンダーじゃないでしょうか。それがまかり通る熱量があって、「シャマランおとぎ話」のルールやキャラ設定と、個性的な住人たちが素直にソレを信じて協力し合うのも楽しい。子どもが誇大で厳重な物語を想像して、手持ちのぬいぐるみたちに一生懸命協力させて一人遊びしてるみたいなものだけど、その子どものうわごとに耳を傾けるに近い映画です。でもそこには長年物語で遊んできた、普通はマネのできない跳躍力がある。おとぎ話は普遍的に共有感覚があるべきで、このシャマランによるお話は善悪や、持って生まれた能力を生かすことの尊さを語って、正しいおとぎ話の体系は備えいるので、別にいまこうして伝承が新たに作られてもいいはずです。それを楽しく語るのも間違ってない。

　もう一つ問題なのが、「器」という重要な役をシャマラン自身が演じてることですけど、アリです！　なぜなら本当に物語を作り出して、脚本を書いて、映画が世界中で公開されて、名前が後世に残っていく人なんですから。自分の役割の未来を知っても、それに殉じてもいいほど重要なことをするんだという決意は美しいものだし、それにふさわしい繊細な演技をしてるからいい。最初に地下の洗濯室にいる場面で、妹をビビらせてる怖い挙動も妙でおかしい。

オープニングも面白いです。カメラが台所のシンクの辺りにあって、覗き込んでるポール・ジアマッティが害虫を追い詰めているらしいのですが、そんな生き物いる？という描写をしながら棒でやっつけています。あの、Gを殺すときの緊張感そのもので、後ろでラテン系の姉妹たちが、ジアマッティがすごい勢いで棒を突くたびギャーギャー悲鳴をあげていて、たぶんこれが本作の笑いポイントだと思います。全体にユーモアはすごくあって、右腕だけ鍛えてる人とかわけわかんなくてイイ。

「マンションで宇宙の縮図を語ってもいいじゃん」と思うか、「マンションにろくでなしを集めてそんな大仰な話を語るな」と思うか、その違いでしょう。でも物語は象徴であり、寓話として人間のあるべき姿や、文明の不思議を語るならこれでいいのです。というより、なぜ悪いんでしょうか。

映画はわたしたちの日常と地続きだから、映画内現実も、現実ルールに従わなければならないという枷が普通はあるのだけれど、『レディ・イン・ザ・ウォーター』は、映画は「現実に仮託された神話のようなもの」として成立している映画です。ある意味たしかに、視野狭窄も甚だしい前提のうえに転がっていく話なのですが、小さい場所で壮大なホラを吹きながらも、ある人間たちの宿命を物語り、人として原初的で重要な〈利他〉の問題をつきつめているから、神話の様相を呈するのです。神話というのは「宿命」と「役割」が大事で、だから天命を告げる予言が通用する。そしてそれが普通のアパートの中で、まるでパズルのピースがビシバシはまっていくように、エモーショナルな盛り上げ方でミクロコスモスを織り成していくから面白いのです。

もちろんアパートという箱庭で、現代のダメっぽい人々に仮託された神話世界が完結する異常さを、だから面白いと思うか、ひとりよがりでダメだと思うかは、もうたぶん相性の域に入ってくるでしょう。そもそも苦手な人を捕まえて「シャマラン観」を変えさせようなんて、無理だろうなという気もします。

シャマランの唯一無二な物語世界は、強引な跳躍をしたまま現実に戻ってこないことが異様で面白いのだし、しかし現実的なハコの中でなくても、そこで〈人としてあるべき道〉が説かれ、報いがあるから満たされる温かさがある。この人道を描くという、下手をしたら時代錯誤とも思える人のありようを映画にすることも、シャマランのマジックレアリズムならばこそ成立します。『レディ・イン・ザ・ウォーター』でシャマラン自身が、「利他の精神によって未来に引き継がれる語り部の宿命を受け入れる」役を演じたことと、これは無縁ではないはず。この宿命の受け入れ方が泣ける。思いがけない虚構で善悪を引き寄せて語る、それがシャマランなのです。

『ハプニング』

06／アメリカ／監督・脚本　M・ナイト・シャマラン
出演　マーク・ウォールバーグ、ズーイー・デシャネル、ジョン・レグイザモ

オチがどうこうばっかり言われるから、キレたんじゃないかという雰囲気の「あんまりオチは重要じゃないよ」映画。突然、一斉に人が死に始める自殺衝動が流行し、テロかウイルスかわからぬまま、人々が都市部から地方へ逃げ出すお話です。

主演がマーク・ウォールバーグで、その妻役にズーイー・デシャネル。植物に意志があって、自殺衝動のウイルスを撒き散らしているのではと理科教師のウォールバーグが言い出して、観葉植物に話しかけるシーンが笑えました。民家に入らせてもらおうとして、「僕は怪しい者じゃないです」と言って突然歌を歌いだすシーンの直後に、残酷ショックシーンを用意してるのもシャマランっぽい予断を許さないやり方。映画としてはイマイチな気もしますが、こけおどしは十分。タブレットで自殺の模様を見たりするイヤな情報伝達も、『サイン』同様うまいと思います。風をやり過ごす描写というのも、個人的に地味なもの

が好きなせいか珍しくていいなと思うし、会う人会う人がみんな癖が強くてめんどくさいのもシャマランっぽい。老人がそこはかとなく全員狂ってて怖いです。

シャマランポイント

電話の声だけです。ズーイーにしつこくメールをしてくる男で、ちょっとだけ通話があります。姿はなし。

『デビル』

11／アメリカ／原案・製作　M・ナイト・シャマラン／監督　ジョン・エリック・ドゥードル／脚本　ブライアン・ネルソン／出演　クリス・メッシーナ、ローガン・マーシャル＝グリーン、ジェフリー・エアンド

シャマランが原案を提供、製作を担当し、若手の監督が映画化するプロジェクト〝ザ・ナイト・クロニクルズ〟の第一弾でしたが、その後シリーズは続かず。監督はジョン・エリック・ドゥードル。

高層ビルのエレベーターに閉じ込められた五人の男女の話です。エレベーターのドアはなかなか開かず時間が過ぎていく中、不意にエレベーター内で停電が起こり、そのわずかの間に一人が死んでしまいます。事故なのか、ほかの四人のうちの誰かが殺害したのか不明なまま、また次の犠牲者が出てしまうというスリラーです。

これはかなりシャマラン色の強い佳品です。シャマランの独自な世界を会得して、それを最大限いかした面白さを湛えながら、撮影の新鮮なギミックも織り込みつつ、まったく無駄がない。作品の傾向は『レディ・イン・ザ・ウォーター』が一番近いです。シャマランの自分ルールが敷かれた中で、ミクロコスモスが補完されできあがっていくあの世界。『レディ・イン・ザ・ウォーター』がアパート一棟の宇宙だったのに対し、本作はエレベーターに集まった人々で、世界の代表的な事柄を最小限に縮小して見せるというものです。

『レディ・イン・ザ・ウォーター』が、シャマランの俺ルールを受け入れて全肯定するわたしのような者と、「ばかばかしくて付き合ってられない」と、自己完結した勝手さに拒絶反応を示す人で評価が真っ二つだったように、本作も万人受けはしないでしょう。『デビル』がどういった世界観の映画かは、いきなりオープニングのナレーションでわかります。シャマランらしく「引っ掛けかと思ったらド直球」なもの。超常的な現象を前提としながら、ミステリーとして「誰がどうやって殺したのか」というフーダニットの面白さもはらみつつ、箱庭のように小さな世界で全人類の象徴を作り上げていきます。「なぜその五人なのか」という理由も、（それはないだろー）という埒外に置いたところから降ってくる感じなので、まあ人によっては怒ると思います。

『デビル』も『レディ・イン・ザ・ウォーター』同様に、現実からは隔たった――神話的な倫理で引き寄せられて、そこでみずからの罪を償わされたり、自分の意志で宿命を選んだりできるという道徳の話です。神話で語られるのは象徴的な事柄であるように、『レディ・イン・ザ・ウォーター』やこの映画も同様に最小限の単位によって、純粋な、わかりやすい正義と悪を真っ向から語ります。だから泣ける。人を形成するプリミティブな倫理にまつわる物語だから、熱いしエモーショナルな動きがあり、根源的な人間の姿を描いた映画に見えます。

『エアベンダー』

10／アメリカ／監督・脚本　M・ナイト・シャマラン
出演　ノア・リンガー、デヴ・パテル、ニコラ・ペルツ

『アフター・アース』

13／アメリカ／監督　M・ナイト・シャマラン／脚本　M・ナイト・シャマラン、ゲイリー・ウィッタ／出演　ウィル・スミス、ジェイデン・スミス、ソフィー・オコネドー

この二本がダメだというのは認めます。初の原作物だった『エアベンダー』は、オリジナルではない枷がシャマランを凡庸にさせる顕著な例でした。笑える演出は健在なのですが、全編に特色や当たり障りのない映画も撮れてしまうという、意外な手腕が発揮された凡作。シャマランは妥協もできる監督という一面が見れましたね。『アフター・アース』

はウィル・スミス原案であり、スミス親子が主演という縛りによって、やはりシャマランの個性は剥奪されています。面白くもなければすごくダメでもないという、映画として一番心に残らないタイプの作品に仕上がっていました。ただ『アフター・アース』はラストで、それまでのウィル・スミスの息子の大冒険を全否定するような驚きのセリフがあって、そこはシャマランが一矢報いていたと思います。

シャマランポイント

『エアベンダー』では甲冑を着て「エアベンダーは殺せ！」と命令を出しています。見落としそうなほど一瞬の出演。『アフター・アース』は出演なし。

『ヴィジット』

15／アメリカ／監督・脚本　M・ナイト・シャマラン
出演　オリヴィア・デヨング、エド・オクセンボールド、ディアナ・ダナガン

シャマラン復活を告げた快作。本作以降、プロデューサーにジェイソン・ブラムが携わっていきます。

ベッカとタイラーの姉弟は、母が絶縁状態だったために祖父母と会ったことがありません。しかも大好きだった父は若い女性と不倫のすえに、家族を捨てて消えています。そん

な姉弟にも、母が新しい恋人と旅行に行く間、祖父母の家へ初めて訪れる機会がやって来ます。しかし楽しみにしていた一週間は、祖父母の気味の悪い行動でゾッとするものになるのでした。

姉のベッカがドキュメンタリー映画を制作している設定で、本作はベッカたちの二台のカメラで撮影された映像を編集した形態をとっています。ＰＯＶやフェイク・ドキュメンタリー系の一斉を風靡したホラー映画の一本ですが、元々シャマランはビデオ画面を効果的に使う作家であったし、さすがベテランなので何気なく置いたカメラが捉えた映像が多くて、ＰＯＶにありがちな手振れで目が疲れる問題は難なくクリアしています。そしてこの映画は誰が編集した設定なのかを考えると、やはり面白い趣向を思いつくなあと感嘆します。

シャマランが元々忍ばせてきていた笑いを強烈に打ち出した作品です。本作を試写室で鑑賞した際は絶え間ない爆笑に包まれていて、本当に場内の席全体が揺れていたほどでした。あまりに奇抜な出来事が笑いと恐怖を同時に掻き立てる、絶妙な演出です。

この映画は非常に優れた観察眼に基づいていて、日常的に街で感じ得る、他人の行動の薄気味悪さを乱れ打ちにしています。祖母が夜更けに居間で立ったまま嘔吐していたり、裸で壁を掻きむしっていたりする姿や、祖父が使用済みオムツを小屋にため込んだり、通行人を尾行者と間違えて突然暴力を振るったりする、クレッシェンドしていく狂気を姉弟は目撃します。老人というのは老化で表情も乏しくなっていくので、いまどのような感情でいるのかを察するのが難しいし、身体機能や脳が衰えているためギョッとする行動を取ったりする様子を、客観的かつ即物的に捉えた際に浮き彫りになるものを〈恐怖〉として扱ったところに潔さがあります。

　また併せて、どんでん返し厨の人に対してもこの映画の巧みさを言いたい。老人の振る舞いに恐怖を感じるという素朴な感覚と同時に、シャマラン史の集積があってこそ本作の恐れが核心に近づいていく際の、観客が受ける揺らめきが狙って醸し出されています。祖父母が奇行を働くのはなぜなのかという疑問を抱いて観ていると、祖母がベッカのインタビューを受ける際の言葉から、『レディ・イン・ザ・ウォーター』のような突拍子もない非現実の存在や、『サイン』のように宇宙人ネタなのかと推測をしながら観ることになります。シャマランの作り上げた前例があるゆえに、どんな理由がひそんでいるのかを予期してしまい、ハッとさせられる場面です。

　都市伝説の怖さというのも根源的で根強いと思うのですが、本作の恐怖もそれに近いです。ネットで流布されていく「洒落にならない怖い話」系というか。『暗闇にベルが鳴る』

や『夕暮れにベルが鳴る』は有名な都市伝説に基づいた映画化作品ですが、これらのオチがわかった瞬間の怖さに近いです。『ヴィジット』でもそういった背筋が凍る瞬間が再現されていて、その間合いの絶妙さはやはりシャマランの演出の上手さでしょう。

シャマランポイント

なしです！　やはりティーンエイジャーが撮っているPOVという設定への真摯さでしょうか。

『スプリット』

17／アメリカ／監督・脚本　M・ナイト・シャマラン
出演　ジェームズ・マカヴォイ、アニャ・テイラー＝ジョイ、ベティ・バックリー

ジェームズ・マカヴォイが演じる二三の人格を持つ男。その二三人の中でも存在の有無について意見が割れている、二四番目のモンスター的人格についての謎が物語の中心となります。そういった多重人格モノに加え、本作の恐怖は女子高生監禁事件というホラーの定番に則って始まります。

帰宅途中に誘拐され、不気味な部屋に閉じ込められた三人の少女。名前はケイシー（アニャ・テイラー＝ジョイ）、クレア、マルシアで、ケイシーは他の二人とは元々仲良くあ

りません。ケイシーは学校でも騒ぎを起こして居残りになったり、家出も度々繰り返したりしていて周囲は胡乱な目で彼女を見ています。本作は少女たちの脱出の試みと、マカヴォイの人格変化、彼を診察する精神科医カレン・フレッチャーとマカヴォイの連日の面談、そしてケイシーの幼い頃の回想で話が回っていきます。

とにかくマカヴォイの演技が素晴らしいし面白いです。坊主頭でかなり筋肉質な体になっており、その姿でパトリシアという落ち着いた英国女性の人格で出てくるときが楽しい。彼が演じる多重人格の元になっている本体は、ケヴィン・クラムという母親から虐待を受けていた青年です。彼は幼少時に虐待の苦痛から逃れたいあまりに複数の人格を生みだしてしまい、その人格はいまではそれぞれで専門知識があったり、その人格の間だけ糖尿病になるといった肉体的変化を伴ったりする場合もあります。

二四番目の人格はビーストという肉体が怪物化するもので、超人的な力を使いケヴィンを守るために生まれました。その召喚を巡って二三の人格の中で揉め事が起こり始めます。マカヴォイが複数の人格を演じ分ける物珍しさに目を奪われがちなうえ、体内で進行している出来事はセリフで語られるため、意外に初見では状況が飲み込めないかもしれません。でもビーストとケイシーの邂逅する恐怖の瞬間に、彼が彼女を自分の同類であると認める場面に泣けます。それまでもケイシーの回想で、幼い彼女が叔父から服を脱ぐよう言われたりしているシーンによって、観客も薄々わかっているバックグラウンドなのですが、それが身体に跡として残っているのを目撃したビーストが、すべてを察する瞬間の共鳴が切ないです。ラストのワンカットで二つの鏡の間を往復するカメラに、マカヴォイの複数の人格が現れるショットも素晴らしい。

シャマランポイント

自宅で開業しているフレッチャー先生が、アパートの複数の監視カメラを確認するときに、その操作をしているのがシャマラン。どうやらアパートのセキュリティ担当のようで、ジェイという名前です。

『ミスター・ガラス』

18／アメリカ／監督・脚本　M・ナイト・シャマラン
出演　ジェームズ・マカヴォイ、サミュエル・L・ジャクソン、ブルース・ウィリス

『アンブレイカブル』『スプリット』に続く、シャマラン・ユニバースの最終作。この二作の主要キャラであるミスター・ガラスことイライジャ・プライス（サミュエル・L・ジャクソン）とデヴィッド・ダン（ブルース・ウィリス）、ケヴィン／ビースト（ジェームズ・マカヴォイ）が勢ぞろいします。

ミスター・ガラスが収監されているレイヴンヒル記念病院精神科に、デヴィッドとケヴィンも収容されます。ミスター・ガラスはすっかり人が変わり、でくの坊のようになっていてショッキング。精神科医のステイプルは三人を集めると、彼らの能力は決してコミックのような超常的なものではなく、なんらかの脳の損傷などに基づいて人間の体に起こり得る自然現象であり、それぞれが自分をヒーローだと思い込んでいるのは錯覚だと諭します。

どんでん返しや巧みなストーリー展開においては、ここでデヴィッドとケヴィンが自分の能力に対しすっかり自信を失ってしまうのが最初のキーポイントとなります。でも本作のタイトルが『ミスター・ガラス』であるように、今回一番活躍するのは頭脳戦を得意とするイライジャ。彼は先の先を読んで、「コミックに反映されるような超人ヒーローたちを潰して回ろうとする者たち」を出し抜くために暗躍します。そもそも観客を選ぶ「アメコミがヒーローを作り出したのではなく、アメコミは世界に実在するヒーローを抽出して描いている」という発想のさらに上をいく、「ヒーローたちは実在する。だから善悪の問題ではなく、一般人との格差をなくすためにヒーローもヴィランも抹殺したい」という信念を持つ人々が現れるのは、これまで以上に観客の仕分けにつながるかもしれません。しかしその世界観に乗れるファンは、さらに広がる物語に高揚するはず。

本作でもシャマランの地味な趣味がものすごく活きていて、ラストはとある大アクションへ行くかと思わせておきながら、それが意外にも（そういう着地をするんだ）という展開を迎える儚さに涙をそそられます。孤独な闘いを繰り広げるデヴィッドたちの侘しさが画面にも反映されていて、病院の庭の閑散とした印象が彼らの境遇を表します。普通、どんでん返しは派手な方へ転ぶことを想像しますが、そうはならないどんでん返しもあるのだという新たな見本でしょう。この渋さはシャマランのファンを続けてきた人なら、さすが！と思いグッとくる類のもの。

ヒーローとヴィランの三つ巴の戦いと、それぞれの息子、母親、友人というヒーローに付き物のかけがえのない存在がコミックの定石通りに揃うシーンも、これこそ現実であってコミックに抽出されていくんだという、メタ的な視点が付いて回るのが面白い。またせっかくこの世の数少ないヒーローである孤独な彼らが、『アンブレイカブル』に引き続きじつは憎悪すべき関係であるのが明らかになるのが切ないです。

ケヴィンのキメ台詞である「失意の者」が、本作ではさらにフィーチャーされます。「失意の者は純粋である」という発想は、不遇であるという自覚を持つ者にとって悲しく甘い棘です。弱肉強食の世界に生きている自分の不幸や、不本意な境遇によって他人より常に苦労が伴うと思っている人々にとって、ビーストは否定しがたいアンチヒーローでしょう。

些末もいとおしい。ミスター・ガラスのＭＧというスカーフピンや、彼が収監された年月を匂わせる実家の初代ｉＭａｃ、ケヴィンの人格の中のひとりであるパトリシアが涙をぬぐう上品さなど端々も魅力的。『スプリット』のラストで、ビーストは革命を起こすつもりでいたのに、本作はそれが叶わなかった怒りの言葉から始まります。しかしミスター・ガラスの知能はその願いも可能にし、ヒーローの実在を知らしめる革命を起こしていきます。元々『サイン』や『ハプニング』でも実際に事件を目にするより、テレビやスマホでの臨場感を現実味があるものとしてアクセントに用いてきたシャマランらしく、ニュース映像で流れるビーストの姿で締めくくられるのも、シャマラン・ユニバースの幕にふさわしいです。

サーガが締めくくられたいま、シャマランの次回作がどう打って出てくるのか、とても楽しみです。

シャマランポイント

デヴィッドと息子が経営する店で、監視カメラを購入しています。その際デヴィッドに「見覚えがある。フットボールスタジアムで働いていただろ。あの頃俺は悪い仲間とつるんでたけど、改心したんだ」と言います。あの『アンブレイカブル』のスタジアムで麻薬を買っていた男が、アパートの警備員として『スプリット』と本作に同じ役で登場！　彼もシャマラン・ユニバースのキャラのひとりだった！

八〇年代のシャブロルに感じる「居心地の悪さ」

『ふくろうの叫び』

87／フランス・イタリア／監督　クロード・シャブロル／脚本　クロード・シャブロル、オディール・バロスキ／出演　ヴィルジニー・テヴネ、クリストフ・マラヴォワ、マチルダ・メイ

ミステリやスリラーを得意としたシャブロルは、八〇年代以降もその流れは保ちつつ、作風に若干の転調が感じられます。画質がこの時期のフランス映画らしく、いかにも透明度が高くなったというのもありますし、七〇年代と比べると別に画面に映っていない出来事などなく、セリフで説明もされているのに、それでもなんだか何が起こってるのかよくわからない傾向がより強くなっている印象を受けます。『嘘の心』は設定が類似した『肉屋』と比較すれば明らかなように、六〇〜七〇年代は最低人数に焦点が絞られ展開していた物語が、『嘘の心』ではヒロインの浮気心と連続殺人劇が関係なく同時進行している、主人公を取り囲む多重な世界が浮き上がってきます。

『刑事ベラミー』も、ある犯罪について当事者が事件のあらましを告白していて、本当にその通りのことしか起こっていないのに、なんだか何を観ていたのかよくわからないような不思議な物語でした。そしてこの『ふくろうの叫び』も同様に、映っていること以外何も起こっていないにもかかわらず、どこか落ち着きの悪いものがひそんでいます。

原作はパトリシア・ハイスミス。結構小説に忠実な再現でありながら、この映画は主要な人物全員が、精神的に問題を抱えているのを説明せずに始まるため、突拍子もない出来事が連続します。

ロベールはヴェロニクとの結婚に失敗後、田舎に引っ越します。彼はジュリエットという若い女性の家を覗き見するようになり、幸福そうな彼女の姿によって穏やかな気分を取り戻しかけていました。しかし覗きを見つかった際にジュリエットへ正直に事の次第を打ち明けたら、彼女は怒るどころか熱烈に彼を愛してしまい、いきなり婚約中のパトリックと別れてしまいます。ロベールは気味が悪くなってジュリエットを遠ざけようとしますが、彼女はストーカーのようにしつこくなり、さらにパトリックはロベールを恨んで、離婚後もロベールに何かと嫌がらせをしているヴェロニクと共謀を始めます。

パトリックはある晩、川べりでロベールに襲いかかります。パトリックが反撃を受けて意識を失い川に倒れ込んだのを、ロベールはとりあえず助けてその場を去りました。しかしそのままパトリックが行方不明となり、警察をはじめみんなはロベールが彼を殺したと疑います。あげくジュリエットも自殺。その後、何者かに腕を撃たれたロベールを治療した医師までも、ロベールをかくまった晩に射殺されてしまいます。そして最後はロベールの家を急襲した真犯人たちも、結構とんでもない感じでバタバタと一気に死んでしまいます。

本作を観て最初に思い出したのは、モンティ・パイソンのスケッチ「エビサラダ有限会社」。ある家を訪れたエリック・アイドルが、応接間に通されて何もせず待っているだけなのに、部屋中のものが勝手に壊れていき、入ってきたメイドや使用人も、偶然ナイフが刺さったり誤って窓から落ちたりしてどんどん死んでしまい、その勢いで家まで崩れてしまうものでした。

そんな感じで、ロベールは何もしてないのに、周りの人が彼に関わっただけで勝手にまるでコントのごとく死んでいきます。ジュリエットは彼を「死の象徴」と呼ぶのですが、それを「字句通り再現したらこうなりました」みたいな映画。それに本作のヘンさは、そういう現実離れした極端な展開とともに、登場人物の悪意や思い込みによる感情的なズレにも表されます。ロベールは付きまとってくるジュリエットへ何度も「もう来ないでくれ」と頼むのに、彼女は現実の直視を避けて「もう一日夢を見させて」などの返答を繰り返します。しかしパトリック失踪の件で一緒に警察へ行った帰り道、「わたしたち、しばらく会うのはやめたほうがいいと思うの」と、自分の発言を棚に上げて切り出すジュリエット。全体に、こういうボタンを掛け違えたような違和感が漂っていて、居心地の悪さに拍車をかけます。

一人の男が、ただ現れただけで雪崩のごとく起こる死。それはエビサラダのエリック・アイドルや『ふくろうの叫び』のロベール以外にも、ルネ・クレマンの『狼は天使の匂い』におけるジャン＝ルイ・トランティニャンや、マイケル・チミノの『サンダーボルト』に登場するクリント・イーストウッド、アレックス・コックス『ウォーカー』のエド・ハリスがそうでした。

ここで立て続く死が、非現実的というのは無意味な指摘です。かといってことさら「死の象徴」の意味を解きほぐしたり、死神の冠をかぶせたりするのも似合いません。おそらくこれは、ただ「ある種の映画にはこういった宿命的な男がたまに去来する」というだけのことです。日本でも西村潔の『ヘアピン・サーカス』での見崎清志は、やはり死を招かずにおかない存在だったし、ジョニー・トーの『冷たい雨に撃て、約束の銃弾を』のジョニー・アリディにもそんな気配がありました。彼らは映画史の中で不意に現れて、無自覚に死の歯車を回してしまう運命の男であるとしか言えません。人生論的な何かの象徴とか、形而上的なものの具現なんて高尚な存在でもなく、たまたま弾みで、作り手の思った以上に異様な効果を持って作品に訪れる男たちなのです。たぶん「死の象徴として関わった人間が立て続けに死ぬキャラを出そう」と監督が狙って作れば、それは必ずや打算が匂って馬脚を露わすでしょう。

　あるサークルに死をもたらすクラッシャー。もちろんその男たちに壊す意志は微塵もないのです。でも彼ら自身は、いやがおうにも死んでいくサークルの人々とは一線を画し、死から疎外されるように生き残ります。それは『ふくろうの叫び』でもみんなが死に絶えたのち、ロベールがナイフに手を伸ばそうとしながら、「触るな、触るな」と自分に言い聞かせて終わるエンディングのストップモーションに現れています。サークル内部の人間は、映画的な宿命で死ぬと決まっていたら、選択の余地なく死の雪崩に巻き込まれ、つまずいて自分からナイフに刺さって死を遂げるものです。しかしロベールにとってナイフは死の邪悪な遊びとなって、戯れに彼の手を誘い、死の雪崩ごっこに抗しがたい誘惑を感じさせても、彼にはまだやめる意志が残されているのです。この、ためらいと死の吸引力の強い拮抗がほろ苦くて素晴らしい。

　これらの人々が登場する映画の中でも、『ふくろうの叫び』はロベールが結構イヤな性格の人なので、ほかの作品の無心で神秘的な男たちとはよけい異なり、死の雪崩度がいっそう意地悪さを増して見えます。フランス風に人間の情緒不安定な暗部を見据えて、マジメに撮ったモンティ・パイソンのコント映画。それがこの映画を理解するにふさわしいです。

目がくらむ光、カンガルーの手――『荒野の千鳥足』

『荒野の千鳥足』

71／オーストラリア・アメリカ／監督　テッド・コッチェフ／脚本　エバン・ジョーンズ
出演　ドナルド・プレザンス、ゲイリー・ボンド、チップス・ラファティ

監督は『ランボー』や『地獄の7人』を撮ったテッド・コッチェフ。その後も長寿ドラマ『LAW & ORDER：性犯罪特捜班』の製作総指揮を手掛け、時々このシリーズに監督としても登板する著名なベテランです。なので『荒野の千鳥足』は決して素性の知れない映画ではなく、ニューシネマの香りも漂う不条理劇です。しかしそんな映画が長年ネガもプリントも紛失していたというのは、傑作だけに空恐ろしくもありますが、映画の内容としてはあまりに似つかわしい逸話です。なんせ『荒野の千鳥足』は田舎町の教師ジョン・グラント（ゲイリー・ボンド）が休暇中、シドニーに向かったはずが行方不明になってしまう映画だからです。

まずオープニングで一回転するカメラが見せる、三六〇度地平線まで見渡せる中に、学校と飲み屋という二つの建物しかない砂漠。電車のレールが中央にありますが、上り下りも一つの路線でまかなえるほど電車がない様子です。次のカットで映る教室では、退屈そうに黙りこくった生徒たちの顔が無言で続き、異様な印象を受けます。同年に同じくオーストラリアを舞台に制作されたニコラス・ローグの『美しき冒険旅行』も、冒頭で女生徒たちが「ハッハッ」と教室内で奇妙な呼吸をしている光景で始まりますが、偶然とはいえ、どちらもその後砂漠の異界に踏み込む映画で、不思議な共通項です。学校は、じつは冬休み前の最後の登校日で、終業とともに生徒たちは一斉に出ていきます。しかしジョンが外に出るともはや彼らは影も形もありません。この子どもらはどこから通い、どこへ消えたのでしょう。

恋人が住むシドニーへ向かうジョンが、乗り継ぎで一晩だけ泊まるブンダンヤバ。やたらとお節介な年配の警官が、ジョンにビールをおごってくれます。それも「もう一杯飲むか？」「いや、もういい」「ビール二杯！」という、是が非でもタダ酒は飲まなければいけない世界観に貫かれた町。この警官に、ジョンのシニカルなジョークは通じません。新任教師の彼は砂漠のど真ん中に赴任させられ、シドニーなどの都市で教職に就くためには、教育省に金を納めなければいけないのです。そんな金を青年教師が用意できるはずもなく、国のあくどいやり方にジョンは憤懣を抱えています。ジョンの「町から出るには自殺しかないね」という捨て鉢に聞こえるブラックユーモアに対し、「どういう意味だ」と真剣に問い返す警官。

この映画は不条理が端々にあります。飲み屋が不意に暗くなって、突然客全員が舞台のある方に向かって起立し、よそ者のジョンには何が起こったのかわかりません。それは結局、今年亡くなった人たちへの黙祷の時間なのですが、こうして「説明のされない暗黙のルール」が立て続きます。ヤバに住む、ひたすらビールを飲み続ける男たちはマチズモの典型であって、労働者階級の者ばかりです。彼らにはすでに確立された、野蛮で男性性を重んじたルールがあり、よそから来た常識的なジョンは、彼らから見ると世間を知らない〝お嬢さん〟みたいなものなのです。

警官は「ビールだけで過ごすのがヤバの男」と言いますが、ジョンはさすがに食事をしようとステーキを出す店に入り、食事をとっているドク（ドナルド・プレザンス）と出会います。ほかのヤバの男たちはほとんど食事をとるシーンがありませんが、ドクだけは何度も食事をしています。

飲み屋の奥の、投げたコインの裏表を当てるだけで白熱している賭場。ジョンも活気に飲まれて賭けを始め、調子に乗って全財産をすってしまい、結局一ドルしか手元にない状態になります。このジョンを無一文に追い込んだときの賭けの親がドク。彼にはジョンを破滅に導いていくディアボリックな気配が漂っています。

　気のいいヤバの男にまた声をかけられ、タダ酒で泥酔したジョンは気がつくとドクの家で目覚めます。ドクが五年間居座っているというトレーラーハウス。表へ出ると痛いほどの強い日差しに慄かされます。

　そして問題のカンガルー狩りのシーン。二〇〇四年にプリントが発見された本作は、マーチン・スコセッシの推薦で二〇〇九年にカンヌ国際映画祭で上映されましたが、この場面では退場者が続出したといいます。映画の撮影現場では、プロの狩猟ライセンスを持つ人々がカンガルーのハンティングを行ったところ、ハンターたちは白熱していき、その血腥い殺戮の激しさにスタッフたちは吐き気を催したとのこと。でもそれゆえに「殺される生き物」の凄まじいリアリティを見ることができます。全然人間と形は違うように思えるカンガルーですが、微妙に足の関節や、普段はジャンプで移動しているのに、倒れ込んで四つん這いから起きようとする姿が、妙に人間に似ていておぞましい。横倒しになり絶命する直前に、反動でただ揺れている足や、アップになるカンガルーの手。爪が指の内側から生えていて、微妙に違いながらも、深く刻まれた手のひらのしわや指の関節が、奇形な人間の手のようでハッとしてしまいます。しかしドクの仲間たちは、わざと手負いのカンガルーを銃ではなく戦って仕留めようとし、喉を掻き切って殺します。ジョンも子どものカンガルー相手に同じことをさせられ、罪悪感からなかなかとどめを刺せないため、男たちから囃し立てられてしまいます。

ハンティングで興奮したドクの仲間たちが狐を見つけ、一斉に射撃を始める場面でも、ジョンは学生時代からライフルが得意だったので狐を一発で仕留めます。「やった！」と嬉しそうに駆け出すジョンに対して、男たちは全員が了解済のように「なにしに行くんだ」と止めます。「あんなもの食えやしないぞ」。ジョンはここでも一人だけ純真すぎて、愚かな真似をしたように見えます。ドクたちの間には、カンガルー殺しはハンティングの愉しみと同時に、喰い物として肉を持ち帰る意味があり、狐を撃つのはただの面白いゲーム感覚でしかありません。ジョンも弾を命中させる興奮に熱狂しますが、狐殺しの意味は共有できずに戸惑います。

ドク役のドナルド・プレザンスが、得体の知れない役ながら凄味をはらんだ軽妙さで演じる、芝居のうまさがとにかく深みを与えている映画です。ジョンは強い日差しに、または電球の眩しい光を直視して何度も我を失いかけます。その瞬間、ドクは賭場でジョンの全財産を巻き上げ、取っ組み合って戯れている間に、ジョンに電球の光を向けて目がくらんだジョンをカンガルーに見立て、喉を掻き切る仕草をしてみせます。フラッシュバックのように編集され、ジョンの脳裏を駆け巡るヤバの記憶は、プレザンスが悪魔のように彼の運命を操っているものです。

　ジョンがヤバをなんとか出ようとし、砂漠をさすらう宵闇の空の美しさ。でも、砂漠で食料を得る場面で彼がウサギをしとめるのも、やはりヤバの男からはかけ離れた華奢な感があります。ヒッチハイク中に「俺の酒が飲めないって言うのか！」「なんで酒を断ったらいけないんだ」という、この映画の根源のようなやり取りも出てきます。そして最初にジョンがジョークで言った、町を出る方法を辿るようになっていくのです。

　おそらく、ドクもかつては外から来た者なのではないでしょうか。彼は得体がしれませんが、住んでいるトレーラーも五年前からだというし、生粋のヤバの男ではありません。町の外に出られない不条理から、ヤバになじむことにした男。彼には共有できるマチズモもあったのでしょうが、線の細いジョンは極端な方法でしかこの町を逃れることができないのです。

これは、異界に迷い込み、出られなくなる不条理の物語です。紛失されていたフィルムも、きっとヤバで酒を無理強いされていたのではないでしょうか。

物語からの解放——曽根中生の〈純粋な映画〉

『熟れすぎた乳房　人妻』

73／日活／監督　曽根中生／脚本　桂千穂
出演　宮下順子、白川和子、相川圭子

　この映画にはなぜかすごく惹かれます。些細な演出がとてもチャーミングで、ロマンポルノらしい起承転結のあえてない感じが、流れるような女性心理を表象していて魅力的。貞淑な人妻の夏子（宮下順子）は三人姉妹の次女。しかし、奔放な長女と三女の大胆なセックスを知って胸騒ぎを覚えます。そして浮気性の夫に「おまえに浮気などできるわけがない」と煽られたり、三女のボーイフレンドや長女の愛人に迫られたりした夏子は、彼らと肉体関係を持つに至ります。

　長女の情事を覗き見たヒロインの描写で、振り返った相手の男の股間になぜか真っ黒な紙が貼られており、真正面からの黒い紙↓黒バックでガラスが何かで砕けるカット↓衝撃を受けて髪を掻き毟る宮下順子という流れが唐突。このシーン、情事を行う長女の白川和子をコタツ布団をめくりあげた所から撮影したり、割れたガラスとイメージがつながるように水割り用の氷塊を砕いたり、曽根中生らしいアヴァンギャルドさがあります。他にもいろんな場面で謎の演出があり、ただの「人妻の気まぐれな浮気」だけが題材だから、逆に端々の演出で個性的に遊んでいて、映画らしい悦楽がある作品です。

ポルノ映画は主人公の女性が、いくつかバリエーションのある濡れ場を見せるために、物語も複数の男性と関係を持つことが必然的に要求されます。通常の映画なら初めに物語ありきで、その事柄に結末をつけていくことが映画の終わりとなっていくけれど、ポルノの観客は濡れ場を観に来るんだから、別に一筋の物語でなくてもイイと、誰かが気づいたのです。そのため濡れ場がいくつか起こって、そのままそれぞれの事柄がなんとなくたゆたうように終わってしまう映画があります。もちろんロマンポルノにもちゃんと一筋の話が大団円に結実していく作品も沢山ありますが、移ろう時間を切り取っただけの映画もあって、それこそ人生に似た何かがあります。

物語に支配されないとは、なんて贅沢でしょうか。あからさまな事件や、必然を要するオチなどなくてもいい映画の自由さ。そして、自由という枷のなさは逆に際限が見えず創作者にとってはやりづらいものだったりするけれど、それを人生の一瞬一瞬として魅力的に成立させてしまう手腕が曽根中生にはあるのです。『熟れすぎた乳房　人妻』を観ていると、『恋人たちのいる時間』や、アントニオーニのモニカ・ビッティ物を思い出します。ちょっとした踏み外しを巡りながらも、その描かれた世界に、その前も、その後もある感覚。

ご存知の通り、ロマンポルノはジャンル映画の代名詞です。でも、たいていの分野で物語はまずは激しく始まって、主人公が死んだり、人生が激変したりするという傾向になりますが、作品が増えるにつれて、常に主人公が人間として一線を越えてしまう話ばかり作っていられなくなるジャンル映画は、「日々」を描き始めます。『人形の家』のノラが家を捨てたらきっと娼婦になるしかなくても、でも女性の誰もがそんな過激な選択をするわけじゃないし、映画会社も封切りのたび毎度主人公が死んだり家を捨てたりする映画なんて作れないから、ノラの密かな日常を描く映画へとシフトしていきます。家を捨てないノラの物語は、彼女の劇的な人生を追う作業から解放され、ノラの秘事や日常の断片をどう演出するかという映画になり、ある切り取られたにすぎない時間が逆に、物語に支配されない、ただ映画としてそこに存在する〈純粋な映画〉となっていくのです。

起こった物語を伝達するためではなく、ただ映画として存在する純粋な映画は、たいてい「運動」自体の面白さがあります。本作で石井という青年に恋される夏子は、彼に迫られた時点で満足してしまったのか、年上の得体の知れなさで彼を翻弄し続けます。思い切って訪ねてきた石井を適当にあしらって出かける彼女と、それを追う石井。その際の俯瞰で撮った、螺旋階段を駆け下りる二人は意味がなくて本当に溌剌と楽しい。夏子は大きな白い丸カバンを手摺に乗せて、リズミカルに降りていきます。葉山の母親の所へ運ぶ帽子が入っているカバンは、夏子の弾む愉悦を表して楽しそうに手摺で円を描くし、逗子に着いた夏子を追ってきた石井は、彼女の乗るバスをひたすら走って追いかけるのですが、このときの彼に気づいた宮下順子の、後部座席に沈んでクックッ笑う無邪気で楽しそうな顔。彼も不思議な青年なので、なぜ熱烈に追うのかよくわからないし、夏子は面白くてずっと車を追わせる酷い仕打ちをして、ここには追いつ追われつのゲームがあります。ゲームって、目的のなさがほんとに重要なのですね。だからこのシーンは楽しい。石井の姿が見えなくなるとちょっとバスを止めて様子をうかがい、またちゃっかりバスに戻る女と、ただバスを走って追いかける男のいる場面は、恋の遊びがあって真底から愉楽的です。

結局、石井に根負けして彼と寝る夏子の、毛布を頭からかぶっての愛撫が曽根中生らしい。よくわからないのですが、曽根中生のセックスシーンはそんな設定も記号もないのに、切ないやりきれなさが漂っていることがよくあります。この髪や布で顔の見えない男女がもつれて睦みあう、表情のない肉体の絡まりが、エロさより男女の孤独から戯れる特殊な状況を表しているのかもしれません。

映画は、一度ここで遊びの情事を経て、また別の物語へと転がっていきます。姉の情事の相手であり、夏子の夫の同僚水野から誘惑される夏子。彼の海外転勤の前の晩、東京から出立地の神戸まで連れて行かれるのがクライマックスです。彼らはなぜかオープンカーで移動するのですが、エプロンの普段着の上にベージュのトレンチコートを着こんで、目の下まで顔を覆って風をしのぐ宮下順子の姿は独特でフランス映画っぽい。ラスト、なぜかまたタクシーで帰ってくる夏子のぼんやりまどろむ時間はロマンポルノらしいです。ロマンポルノはなぜか車の後部座席でぼーっとするヒロインの姿で終わるものが幾つもあるのですが、映画が終わっても移動し続ける女の心象を表しているのかと思います。そして、ラストカットはカチリ、カチリと動くメーターのアップ。トリュフォーの『柔らかい肌』を彷彿とさせます。

宮下順子はいろんな映画でモニカ・ビッティのような表情をします。全体にわたしがアントニオーニだと感じるのは、女の行き先も果てもない、真っ直ぐな出立でもない彷徨を描くからで、彷徨は始まりも終わりも当てもないから彷徨なのです。そういう「日々の目的のない些細な踏み外し」程度という、劇的な物語からの解放が、ジャンル映画の繰り返しの中で偶然にも出てきたことが、ロマンポルノのもたらした良さです。この映画はほんとに皆さんに観て欲しい。ロマンポルノの豊潤さの一つの代表的な姿がある作品です。

『㊙極楽紅弁天』

73／日活／監督　曽根中生／脚本　田中陽造
出演　片桐夕子、芹明香、薊千露

時代モノで、ちょっと沢島忠的お江戸スラップスティックコメディ。セリフの中に「ヒッピー」なんて現代語が出てきたりします。武家の男性と、貧民街に住む女との身分格差のある恋愛を主軸に、社会の底辺で生きる人々のバイタリティを描いた作品。

オープニングはいきなり我らが芹明香の放尿から始まります。川下で河水を飲んでた男が怒り出し、人間の入れる／出す諸々の行為について結構ドギツイ会話がいきなり交わされて思わず引いてしまうのですが、そこが底辺で暮らす人々の、貧しさによって生死の際に生きながら、悦楽に耽るギリギリな此岸の世界観の表れかもしれません。そういえばこのシーンは確かに、彼岸と此岸を隔てる川の中でのものでした。

　登場人物たちはこの世とあの世の際で露骨に戯れていて、貧民街に住むヒロインの片桐夕子と、カレシの武家の男を仲間が河川敷に首だけ出して埋めてしまうシーンがあるのですけど、芹明香は自分の妹を埋めつつ格段気に留めてもいないし、あまつさえ悪気なくその目の前で賽を振って仲間と遊び始めます。すると、片桐夕子は地面に埋まったまま面白そうに賭け事を眺め、思わず恋人の目玉を賭けて賭博に参加してしまうというサマが、全然これ見よがしではなく、曽根中生らしい奇妙に抑揚のない流れの中で描かれます。「サア、ここから奇抜な設定ですよ」という演出がされないので、映画内ルールでそれが普通のことかヘンなことなのかわからぬまま、おかしな現象が起こっていくという判読のしにくさがあり、そこが微妙に娯楽映画道から曽根監督を遠ざけている要因でしょうか。

　ラストは「ええじゃないか」っぽい狂騒状態に突入します。わたしは曽根監督作品を観ていると、「何かが激しく起こっているのにそれが不思議と遠く感じられる」侘しさを覚えてしまうのですが、これは一体なんなのでしょうね。一連の流れを物語ることへの不親切さという、決して悪いことではなく、独特の演出感覚なのかなあと思うのですけれど。セックスや狂騒が描かれても、観客である自分はそこの渦中に視点を置けない、物語への寄り添えなさを覚えます。

『実録　エロ事師たち』

74／日活／監督　曽根中生／脚本　下飯坂菊馬
出演　二条朱実、殿山泰司、星まり子

エロ事師といえば、野坂昭如原作、今村昌平監督作の『〝エロ事師たち〟より　人類学入門』が有名ですが、その野坂昭如が小説のモデルにしたのが、本作で原作者として名前が挙げられている吉村平吉氏のようです。『吉原酔狂ぐらし』などの著書があります。

映画は大変面白かった。手配師、シロクロショーのカップル、ショーに憧れ弟子入りを願う男、オカマたちの売春の斡旋、それらをつけ狙う刑事という群像劇。風俗の中でもお店を持たず所属もせず、ヤクザ組織の縦社会で流れができあがっている直営とも違う、フリーランスの完全なアングラ世界です。仲間同士で持ちつ持たれつ、でもちょっとしくじるとブタ箱入りという悲喜こもごもの生活の、ある時期を切り取ったような映画。艶笑譚的な要素も多分にあるけれど、今村昌平の作品よりもっとなんでもなく、リアルでどうしようもない、でもしたたかに生きる人間像がありました。

汚いオカマたちがコタツに入って麻雀やりながら仕事の電話を待ってるとか、手配師の殿山泰司の度量がある淡々とした渋さや、殿山泰司の助手でオカマ全員のボーイフレンド的な青年など、ほんとにキャラも良くて、底辺へフラッと流れてきてそれなりに生きているよくわからない人たちが、滑稽でありつつ物哀しく、そして生き抜くために当然のように生活している姿がグッと来るのです。

　彼等はなんとか刑事の目をごまかして稼業に精を出すのですが、ある日オカマの一人が逮捕されたりもします。もちろん、曽根中生監督なので劇的な演出がされるわけでもなく、「なんかそういうことが起こった」程度の流れでその些細な挿話に入っていき、殿山泰司は（アーア……）という雰囲気で一応保釈金の用意をしたり、刑事もしばらくして町でオカマの連れに出会うと「何日ごろには出してやるよ」と話しかけたりしています。この場面もなだらかな坂を引きで撮っていて、曽根中生監督らしい観客を場外に置いた距離のあるなんでもなさが良い。刑事とエロ事師たちのいたちごっこで、どっちも「まあお互い商売だからしょうがないよな〜」と思いつつ、冷静な馴れ合いと駆け引きのある様子に味があります。

　物語はシロクロショーのカップルと、弟子入りを願う男、その妻の四角関係がメイン。男の方を通称クロと呼ぶんですね。クロ役の江角英明に「歌麿ボーイ」ってあだ名があったり。彼がシロに逃げられて、プライドを傷つけられた際に嘆く場面の殿山泰司の慰め方が、男同士の友愛という、笑えつつ大人の度量を感じさせるものでかっこよかった。

江角英明と星まり子のカップルが、昼間にカーテンを閉めた薄暗い部屋でセックスしてるシーンが、これもまた曽根中生監督らしい。この薄ら侘しい暗さと他の人の気配がしない静けさって、『わたしのＳＥＸ白書　絶頂度』や『色情姉妹』など、曽根監督の映画ではよく出てくるなと思います。

この映画の最後でシロクロショーの現場を押さえられて、手配師の殿山泰司は逮捕されます。そして実刑となってしまい、仲間たちが上野駅まで見送りに来るのですが、素顔の中年オカマは汚いし、天気も良くて、「執行猶予なしにいきなり実刑はないわよね～」なんて刑務所行きの人を見送るにしてはなんだかのどかな風景。殿山泰司はふてぶてしくも「まあ出てきたらまた始めるさ」と呟き、すごい引きになって遠目に手持ち無沙汰な殿山泰司のハゲ頭など眺めつつ終わるのですが、この繰り返す円環の一回りを描いたような世界こそ、現実的でいいなって。

映画はよく人が死にます。今村昌平の『「エロ事師たち」より　人類学入門』でも死出の旅と思われるエンディングだし、性を描くと官能に身を任せるほどに死がにじり寄ってきます。でも、実際には人はなかなか死ねなくて、いつまでも生きるために何かをしなければいけないのが大方の人生で、いずれ戻ってきてまた同じ稼業にいそしみ始める、そのしょうもない繰り返しこそ人間らしさじゃないかなあと。本作には夫婦交換に関するそれなりのドラマもあり、サラリーマンからシロクロショーに身を投じ、人生が激変する男の不思議な運命もありますが、ラストのように「たいして何も変わらず生きていく」したたかさをこそ、この映画の本領であると思います。

『昭和おんなみち　裸性門』

73／日活／監督　曽根中生／脚本　大和屋竺
出演　梢ひとみ、江角英明、絵沢萠子

脚本は大和屋竺。大正～昭和初期の時代モノです。梶芽衣子の『修羅雪姫』を想起させる和洋折衷テイストの作品でした。これは暗い情念を描いているせいか、いつもの曽根中生ほど勝手にスクリーン上で物語が起こっている感はありません。本作はヒロインが怨みの想いを募らせる過程がある程度描かれるので、曽根監督にしてはわりと物語があると思います。

大正ロマンな雰囲気と、梢ひとみさんの射るような眼差しが美しい。激しい波打ち際のボートでセックスするシーンは黒髪が海水に濡れ、ドラマティックで映画らしい趣に溢れていました。でもちょっと姿勢の維持が大変そう。ヒロインが入る女郎屋で、無理心中が勃発するシーンの血飛沫の量は半端じゃなくて、エログロが大手を振って歩いていた時代のものなんだなと思います。ビシャーッ！とすごい勢いで飛んでいますが、血とエロスはいとこ同士のようなものです。

ヒロインが自分の男を置いてきぼりにして復讐を果たすラストは、演出の妙でしょう。夜の暗闇の奥にただ疾走していってしまう車の、不安定なテールランプがどんどん遠く滲んでいくのが素晴らしい。生死の描き方は幾千幾万通りある中で、勝手に暗闇にヒロインと殺害された者の車が消えていってしまい「終」と出る呆気なさ。女の腹をくった覚悟の程を見せつける映画です。

第二章

暴力・情念・死

侮辱と少しの飴の籠――『マルタ』

『マルタ』

75／ドイツ／監督　ライナー・ヴェルナー・ファスビンダー／脚本　ライナー・ヴェルナー・ファスビンダー、クルト・ラーブ／出演　マルギット・カルステンセン、カールハインツ・ベーム、ブリジット・ミラ

他人の愛は無償で受けられるものではなくて、売買と同じように引き換えにしなければいけない。ファスビンダーの映画で時折現れるこの考え方の、最たるものが『自由の代償』です。ファスビンダー自身が演じる芸人の男フランツがロトで大金を当て、古物商のマックス（カール＝ハインツ・ベーム）の紹介で、ブルジョワ青年オイゲン（ペーター・カテル）と知り合います。すぐ恋人になる二人ですが、オイゲンの家業は傾きつつあり、フランツは共同経営という言葉に乗せられて有り金をつぎ込む羽目になります。でも、オイゲンは最初からフランツに金を吐き出させることしか狙っておらず、フランツが精神的に疲れ金も使い果たすと、用済みとして家から放り出してしまいます。フランツは愛や経営者への夢でみずから支払ったのだから、自由意思での損失になるという、落ちるところまで落ちるお金換算の人生ドラマ。ファスビンダーでは『少しの愛だけでも』も、奥さんの関

心を買うため調度品などに金をつぎ込み借金を重ねた青年が、発作的に殺人に走るお話でした。

『マルタ』は女性が主人公。マルタ（マルギット・カルステンセン）は恵まれた環境にいるのですが、結婚後はお金を与えられる代わりに自由が奪われます。夫のヘルムート役は『自由の代償』で、フランツの人生の節目に必ず立ち会っていたカール＝ハインツ・ベーム。この二作は男女で環境が入れ替わっているだけで、愛という名目の元に自由と金を反転して奪われている人たちです。そしてフランツの自由意思によって与えた愛も、マルタが自由を奪われる代わり捧げた愛も、相手が抱いている思いはそれぞれ「金づる」と「サディスティックな独占欲」で、到底愛と呼べる返礼ではありません。それぞれがオム・ファタールに出会うのが、『自由の代償』のフランツは恋人が監獄に行った直後であり、『マルタ』はファザコン的なマルタの父が旅先のローマで亡くなった日という、喪失で弱っている時期というのも符牒としてあります。

　マルタを演じるのが、折れそうに細いマルギット・カルステンセンなのもハマリ役で、彼女の一番の代表作じゃないでしょうか。気弱で被虐的なヒロインをやらせたら最高。『ペトラ・フォン・カントの苦い涙』で、目をかけてやった恋人ハンナ・シグラに骨抜きにされ、優位に立たれて小馬鹿にされつつすがってしまう姿も似合っていますが、『マルタ』はマルタが絡め取られていく華奢な精神を、マルギットの容姿が端的に表しているのがいかにもファスビンダーらしい。夫役のカール＝ハインツ・ベームも常に傲岸な笑みを浮かべているように見える顔立ちなので、やはりファスビンダー作品の優越性や利己主義の徹底を「いるだけでもっともらしく」見せる俳優です。端的に言うと、ふたりはこの作品においては存在するだけで役割の意味を発する容姿です。

　マルタは結婚後、好きでやっていた図書館の仕事をいつの間にか辞めさせられ、アルコール中毒の母はヘルムートの電話一本で精神病院に入れられ、ハネムーンから戻ると思い出のつまった実家から切り離された新居に住むことになります。旅行中もプールで「日焼け止めを塗って」と頼むと夫は「ブロンズ色の肌の方がいい」となにげなく拒絶し、その言葉に従ったマルタは肌が弱くて全身が軽症のヤケド状態に。すると、夫のヘルムートは異常に興奮して、痛みでうめく彼女を強姦に近い形で犯します。写されないセックスのときも支配的らしく、マルタのうなじにはいつも酷い噛み跡が残るほどで、これが肉体的サディズムであることに間違いありません。

　しかしもっと意識的なのは「自分好みに矯正していくために、気に入らないことを侮蔑し恐れさせる」やり方です。髪を降ろしただけで「老けてみえる」と嘲笑とともに言い放って、自分の好きな髪型にしかさせない。音楽もマルタが好きなものを低俗といい、自分が高尚だと思うものしか聞かせず、彼女が従わなければ不機嫌そうに無言で家を出て行くなど、あらゆる言葉と態度でマルタの僅かな抵抗力さえ奪っていこうとします。『自由の代償』のオイゲンも、フランツがロトで当てた金を巻き上げる側でありながら常に優位に立っていて、甘言は時折しかなく、ほとんどはフランツの下品な仕草や学のなさを嘲る侮蔑的な言葉の列挙。ファスビンダーの、相手の自尊心をボロボロに打ち砕いて戦意を喪失させる手法には感嘆してしまいます。

『マルタ』はウィリアム・アイリッシュ（コーネル・ウールリッチ）の短編小説『命あるかぎり』の剽窃を問われて訴訟となったため、クレジットに「ウールリッチのアイディアに基づく」と入っています。ファスビンダーはこの指摘が思いがけなかったらしいのですが、実際、小説の二人が出会う印象深い幕開けが、映画でもマルタとヘルムートの巡り合いを、流麗に円を描くインパクトのあるカメラワークで再現しています。またクライマックスからオチまでもどうにも一緒なので、この小説がアイディアの源なのは確かでしょう。アイリッシュらしいペシミズムはファスビンダーの世界と似ているので、大量の仕事をこなしていたファスビンダーが、読んだことを忘れていつの間にか自分が思いついたシノプシスだと勘違いした可能性も大いにあります。

でもこの顛末も、ファスビンダーは『悪魔のやから』で「無意識にゲオルゲの詩の盗作をしてしまった詩人が、自分がゲオルゲの生まれ変わりだと言い出す」スラップスティックなコメディとして昇華しています。ちなみに『悪魔のやから』のマルギット・カルステンセンは遠視メガネをかけさせられていて、すごく不細工でかわいそう。

アイリッシュの小説は殺人に至りそうなサディズムが強烈で、短編ながら妻の言ってもしょうがない言葉を繰り返すなど、絶妙に夫のイヤミな性格を描写しています。でも「性的なサディズムが高じて妻を殺害するのでは」という予感を匂わす小説に対して、映画は病的な独占欲を細緻に描いており、夫が妻に外出すら禁じる軟禁状態において、周りと隔絶させる虐待と、彼女の欲望を見透かすように立ち回る周到さが、息詰まる恐怖を高めていきます。ファスビンダーのしたたかな作風は、電話回線の工事に来た男が外で夫と話しているのを見かけたマルタが、男に「さっき家へ来た方よね」と声をかけると「知りません」とにべもなく返事をされるところにもあります。ファスビンダーの演出は直前に画面で写っていたものを「いえ、違います」と言ったり、全然似てないものを「これは瓜二つです」と言ったり、まさに妄想だったら視界にはそう見えているそのままの状態に描きます。だからマルタが錯乱しているのか、男たちが嘘をついているのかはわかりません。

籠の鳥のノイローゼ。マルタは図書館の仕事で知り合ったカイザー（『自由の代償』で搾取する側だったペーター・カテル）に頼って、自動車で逃げ出そうとします。そして悲劇。本当に救いのないラストで、その意味を想像するとクラクラしそうな絶望感でありつつ、あまりに事態が突き抜けていて地獄の爽快さすらあります。「これは映画だから、この後マルタにずっと続く時間なんてないんだ」と自分に言い聞かせて、この映画で心を痛め過ぎずにいたいと思うほどです。

破滅へと駆け抜ける少女たち——『ヴィオレット・ノジエール』

『ヴィオレット・ノジエール』

78／フランス・カナダ／監督　クロード・シャブロル
出演　イザベル・ユペール、ステファーヌ・オードラン、ジャン・カルメ

一九三〇年代に実際に起こったヴィオレット・ノジエール事件の映画化。十八歳の不良少女だったヴィオレットは、一九三三年八月のある日、両親に薬を盛ってガス自殺に見せかけた殺害を謀りました。動機は恋人と一緒になりたいあまり、口うるさい両親から逃れると同時に、彼らの貯金を盗むため。父は死亡、母はなんとか命を取り留めますが、ヴィオレットは死刑判決を受けます。ただし女性へのギロチン刑は形式的な言い渡しになっており、のちにヴィオレットは恩赦を受けました。この事件は発生当時大変な話題となり、シュールレアリストたちは彼女をモチーフとした詩と絵の冊子『ヴィオレット・ノジエール』を出版したほどです。

この一九七八年に制作された映画の骨子は、わりと事件に忠実に作られていますが、その隙間を埋める繊細な肉が麗しい。十八歳の倦怠的な雰囲気に包まれ欲望に正直な少女が、ただ映画の中に存在するだけでどうしようもなくスクリーンに溢れてしまう魅力。黒いコートに黒いドレス、黒く縁取ったまなざしに黒の帽子を深く斜にかぶったイザベル・ユペールはあまりに美しく、ヴィオレットという菫紫の名前と、若い娘が黒という悪の色で全身を包むいでたちがはらむヴェルヴェットな感触が、この映画の雰囲気を象徴し支配しています。

普段はあどけないチェックや水色のブラウスで無垢に振舞う少女が、一歩外に出ると本当の心を体現する黒の衣装に着替えるのは、同じくクロード・シャブロル監督の『ナーダ』のファビオ・テスティも同様。やはり野暮ったいツイードジャケットの教師から、レジスタンスの真の姿になるとき、全身黒のスマートな服に着替えていたことを想起させます。黒は世界に抵抗する意志を示す色であり、美しい反抗者にだけ許された、あでやかないでたちなのです。

嗚呼、それにしてもイザベル・ユペール。本当に彼女がヴィオレット・ノジエールその人であるかのような錯覚を覚えるほど、この作品のユペールは淪落が似合います。犯罪に至っていく少女らしい欲望を微細に表し、たとえカフェでむき出しの足をテーブルに投げ出すようなやけっぱちな仕草でも若い痛ましさがあって、その一瞬一瞬がコケティッシュさに溢れて圧倒的に素晴らしい。日本にも『月曜日のユカ』のように無垢な不良少女の映画はありますが、加賀まりこがいかにも奇抜な少女のコケティッシュさを見せるために、虚構じみた演出（新聞を広げた奥から、加賀がくわえた煙草の火が新聞を焼くあざとさ！）に頼らなければいけなかったのと違い、このユペールは何をしても、すべてそこに情動が突き動かす感覚的な根拠を感じさせます。

　ユペールとシャブロルのフィルモグラフィー中、『主婦マリーがしたこと』や『ボヴァリー夫人』などのコンビ作も、「ユペール物」としか言いようのないどれも傑作。『沈黙の女／ロウフィールド館の惨劇』も一歩主役から引いていますが、やはり彼女は世にも不可思議な欲望に誠実な女性として登場します。これらはシャブロルによる女のドラマを描いた物語。妻で女優のステファーヌ・オードランによる、大量の不倫惨劇ドラマがあれほど作られたにもかかわらず、オードランは不貞と殺人の化学反応的な図式を担った女優で、そこに女の複雑な内面のドラマはあまり感じさせません。とはいってもこれは決してオードランを貶める話ではなくて、シャブロルが繰り返しなぞるように描いて重層さを増していった、男女の三角関係の中での様々な可能性を鋭利に、記号的に描くうえでオードランはもっともふさわしい役割を果たしていたといえます。彼女はいかにも美人であるからこそ、女が持つ研ぎ澄まされた象徴性を放ちます。もし、オードランの演じた不倫スリラーをユペールが演じたら、その存在が内面の複雑な揺らぎを持ち豊かになりすぎたでしょう。オードランの痩せて目の大きい顔は、シャブロルの一番の魅力である冷たいスリラーを、鋭い存在感で構築したといえます。

この『ヴィオレット・ノジエール』は、イザベル・ユペールが醸す若さの神秘の一瞬を捉え、オードランは母親役に回って、ヒロインの交代劇がいやがおうにも行われています。しかし助演に回ったことで、オードランは娘への愛憎がない交ぜになった、エキセントリックな母親役として挑発的な芝居を見せます。そのため本作は女優オードランにとって、個性的なもっともインパクトのある作品ともなっています。

一連のユペール物は、彼女の内面が欲望や茶目っ気や愛で動くとき、物語が転がります。ステファーヌ・オードランはすでに敷かれて回転する歯車に従い、驚きや悲劇の悟りという表情を彫刻のようにフィルムへ刻みましたが、ユペールはその心が作用を起こしてドラマを展開させます。たとえばオードランのもっとも象徴的な歯車のシーンは、『血の婚礼』における、愛人ミシェル・ピコリとのスラップスティックな逢瀬です。激しすぎて笑ってしまうくらい、計算された「過剰な愛」の図式的演出。

しかしシャブロルの少女たちは、心に突き動かされて破滅へ駆け抜けます。ヴィオレットはもちろん、『ふくろうの叫び』のマチルダ・メイや、『刑事キャレラ／血の絆』の兄への近親相姦的な愛から殺人事件を起こすパトリシアも、三角関係という図式にのっとって動くのではなく、彼女たちの深すぎる愛が三角関係を招きます。うち震え、深く荒れ狂うその情緒は、少女だけの内面に溢れるもの。やはり深く愛しすぎる少女だった『他人の血』のジョディ・フォスターも同様に、命を賭けて愛するには幼く無自覚すぎて、深すぎる愛の代償を果たすにはあまりに無力でつぶれてしまうのです。

『ヴィオレット・ノジエール』で冒頭、こっそりとアパートを抜け出して、遊び仲間と落ち合い銅像にいたずらしたり、男の子と寝たり、カフェで無為な時間を過ごすイザベル・ユペールは、全身を黒に包みます。しかし帰宅時間となって両親のもとに戻る少女は、化粧を落とし幼い優等生的な姿へと変身。妖しい黒の姿から、見慣れたへの字口のイザベル・

ユペールの素の顔が現れて、少女の二重生活があらわとなります。でも、たいていの厳しい家庭で育った女の子なら、似たような生活は送りますよね。親殺しはあまりに異端でも、普段の踏み外しはさほど意外でもなく、ありきたりですらあると思います。

しかし世のすべての青春はありきたりだけれど、一人一人にとっては唯一の瑞々しい経験であるように、ヴィオレットの物語も情感が横溢するあやうい魅力に満ちています。彼女は男の子と愛し合いお金を得るため、売春もするしお金も盗みます。シャブロルの映画のユペールは、いつも欲望に正直。ボヴァリー夫人となった少女が都会の垢抜けた生活に憧れるのもごく自然なことであり、主婦マリーが堕胎を施すのも、子沢山な主婦が家に縛り付けられ生活に圧迫される苦痛を知っているから、純粋に「望まない妊娠」という状態から解放してあげるだけです。そこに深い考えはありません。彼女は目先の現実に素直なまま無垢でいるからこそ、その罪悪感のなさが、彼女の行為を些細な犯罪に見せてしまいます。面倒な親を殺すことも、堕胎も決して深刻な生死の問題を感じさせぬまま、些細な踏み外しが流れるように運命を誘い込みます。

そして行き着く法廷や牢獄の、ちょっとした冒険に過ぎなかったこれまでの日々との落差。だから、『ヴィオレット・ノジエール』の裁判や、同房になるベルナデット・ラフォンとの会話、そして『主婦マリーがしたこと』の長年行われていなかったギロチン刑がたまたまタイミングで復活してしまい、彼女が刑を待つ日々の、刑務所内で罪の重さや死と向かい合う内省を、奥行きあるものにします。

『ヴィオレット・ノジエール』はさぞかしカメラ位置が不自由であったろう、ジャン・ラビエによる圧迫感に溢れた撮影も見所。ヴィオレットは息苦しいほど狭いアパートで両親と暮らし、猫の額ほどのホテルで恋人と密会し、カフェのボックス席の奥まった場所で偽の処方箋を書き、牢獄ではベルナデット・ラフォンと二段ベッドで過ごします。わずかに鏡が世界を広げるだけの、すべてがごちゃごちゃと至近距離でひしめきあう中、黒いアイラインを施したヴィオレットが放つ鋭い目線に射られます。

実際のヴィオレットは「父親に幼い頃レイプされた」と訴え、センセーショナルな事件に拍車をかけたのですが、結局は当人にしかわからないその性的関係についても、映画は曖昧に終始します。回想場面で幼いいでたちのイザベル・ユペールが、父親のひざの上でお馬さんごっこ的に揺らされて遊んでいる、ひどくセクシャルな場面もあるのですが、そもそも映画とは不思議な嘘の上に作られているものです。ユペールの回想場面の中にユペール自身の姿が映った時点で、それは誰のものでもない映画の視座となります。普通、その視線は客観的な事実のように見せるのですが、この映画の回想シーンはどこからが幻想かわからない、虚実がないまぜになった不思議な演出がされています。

　ジョエル・セリア監督の『小さな悪の華』の黒髪の少女が鏡に映る自分にキスしたように、本作のイザベル・ユペールも口紅を塗って、鏡の自分にキスをします。それは単純な自己愛ではありません。もっとも美しい少女期の、邪悪さの混じる甘美な魅力は、ほかに比肩しうる存在がいないからです。彼女に見合うのは、彼女のみ。本当にキスされるべきなのは顔だけがいい凡庸な青年などではなく、彼女自身しかいないのです。溢れる心も溢れる欲望も、邪悪さも倦怠も瑞々しい衝動も、何もかもが美しい一瞬。『ヴィオレット・ノジエール』にはその瞬間が写し取られています。とにかくイザベル・ユペールが放つ妖しさと、それを司る無邪気な欲望がもたらすドラマは一分の隙もなく観客を魅了します。シャブロルの中では異色作ながら、五指に入るような傑作なので、ぜひ日本語字幕入りで気軽に観られる作品となってほしいです。

突き抜けた後味の悪さ――『悪魔の調教師』

『悪魔の調教師』

74／アメリカ／監督　アラン・ルドルフ／脚本　ジェラルド・コーミア
出演　アンドリュー・プライン、マニュエラ・シエス、ジル・ローランド

救いのなさがあまりに素晴しく、荒涼とした気分を確実に運んできてくれる、心の裏ベスト3に入れたい作品です。

アラン・ルドルフは八〇年代～九〇年代初頭のミニシアター系でよく上映されていた監督。ちょっと小粋な都会の人間模様といった作品が多いイメージですが、そのルドルフの処女作『悪魔の調教師』は典型的な田舎ホラーで、たいそう後味の悪い物語でした。そのため監督が〝なかったことにしたい〟らしい映画であり、主演したB級映画でお馴染みのアンドリュー・プラインも嫌っているという、可哀相な継子のような作品です。

しかし映画自体はきっちりと作られ、複数の人物の描き分けや畳み掛ける展開などは、

さすがそこらのC級ホラーとは一線を画する風格があります。撮影も、アメリカの地平線まで見える砂漠地帯の、夕暮れのオレンジや紫の光は胸を打つ美しさ。お話は稀に見る陰惨さで、ラストまで手加減抜きで負のパワーが緻密にこめられており、その徹底した厭さ加減が、（イイもん観たな～）という死にたい気分にさせてくれます。音楽の使い方からして非常に意識的で、投げやりに作られた心ないエロ映画やホラーの、適当に流れるラウンジミュージックに比べ、音楽がもたらす物語への効果がかなりインパクトを考慮されて編集されています。まあ、心ないホラーもそれはそれで、別の荒涼とした気分になるのでアリなんですが。

本作の設定はウェス・クレイブンの『サランドラ』同様、被爆の描写が外国ならお目こぼしというものです。舞台は地図に道が載っていないような砂漠地帯。ベガスへ移動中の女の子三人の車が、よりによってそんな場所で故障してしまい、近隣に住む狂った青年に見つかってサーカステントへ拉致監禁されます。等間隔で地面に杭が打たれ、そこに鎖でつながれている女性たち。古株はその非人間的な扱いのまま半年もおかれ、すでに気が触れてしまっています。おまけにその一帯は政府によって水爆の実験が行われており、青年の父は実験の被害に遭い化け物になっていて、人間を見ると襲いかかって殺してしまうため、納屋に閉じ込められているといった状態。

この映画で一番グッとくるのは、ヒロインが鍵の束を見つけ、みんなの首に巻かれた鎖をとめる南京錠を外すため、順々に回っていくシーン。しかし鍵の数が足りなくて、「あなたのじゃないわ！」と言われた娘の悲痛な絶叫が、最高に厭な盛り上がりを見せます。

後味の悪い映画といえば、「It's only a movie... ...It's only a movie......」の予告でお馴染み、ウェス・クレイブンの『鮮血の美学』がよく挙げられますが、遺族が復讐を果たすという意味でじつは釣り合いがとれているので、さほどひどく後味が悪い映画ではないです。そういう点でも『悪魔の調教師』は善悪の釣り合いを徹底的に壊し、誰も報われない陰惨さへ突進していく、その突き抜けた心意気が必見です。

ところで、『悪魔の調教師』はじめ、アメリカには砂漠や過疎地域で狂人に襲われるモノが多くあります。『２０００人の狂人』『悪魔のセックスブッチャー』『悪魔のいけにえ』『悪魔の沼』『悪魔の追跡』や、ゼロ年代以降も『蝋人形の館』『クライモリ』など、とにかくアメリカのど田舎へ車で出かけると、つい地図にない近道を行きたくなり、すると必ず車はエンストやガス欠を起こして変質者に襲われます。こういう映画ばかり観て刷り込まれてしまっているせいか、絶対アメリカを車で横断するような旅だけはしたくないなあと思います。

異郷と恐怖――『女子大生・恐怖のサイクリングバカンス』

『女子大生・恐怖のサイクリングバカンス』

70／イギリス／監督　ロバート・フュースト／脚本　ブライアン・クレメンス、テリー・ネイション
出演　パメラ・フランクリン、ミッシェル・ドートリス、サンダー・エルス

一部で根強い人気を誇る作品です。イギリスからフランスへヴァケーションに来たジェーンとキャシー。サイクリング旅行ですが、ブロンドのキャシーは疲れて日光浴がしたいと言い、道を急ぐジェーンと猛烈な口喧嘩をして別れることに。だがここでは数年前、レイプ殺人があって旅行中の娘が被害者となっており、心配になったジェーンが道を引き返すとキャシーの姿はなく……。キャシーが下着を洗って木に引っ掛けて干す露骨なセックスの記号通り、転寝から目覚めるとパンツが一つ減っている変態性。強烈なスラッシャー映画の勢いはない分、じわじわとあてどなく恐怖が広がります。

主演のジェーンを演じたパメラ・フランクリンは、スリラークイーンというべきフィルモグラフィーの持ち主です。幽霊表現の卓抜な恐ろしさで知られる『回転』の子役でデビュー。ジミー・サングスターの二転三転する脚本と、ベティ・デイヴィスが乳母というのが怖すぎる『妖婆の家』等を経て、『私は誘拐されたい』では謎のグループに拉致され、いたぶられる被虐性に満ちた役を演じています。彼女の出演作で一番知られるのは『ヘルハウス』の霊媒師役でしょう。硬質な造りの、人の心理の残り香としての霊が気味悪い作品で、フランクリンの童顔さが映画の雰囲気を柔和にしています。

『女子大生・恐怖のサイクリングバカンス』は、英語の通じない外国で行方不明になったり、強姦や拉致被害に遭ったりする、いまもホラー映画で頻繁に現れるモチーフを扱っています。『イン・ザ・ダークネス』という邦題でリメイクされたことも、本作が現役な恐怖感を持つ証。言葉が通じない国の人々は、表情や語調から感情を察するのが難しく、『女子大生・恐怖のサイクリングバカンス』も村人の言葉の怒気やヘラヘラした態度が薄気味悪さを盛り上げます。

そして英語を話せて「自分は国際警察だ」と名乗るバイクの男。ジェーンに僕も捜してあげようとついてきて、森の奥で〈あるもの〉を見つけたと彼女を呼びにきます。しかし、彼はキャシーが撮ったカメラをこれ見よがしに開けて、フィルムを感光させるなどわけのわからない怪しい行動を取るので、映画内のこんな状態下の女性ならダッシュで逃げて当然です。しかし行方不明となった友人の引力は強く、キャシーの姿を発見しない限り、消えた地点からジェーンはどこにも移動ができません。その重苦しい動機と、信頼できるかどうか曖昧な男にいざなわれる不穏さによって、静謐なタッチながらサスペンスフルな仕上がりになっています。特にクライマックスの森の廃車置場でカメラがパンする中に、微動だしない警官の後頭部が写るショットは怖い。

監督のロバート・フューストは一九二七年生まれ。劇場公開された『魔鬼雨』の、目が空洞になった悪魔教徒たちの姿と、雨で人がドロドロと溶けていく怪奇描写が印象に残ります。また『怪人ドクター・ファイブス』も工夫を凝らした殺人方法が人気。ドクター・ファイブスが復讐相手の息子を拉致し、手術台に縛り付けているカットがあるのですが、上からガラス越しにその姿が見え、映画が奥行きと同時に下方へ広がる目線を持つのが個性的。これと同様のショットが『女子大生・恐怖のサイクリングバカンス』のラストにも登場し、奥に配置した人物から手前にパンしたカメラが、雨が廃車の窓ガラスの土埃を拭い去った下方に、即物的で恐ろしいものを見せます。

スコアを担当したのは『特捜班CI-5』や『博士の異常な愛情』などを手がけた、英国を代表する作曲家のローリー・ジョンソン。ラストクレジットで唐突に明るい音楽が流れ始める、余韻もへったくれもない感じがいいです。

現実と虚構のはざまでたゆたう、羽仁進の映画世界

『午前中の時間割り』

72／ATG／監督　羽仁進／脚本　羽仁進、中尾寛治、荒木一郎、浜田豊
出演　国木田アコ、シャウ・スーメイ、秦野卓爾、沖至

『彼女と彼』

63／岩波映画／監督　羽仁進／脚本　清水邦夫、羽仁進
出演　左幸子、岡田英次、山下菊二

十七歳。誰でも多感で、色々と初めての経験をし、打たれ慣れていないこの年齢には一度くらい死にたいと考えたりするものです。実際は必死に模索し絶望をこらえて切り抜けたり、死への情熱すら怠慢に過ごして、人生をおろそかにしたまま二十代を迎えたりするのですが、たまに本当にパッと死んでしまう人がいます。羽仁進監督作品『午前中の時間割り』は、そんな脆い時期の儚い繊細さを捉えた映画。

物語――草子が死んだ。草子と玲子は高校の仲良しコンビで、8ミリカメラを持ってあ

てどない旅に出たが、東京へ戻ったのは玲子だけだった。崖から転落した草子は事故か自殺か。玲子は同級生の下村と8ミリフィルムに写る草子を見つめ、死の理由を探ろうとする。だが、玲子に恋をする下村は途中から、フィルムに草子と玲子が同時に写っているのに気付く。二人を被写体として撮影するようになった第三者の存在。フィルムには気球を飛ばす沖という青年が現れ、それ以来、玲子を見る草子の表情には、時折暗い険しさが見えるようになった。ある夜、草子が戻ってこず、玲子は彼女がおそらく沖と二人きりで過ごしているのだろうと察する。翌朝の草子はひどく機嫌が悪かったが、不意におどけて扮装ごっこを始める。しかし、突如彼女は駆け出し、崖の上へと向かった。玲子は急いで追いかけたが、転んだ拍子にカメラは地面を写し、再度崖を仰いだときには既に人影がなかった……。

　映画の現在は35ミリで撮られたモノクロームの静謐な画面で語られ、旅行中の姿はこの作品のカメラクルーが写したモノのほかに、主人公の少女らに8ミリカメラを渡して撮影させたフィルムが使われています。若い娘たちによる、互いを撮った淡いカラーの溌剌と可愛らしく、または不意に見せる少女期を脱し始めた危うい表情。特に編集は8ミリらしく軽く飛びながら短く粗雑になされており、草子の落ち着きのない動きと情動を如実に表します。

草子を演じる国木田アコは素人の女子高生でありながら、この映画の雰囲気そのものを作り上げた存在といって過言ではありません。とてもフォトジェニックでクルクルと表情を変え、悲しみとおどけた笑いが一瞬でとって代わるような、狂騒的な仕草を見せる少女です。そのうえ草子がすでに死んだ時点から始まるこの映画を通して、わたしたち観客は、死の結末を知りつつ、おちゃらけた仕草と言葉を発する8ミリフィルムの中の草子をただ観るしかない。一瞬後に何をしでかすかわからない彼女が、崖に上った心理はもはや語られるはずもなく、確実な理由は不明なままです。おおよそ、年上の男性に惹かれた少女二人の間でライバル心が生まれ、一歩リードした草子は沖と何かがあったものの、それは憧れがついえ、失望に変わる感覚を生んでみずから死んだのだろう、と想像するだけです。複雑に変化する表情と連動し、あるいは人知れぬところで秘めた心がグラグラと煮つまったりする、十七歳の少女が奥底に持ち得る謎めいた心理。特に草子のように照れ隠しでおどけた仕草を見せる少女には、問いかけてもまっとうな返事などなく、おそらくその狂騒性という防御を他者が言葉で解きほぐしても、核心は現れないのでしょう。きっとこの8ミリフィルムにかすかに見える、目まぐるしい表情と仕草の隙間からこぼれた、妬みや苛立ちや絶望を瞬時に盗み見し、感覚的に把握していくしかありません。

　でも、その摑みどころのない少女が生み出す、発作的なあっけなさ。８ミリフィルムの粗さと、姿を追うブレによってよけい不鮮明となる視界の中で、少女が一瞬にして消えてしまう衝動的な姿は、青春期の荒れて乱れる魂を、彗星の引いた尾のようにフィルムへ残します。おそらく草子に尋ねても、彼女自身満足に言葉にできない唐突な思いつめ方で、そこにわたしたちはただ、〈十七歳で死んでしまう少女がいる〉という出来事を見つめるだけです。十七歳で死ぬことの良し悪しはわかりません。憧れがついえて潔く死を選ぶことと、最後に玲子と下村がキスをして平凡な青春期の恋愛が始まることの、どちらが良いのかもわかりません。しかし、誰でも鮮烈な死をイメージづけられるわけではなくて、やはり国木田アコという稀有な百面相を持ったエキセントリックな少女が、ふさわしい繊細さで崖から消えた衝撃が大きい。素人の彼女はどんな俳優よりも、凄まじい引力を放ってわたしたちを画面に釘付けにし、十七歳のあっけない死を誰よりも強烈に放ちながら、姿を消してしまうのです。

　唯一、死の予兆的なものは、ＬＰジャケットのようなオープニングタイトルで、真っ白いバックの中、四角くズームアップとなる草子の顔が、彼女の特異な骨格もあって、遺影か心霊のような独特の怖さを持つことでしょうか。

羽仁進は岩波の記録映画『教室の子供たち』『絵を描く子どもたち』で好評を得た後、『不良少年』で独特の手法をとります。素人の不良少年たちをキャスティングし、彼らに大まかな構成を与えてひたすら記録映画に近い形で撮った、少年院を舞台とした劇映画。非常に生々しくリアリスティックで、少年院ならではの独特な喫煙流儀などを見せつつ、再現シーンやそれなりに物語を辿る筋もあります。呟きの聞き取れなさ、アフレコの奇妙な間なども、記録映画と劇映画の合間で揺れる不思議さに溢れていて、記録映画では出し切れない感情の流れを強調しつつ、あくまで現実に張り付くようなリアリティを残した映画となっています。

『午前中の時間割り』も同様に、素人の女子高生によって架空の女子高生が演じられ、現実の少女の感性が瑞々しく混濁しながら、物語に沿って少女の自殺が描かれます。脇を固めるのも職業俳優ではなく、沖の役にはジャズミュージシャンの沖至を起用したり、『彼女と彼』ではバタヤ部落に住む伊古奈という男性に、画家の山下菊二をキャスティングしたり。顔立ちが人目に晒されてこなかった不完全な生々しさを持ち、素人くさい危うさを持った演じ手たちが選ばれています。

『彼女と彼』はタイトルや、左幸子による美しいオープニングの歌からは思いもかけない、異様な展開をする作品です。見晴らしの良い百合ヶ丘の団地の傍らに建つ、バタヤ部落の粗末なバラック。そこから真夜中に出火が起こり、モノクロームの映像は激しく燃え盛る家と、それをパジャマ姿で眺める団地の住人の姿で始まります。その中で一番興奮している左幸子。彼女は専業主婦で、夫の岡田英次を見送った後は買い物をしたり洗濯したりと家事にいそしむだけの日々ですが、その火事の夜以来、バタヤ部落の屑拾いで生計を立てる人々や、そこに住む子供たちが奇妙に気になっていきます。左幸子は元々団地の人にも積極的に話しかけたり拾い物を届けたりする女性で、それに対し団地は閉塞感に溢れ、応対する近隣の人々はよそよそしく、『不良少年』でも用いられた、か細く左から右へ流れていく噂話などの音声で描かれて、息がつまるような孤立が満ちています。

閑散とした、何もない都会のベッドタウン。低い位置から団地を捉える撮影は、団地マニアにはたまらない無機質な四角い棟々と、その背後に広がる夕焼けや曇った広い空を写し込みます。左幸子の姿がその丘陵となったなだらかな道のりを低く歩く、この情景撮影がほんとうに魅力的。都会の郷愁とはこういう、人々が暮らしながらも人気が感じられないコンクリートと、その後ろで広大に広がった、刻々と表情を変える無言の美しい空の記憶が大きいんじゃないでしょうか。

　左幸子はバタヤ部落の住人の中に、黒い大きな犬と暮らす、伊古奈という夫の大学時代の友人を見かけます。最高学府を出ながら貧民窟で暮らす男。しかも彼を演じる山下菊二の目つきは常人のソレではないので、まさにそういった土地に住んでいる人そのものの不安を煽る姿です。そして声をかけてくれた左幸子に対し、案の定彼は度が過ぎた至近距離で接してきて、突然部屋を訪れてきては「水をいっぱいくれませんか？」と言い、ドアチェーンを開けると犬が勝手に上がり込んだりします。左幸子もこれまた（バタヤ部落の人を差別しちゃいけない）と考えるせいか、ドアを開けちゃうんですよ。団地というのはどこに好奇の目があるかしれない、風評を怖れるべき場所です。それにドアがひとつしかない構造上、ドアチェーンを開けるのは狂人を招きいれても仕方がない危険行為で、対人距離が計れない人が玄関に入り込んでくるだけで一気に関係を狭めてしまうものです。しかし彼女自身も、同情や差別意識の撤廃という以上に、奇妙なほどバタヤ部落に興味を惹かれていて、積極的にスラムの子どもたちと遊ぼうとして砂をかけられるようなしっぺ返しを受けたり、ドアチェーンを開けて伊古奈を迎え入れたゆえに、玄関の置物を盗まれたりします。

しかもそのスラム街の入り口において、左幸子は何かを象徴するかの如く、禍々しい見た目をした少女に出会います。この目が不自由で不気味な少女が現れると、映画は左幸子の潜在的不安の具象化のような演出をして、不穏な予感や気配に包まれます。少女を見るたび、左幸子は動揺と怯えを禁じえません。しかし、少女はじつは伊古奈が面倒をみている子だというのがわかると、左幸子は彼女を必要以上に可愛がり始めます。

夫から「興味を持ちすぎだ」と注意されても、団地住人の訴えで頑丈な柵が部落と団地の間に設けられても、左幸子は必然に駆られるように柵をくぐってしまい、部落に入っていくのを止められません。この辺りの強迫的なのめり込み方は、ジョン・カサヴェテスの描くジーナ・ローランズや、アントニオーニによる情緒不安定なモニカ・ビッティを彷彿とさせます。しかし、左幸子は独特の無邪気で強い明るさを持っているので、前者二人のような狂気の不穏さまでは至らず、また羽仁進も一縷の爽やかさを持って映画を作り上げる人なので、イヤな展開にはなりません。狂気じみたものが怖いのは、それが露わになって他人に悟られた瞬間の気まずさです。でも『彼女と彼』は左幸子だけに目を据えて、バラックに惹かれる女の奇妙な心理を繊細な美しさを保ったまま描きます。これは意外に大事で、他者の眼前で取り繕うような余計な負荷を排したから、たゆたうような女の挙動と心を、不思議に穏やかな視野の中で描くことに成功しているのです。

たとえば、もし団地住人が左幸子の挙動に対しどう思うかを描けば、彼女の不自然な心理は簡単に際立つものです。「あの人、旦那さんの留守中にバタヤの男を引っ張り上げてるのよ」的な、好奇心に満ちたワイドショー視点を持ち込むのはたやすいことなのですが、映画はそんな眼差しを排除し、あくまで左幸子の切迫していく心理の動きと行動だけを追っていきます。

また増村保造なら団地社会に残る、村根性の差別意識や憎悪を激しく描くところでしょうが、羽仁進は部落との境目に設けられる頑丈な金網や、彼女の行動に制限を与える程度に夫の批判を織り込むだけで、夫以外の他者の声という雑音を退けます。そういった彼女の極端な行動を、第三者の視点を持ち込んで晒さなくても、本作は不安的な心理をきちんと捉えます。バタヤの住人たちが去っていき、部落の粗末な小屋がすべて取り壊されたあと、夫とベッドに横たわる左幸子が眠れず落ち着かぬ目を見開いたままで終わるラストは、やはりジーナ・ローランズやモニカ・ビッティと同様に、彼女の過剰な魂も拠り所をみつけられずに、漂っていく女性であることを表しています。

羽仁進の作品は、なんといってもやはり「顔」です。左幸子や岡田英次はもちろん俳優として、人に見つめられることに慣れた、他人を写す鏡のようにちゃんとした顔をしているのですが、『不良少年』に登場する握り拳のような顔をした少年や、『午前中の時間割り』の薄い瞼に大きな目が収まった国木田アコ、『彼女と彼』の本当にバタヤ部落の人間に見える山下菊二は、むきだしの顔をしています。そして、『彼女と彼』に登場する盲目の少女や、本当のバタヤ部落の人々の顔。金網越しに、団地の子供たちと部落の子供たちがひとつの画面に納まるとき、その居心地の悪さは頂点に達します。

　現実的な話として、極度の貧困が何代にも渡ることや、貧しい環境での結婚や出産というのは、健康を損なう可能性が増します。その極度の貧困や不健康さは、人目を気にするという取り繕い以前の状態に人間を置いて、見た目も異様な風貌になりやすいです。現在でもホームレス支援の難しさに、精神疾患を抱えた割合の多さが指摘されていますが、それはこの当時でもある程度占めていた問題でしょう。最高学府を出た伊古奈が貧民窟に住んでいる理由は語られませんが、その目つきからするとおおよそ類似した理由が潜在的にあるのがわかります。そういった余裕のなさ、身だしなみへの気のなさが、このスラムに住む人々の露骨な風貌の居心地悪さであり、そういった追いやられた不安の具象として盲目の少女が出てくるのは明け透けで、興味深い描写です。

羽仁進といえば、夫人だった左幸子の実妹の、額村喜美子と不倫のすえ再婚なんてスキャンダルもありましたが、もっとも有名な作品は寺山修司を脚本に迎えた『初恋・地獄篇』でしょう。幼女の放尿シーンなどの危ういカットも多く孕んだ映画ですが、少年少女の性と、アングラ色が強くて登場人物のマザーコンプレックスや成長の背景を追うような心理は寺山的であり、羽仁進独特の現実とつかず離れずの距離でたゆたうような漂泊性は薄いように思われます。

あと、羽仁進作品にはニコラス・ローグの『美しき冒険旅行』を観ました！って感じな『アフリカ物語』や、なぜか脚本に山田宏一や渡辺武信が参加している『ピンキーとキラーズ　恋の大冒険』などがあります。とりあえず全然観てないというお若い方には、羽仁進の象徴的作品として『彼女と彼』『午前中の時間割り』はご覧いただきたいです。

野村芳太郎の怖くない霊と、怖い子どもたち

『八ツ墓村』

77／松竹／監督　野村芳太郎／脚本　橋本忍
出演　渥美清、萩原健一、小川真由美

『真夜中の招待状』

81／松竹／監督　野村芳太郎／脚本　野上龍雄
出演　小林薫、小林麻美、高橋悦史

『鬼畜』

78／松竹／監督　野村芳太郎／脚本　井手雅人
出演　緒形拳、岩下志麻、小川真由美

『震える舌』

80／松竹／監督　野村芳太郎／脚本　井手雅人
出演　渡瀬恒彦、十朱幸代、中野良子

『砂の器』のヒット後、野村芳太郎監督と脚本の橋本忍は「いまの時代こそ不条理でおどろおどろしいものがくる」と踏んで、『八つ墓村』の制作に入ります。本作の山場は津山三十人殺しの都井睦雄を取り入れた、田治見要蔵（山崎努）による大量殺戮シーン。何

度観てもカッコイイですが、でも最初に観たとき不思議だったのは、発狂で人の顔色が変わるわけでもないのに「なぜ山崎努は白塗りなのか」でした。でもこれは本作を貫いている、その昔、村全体で尼子一族の落ち武者たちを殺害した際に祟りを残した、尼子義孝の怨霊がとり憑いたからなのですね。橋本忍は超リアル系な『八甲田山』にすら幽霊との対話を入れ、その後『幻の湖』を監督したことからも、『八つ墓村』の時点ですでにスピリチュアル方面に向かっていたのは確かです。でも、野村芳太郎はスリラーこそ本領と自負していて、霊的な映画は『八つ墓村』のみ。そして橋本の脚本を率直に映像化したとき、超常現象に興味がなかったがゆえに、認識として幽霊＝白塗りといった短絡的に誇張された表現になったのではないでしょうか。

『真夜中の招待状』にも主人公たちが降霊術を見学する場面があります。これもなんだかわからない演出がされていて、母の霊を呼ぶように頼んだ若い女性に対し、霊媒師である中年男性に降りるのはなぜか飼い犬の霊。遠藤周作の原作『闇のよぶ声』にも存在せず、本編にもまったく関係がないこのシーンの意味は〈興味がないけど雰囲気作り〉で入れたとしか思えません。

では野村芳太郎の映画で、はっきり恐怖として描かれるものはなにかというと、「子ども」

です。子殺しの話である『鬼畜』で一番慄然とするのは、岩下志麻の母性の無さより、三人の子どもたちの無表情さです。一番下の歩くのもままならない幼子が食べ物で遊んでしまうシーンは、奇妙に無機物的な距離で撮影されていて、生態観察をしているような冷ややかさ。そして岩下志麻が折檻で、子どもの口にごはんを押し込む恐ろしい場面になるのですが、鬼のような志麻さんより、本当に飯を口に詰められている生き物としての子どもの姿がなんとも怖い。

野村芳太郎の映画では、父（または大人の男性）と幼い息子が死にまつわる共通の秘密を抱くケースが多くあります。『影の車』は愛人の幼い子どもに命を狙われていると思い始める男の話で、彼の回想シーンには、海に面した危険な崖にいる伯父と幼少時の彼が繰り返し現れます。また『危険な女たち』でアガサ・クリスティーの原作『ホロー荘の殺人』を大幅に改変しているのは、小説では子どもが自宅へ残るのに対し、映画は拳銃を使った殺人事件が起こる磯釣りの現場に被害者の息子もいて、彼の趣味をモデルガンの改造にしたこと。『疑惑』も、海に車ごと落ちて死んだ父の秘密を唯一知っているのが息子で、殺人罪に問われた後妻の裁判を左右することになります。海を舞台に父と子が絡み合うと、それは死を呼んでしまうのが野村芳太郎の世界なのです。

そんな監督が子どもをもっとも薄気味悪く描いたのは、ホラーとして名高い『震える舌』です。演じた若命真裕子の細い一重でほとんど黒目しかない顔立ちも生理的恐怖を強め、破傷風の発作で「イイイーーッ！」と叫びながらえびぞりになる姿は、本当に死んでもおかしくない気配が怖い。本作がトラウマという声をよく聞きますが、この子の感情が乏しくて、苦悶が演技と思えない見た目の影響は大きいでしょう。子どもの無表情さを恐怖として、そして体が脆いのにひとり分の命の重さを持った生き物として、無機的な視線で捉えた野村芳太郎の映画は、見るたびに大人として後ろめたい気分にさせられます。

東宝クールアクションの世界——『死ぬにはまだ早い』『ヘアピン・サーカス』

『死ぬにはまだ早い』

69／東宝／監督　西村潔／脚本　石松愛弘、小寺朝
出演　黒沢年男、緑魔子、高橋幸治

暗い雰囲気を湛える、救いの無い映画です。後にも先にも、日本でこんなに荒涼とした感覚を持った映画は観たことがない。でも、この映画の暗然とした中で仄めく輝きが、冷ややかで恐ろしいと思うのに、初めて観たときからそのイメージは心から離れません。本作は能天気な喜劇シリーズや青春映画を作っていた東宝で、六九年に突然、不意打ちのように登場した作品です。無慈悲で、殺伐として、骨まで冷え冷えするような陰鬱なムードを持ち、東宝クールアクションの中でも突出したその映画の名は、『死ぬにはまだ早い』。西村潔の監督デビュー作です。

夜の道路を車で走る不倫カップルの緑魔子と高橋幸治。このオープニング、秘密の情事の陶酔と、元花形レーサーである男の事故とスピードの記憶、そして男女の倦怠感が交錯し、日本映画には珍しい大人の雰囲気に溢れていて惹かれます。特に、車中での二人のほころびかけた愛を巡る心理的駆け引きが、けだるさを醸しながら夜のしじまを抜けていくムードは、静寂が奇妙に生々しくて、他人事じゃない感じです。特に高橋幸治のニヒルで、冷静沈着なのに男性的な佇まいは、アア、こういう男の人と抜き差しならぬ関わり合いになりたいなと思えてしまいます。

二人は魔子が夫と住む部屋へ戻る前に、ドライブインに立ち寄ります。そこへ、しばらくして入ってきた挙動不審な若い男（黒沢年雄）。彼は突然、錯乱したように「いま、自分の女を殺してきた」と叫び、客たちを人質に立てこもります。中盤からは室内劇のみで展開するこの映画は、暗い壁に吸い込まれる照明と、そこでガチガチ震える歯だけが光る、黒沢年雄の狂気じみた暴力性があいまって、異様な陰惨さに包まれます。入店して撃たれた警官が血みどろになりながら痙攣し、息絶えるのをみんなで静かにじっと眺めるイヤな感覚や、新婚夫婦の新妻を旦那以外の中年男に犯させようとする、犯人による人質への屈辱的な要求など陰湿な演出もあり（ちなみに「梅川昭美事件」は七六年。年雄が先を行ってます）、緊張が途絶えなくて本当に気が滅入る映画です。

この若い男の狂乱には、どうやら女を寝取られたらしい怒りが滲むのですが、かといって乱心の度合いが過ぎて同情できるような人間味もなく、不条理な恐怖を感じます。なのにラスト、結局何者かもわからぬまま、不意に撃たれて転がっている彼の遺骸は、それほど激情的で愛に狂った人間だった面影を微塵も留めずに、ただの動かない即物的な遺体となっていて、その激しい落差が刺さるように哀れです。本作はフィルムノワールとして捻りの効いたオチも大変イカシているし、とにかく全体を覆う暗澹とした静寂と、これまでの日本映画からは逸脱した倫理観に驚かされます。高橋と魔子の事件を乗り越えた二人の姿を、余韻を残さず突き放したようにストップモーションで捉えたラストカットも、珍しいあっけなさでザクリと印象に残ります。

『豹（ジャガー）は走った』

70／東宝／監督　西村潔／脚本　長野洋、石松愛弘
出演　加山雄三、田宮二郎、加賀まり子

西村潔の代表作『豹（ジャガー）は走った』は、典型的なハードボイルド・アクション。加山雄三ＶＳ田宮二郎の頭脳戦が、シャープかつスピーディーな演出で描かれ、二人の

運命を密に縒りあげて、至高の対決に持ち込みます。

西村の非凡なセンスは端々で顕著になります。田宮が拾った不幸せな金髪娘を加山が誤って射殺してしまう一瞬の出来事と、スローモーションで彼女が崩れ落ちていく場面は、不意の悲劇性も、絵のような死のさまも、ロケだった背景が突如台風空のようなネズミ色のホリゾントに変わってしまう非現実性も、すべて西村潔が持つ唯一無二の感覚です。シャープで、独創的で、空虚な凍てつきがあるのに、クラシカルな美も湛えた世界。

最後、すでに任務の終了した加山と田宮が、二人の宿命であるかのように決着をつける、その姿はやっと互角に戦える友人を見つけた、遊びの愉楽に耽っているように見えます。互いに致命傷を負って、もはや意識も途絶えかけ、薄明の中で二人が見るガランとした倉庫一面を吹き抜ける風埃。あの二人の上だけに轟々と音を立てて吹く風は、本当ならわたしたちも見てはいけない、彼岸へとさらうモノだったのではないでしょうか。だから、ラストで主役の加山だけが生き残る設定は、映画自身が一度は吹かせた、魂を灰燼に帰すこの世ならぬあの風を裏切っているからこそ、異様で不自然な気がするのです。

『ヘアピン・サーカス』

72／東宝／監督　西村潔／脚本　永原秀一
出演　見崎清志、戸部夕子、江夏夕子

七二年の『薔薇の標的』は解体されるSL列車を無音の中、加山雄三とその恋人が、ひたすら見つめる場面が印象的。無機質の物質でも破壊されていく様にはむごたらしい無惨さが溢れ、これはやはり、マシン化した暗殺者にも寂寥としたやるせない解体＝死が訪れることを予感させるシーンです。

そして同じく七二年の『ヘアピン・サーカス』！　一見地味に思われる本作が、じつは地味さを越えて荒涼としすぎていることや、その雰囲気に秘められている〈魔〉のやりきれなさが見えて、ひどく胸に迫りました。たぶんいま、わたしが感傷的に見つめすぎているのだろうけれど、でもやはりこれは悲しい。「死んだような生」か、「死をもたらす生」のどちらかしかない男の話なのです。

冒頭、ニューロティックなまでに左右対称な高架下の道路のアヴァンタイトルから、ドライバーの存在を感じさせないスポーツカーの視線で、ひたすら切り裂くようなスピードで飛ばす道路が延々と映し出されます。主演は本物のプロドライバー見崎清志。元々爬虫類的な眼差しをした冷ややかな美男子で、そこに素人ゆえの無表情さが加わり、ロケもいまにも雨が降り出しそうな海松色の曇り空やカーライトが霞む夜だけに彩られて、類稀に暗くクールな雰囲気が生まれています。

物語は、元花形レーサーだが、事故でライバルを死なせて以来、無気力に自動車教習所の教員となっている見崎が、反抗的な教え子の美樹と再会するところから始まります。

ファーストカット、ドライブインの窓越しに彼女の車を見つめる見崎の鋭い眼に、早くも押し殺した激情の予兆を見てしまい、泣けてきます。心底凍てついた虚ろな男の中で、眼差しにだけ露わになってしまう魂。『死ぬにはまだ早い』の高橋幸治もですが、見た目もニヒルでとても冷たげで、過去の栄光を捨てていまは世捨て人のように生きている男なのに、まだ記憶にくすぶるスピードの得がたい悦楽が、この二人には明らかに潜んでいます。その秘めた艶が眼や抑制の端々に滲んで、見ていて魅入られてしまうんだけれど、男が自ら封印した世界にしか生きる魂がないことが痛ましく、とても悲しい。

美樹は現在走り屋で、他のドライバーを挑発しては決まったヘアピンカーブで事故を起こさせるという、死を弄ぶ享楽に耽っています。再三彼女を諫める見崎。しかし最後、彼は美樹を咎めるのか、それともたぎる血を甦らされたのか、我が身でも曖昧なまま車を走らせ、あえて彼女の車を挑発します。車はもつれあってより速度を上げ、彼女は慄きながらもそれに応えて、彼に引きずられるようにうねるスピードの陶酔に陥っていく、官能の遊び。自分と、自分と同じように選ばれた者の間でしか分かち合えない戯れは、かけがえのないエクスタシーであり、そして『豹は走った』で加山と田宮が、互いに至上の瞬間でありながら、その遊びの終わりがどうしたって死であったように、いつものヘアピンカーブを曲がりきれなかった美樹は激突死を迎えます。

　ガラスの破片が飛び散った路上に転がる、切断された彼女の手首。

　世にも寒々しくて、プラスチックのように無機質で、なのになぜか凄絶に痛ましいのは、『薔薇の標的』の解体されたＳＬの断片と同じです。無機質ゆえに、悲しみの対象にすらなれないという救いの無いむごさ。『死ぬにはまだ早い』でただの名もない遺骸となって転がった黒沢年雄から、機械的な殺し屋へ、そしてマシンと一体化してしまった女の血も出ない死。そしてまだ、そんな無機質な破片にすらなれない男。西村が描いたアクションには、一貫して冷徹な機械の、死をもたらすほど熱いのに、氷のような悲痛な呟きがあります。『ヘアピン・サーカス』は東宝クールアクションの中でも異質かもしれませんが、荒涼とした無機質なものが持つ快楽と悲劇性を、純度の高い表現で描いた、夾雑物のない結晶のような作品です。

第三章　日本モンド映画　静謐／狂乱

退廃と静謐さ

『東京暮色』

57／松竹／監督　小津安二郎／脚本　野田高梧、小津安二郎
出演　原節子、有馬稲子、笠智衆

小津作品の中では『麦秋』と本作が一番好きです。小津のフィルモグラフィでも異色の、暗澹たる雰囲気が立ち込める作品。画面もとても暗くて夜のシーンが多いんだけれど、あのいつもの幕間的に入る看板や建物のフィックス映像ですら、昼日中でも乾いた冬の青空は感じられない、鼠色がかった映像です。

杉山は昔、妻の喜久子が彼の部下と駆け落ちし、今は次女の明子と二人暮らし。ある日帰宅すると、長女の孝子が赤ん坊の娘を連れて来ていた。どうやら、夫の沼田とうまくいってないらしい。

孝子も心配だが、アプレ的生活を送る明子もいつも帰宅が遅く、杉山は気にしていた。反抗的でろくに口をきかない明子は、実は恋人の子供を妊娠して苦しんでいた。相手の男

はそれを聞いて以来逃げ回っており、明子は中絶する費用を家族には内緒で親類や知人から借りようとする。彼女の妊娠を知った友人たちも冷ややかに眺めるだけで、明子は誰にも相談せず投げやりに夜の町を彷徨し続ける。

そんな中、明子は偶然に麻雀屋を経営する母の喜久子に出会った。母の現在の連れは、駆け落ちの相手ではないらしい。母の汚らわしい血が自分の中に流れているんだと思いながら、失意の中で明子は中絶をした。そしてある夜会いに行った母を責め、偶然出会った恋人を殴り、興奮状態で外へ飛び出して電車にはねられてしまう。

有馬稲子のアプレゲール的絶望感には寄り添わずにいられません。なよなよした恋人は「ほんとに僕の子供なの？」と口にし、恋人の仕打ちに打ちのめされながらも彼女は被害者的な弱い女というわけでもなくて、やり逃げされた現実にこの世界の本質を直感的に見たような、生来的に彼女自身がペシミズムを持っているようです。堅物の父親や姉はそんなアプレの倦怠を理解するはずもなく、彼女は最後まで家族に妊娠や中絶は打ち明けずに、無言で他人や世界への不信と拒絶感を募らせていきます。絶望に魂が侵食されてしまったような、陰鬱で、投げやりな精神を持った女性。ただもう、自分の失望が立ちこめた内部の闇だけを見据えて、その闇以外を通して世界を見られない人。

明子が来ぬ恋人を待って夜の町を彷徨したあげく、警察に補導されて姉に迎えに来てもらう場面の、警官の呼びかけを黙殺し続ける強情さがいとおしい。警察は彼女が渇望する救いをもたらさない無駄なもので心を許す必要などないし、すれた不良とも違う、全身に虚無が漂う反抗的暗さです。原節子が何度も「明ちゃんは、お母さんがいなくて寂しかったのよ」と言うけれど、そういった肉親の愛でどうにかできる程度の絶望ではもはやない、孤独や不信の刻印が魂に押されてしまった救済の届かない人の気がします。

でも、だからこの映画を観るとホッとする。暗澹たる夜の雰囲気の中で、電車にはねられ息絶える寸前の人が汚い畳の部屋に横たえられ「わたし、死にたくない、初めから出直したい。死にたくない」と譫妄状態で呟く救われなさは、たとえそれが作りごとの映画であっても、時々夜更けに、こういった暗さに寄り添うことでまだ自分は大丈夫と息がつける気がします。

ほとんど冬の夜に展開する物語で、雑司が谷の坂の上にある家に、笠智衆や有馬稲子は坂から広がる陰鬱な寒々しい夜の闇を背負って帰宅します。凍てついて、すべての物音を夜が吸収したように深閑とした映画で、暗い廊下の奥にある風呂場へ笠智衆が向かうシーンでも、聞こえるのは遠くから微かに響く汽笛の音のみ。そして人が生活を営む家であるのに、原節子が台所へ歩み去って行く廊下の壁と床板はハッとするほど影を帯びていて、息をつめたような静謐さの、あまりの侘しさが恐ろしいほどです。

　全編に音の処理は徹底されていて、些細な物音は一切消され、遠くから聞こえる間延びした唄などが一律に夜の静寂を彩るだけ。山田五十鈴が室蘭へと旅立っていく夜のホームでは、汽車内は満席で騒然とした気配はあるのに人の声らしい声はせず、ホームですぐそこにいる応援団が応援歌を歌っていても、それはとても遠くから聞こえるようにぼやけて、夜の人々がひしめくもの悲しい侘しさに溢れています。そして明子が電車にはねられた夜の景色は、微かな民謡が流れる中、紙きれがうらぶれた路上で木枯らしに舞っているだけで、その寂寥とした静けさは、自分の内面だけを思いつめて外界は虚ろにしか見えず物音も聞こえない、衝動的で切迫した冬の夜の、彷徨時の主観そのもののようです。

　都市の底で沈殿する、個々の夜をさまよえる人々がいる深夜喫茶「エトアール」のシーンも、同様にとても印象的です。来ぬ恋人を待って過ごす有馬稲子のほか、煙草を吹かして男を待つ女や、なにやら男が犯罪に関わっていそうな落ち着きのない若い男女の連れ、こんな時間にひとりでコーヒーを飲む老人など、夜の特殊な孤独や、関知しないところでも誰かが何かをしている夜の知られぬ挿話と卑俗な生命力があります。

山田五十鈴は表情が素晴らしい女優さんだけれど、本作は抑えめな演技。でも、捨てた娘への愛着を見せつつ、ベタベタしない控えめさの中に時々彼女らしい、感情の溢れ出るような風情があってステキ。この映画の原節子もとても暗いです。いくつかの小津作品で、適当なところへ片付いた娘たちの陰惨なその後を見るように、彼女はダメ男の夫に苦しみ、それでも最後は「両親が揃ってるほうが子供のためだから」という理由で戻ろうとする、真の未来は感じられない道しか選びません。原節子も有馬稲子も、父に何か言われても「いいのよ、もう。もういいの」と答える父や現状への諦観が、小津映画の今までの反転を観るようです。他にも『一人息子』や『秋刀魚の味』のように、人の末路が暗い気配を投げかける映画はあるけれど、本作はその現実の暗さや冷たさだけが作品を終始貫いていて、そのとことん全体に暗い気配が逆に、覚悟して浸れるからわたしは安心します。明るさに忍び込む不安より、最初から不安であるほうが悲劇は楽なのです。

『ある脅迫』

60／日活／監督　蔵原惟繕／脚本　川瀬治
出演　金子信雄、西村晃、白木マリ

金子信雄ＶＳ西村晃の芝居合戦です。最後、あまりのかっこ良さに鳥肌が立つ映画。正統派フィルムノワールで、印象としてはジャン＝ピエール・メルヴィルに似てる。どんでん返しが続いて、なんと終了十五秒前に最後のオチがあるという、密度の濃い秒刻みのサスペンス＆男たちの遣る瀬無い破滅の物語。日活ＳＰ映画の一本です。ＳＰは「シスターピクチャー」の略で併映作品のこと。

銀行で次長を務める金子の新潟への栄転が決まる。しかし同い年で小学生の頃から友達だった西村晃は、同じ銀行で働くものの、いまだに飲み会ではお燗番を務めているようなヒラ社員だ。金子は表では人徳者として振舞っているが、実は過去に西村の恋人を奪い、そのうえ西村の妹を八年も愛人として囲っており、仕事上でも巧妙に西村を引き立て役にするのだった。

しかしある日、チンピラ然とした男が不意に金子を訪ねて来る。そして、金子の不正融資や架空の印鑑を利用した証拠を見せながら、「明後日までに三〇〇万寄越せ」と脅迫をし、そして銃を渡しながら「勤め先の銀行から金を盗めばいい」と教唆するのだった。翌日の夜、当惑しながらも強盗の支度をする金子。だが、彼はその晩の宿直が西村であることを知る。

日本でも、こういう決してスター俳優ではない中年男性二人を主人公にして、サスペンスに満ちた、硬質で趣深いノワールを作り上げることができたというのが嬉しいです。西村晃はあの無国籍な妖しい顔つきが、とても役柄にはまっています。築いてきた地位から一夜にして凋落する不安に苛まれる金子と、常々妹や同僚から「意気地なし」と罵倒され嘲笑される西村の、それぞれの心理の動きが金子は克明に、西村はあえてどんよりと不透明に描かれる対比も素晴らしい。

最後の五分が、不安と緊張が一瞬も解けない造りです。ネタバレは絶対できないので書きませんが、ラストの車両の中で向かい合って腰掛ける二人が良いんですよ。刻々と変わっていく心理的均衡と崩壊を、立ち込める空気にまで捉え得た映画の存在に祝福あれ。確かに低予算で二本立ての添え物の方だったにしても、ラストの美しい構図といい、一瞬だからこそ余韻ある破滅を導入できた監督や脚本家の手腕といい、本家のフィルムノワールに比肩する作品と思います。

『血を吸う薔薇』

74／東宝／監督　山本迪夫／脚本　小川英、武末勝
出演　黒沢年男、望月真理子、太田美緒

怪奇映画でありながら、この沼と霧がある土地に迷い込みたいような強い憧憬を感じさせる作品。やはり朽ちた屋敷に訪れる夜と、血と、少女たちの青褪めた死は美しいものです。

心理学の教授である白木（黒沢年男）は、山岳が背後にそびえる閉ざされた土地の女子大へ講師として招かれた。到着した途端、同僚の吉井からつい最近起こった学長夫人の交通事故死をそっけなく聞かされ、学長には会って早々「次期学長に」と請われて戸惑う白木。彼は落ちつかぬまま学長の屋敷へ泊まることになるが、その晩、青いネグリジェの娘と白い死装束を着た女に襲われる悪夢をみる。

その後白木は、この学校で唯一まともらしい下村校医から「この寮では毎年蒸発者が出ていて、つい最近も一人失踪した」と聞かされる。白木がその消えた生徒の残した持ち物を探ったところ、学生証に貼られた写真はまさしく青いネグリジェの少女だった。そして

彼は地下倉庫に安置された学長夫人の遺体も見、それが夢の中の白装束の女性だったのを確認する。

その矢先、ある生徒が貧血で倒れ、その胸に錐で刺したような傷痕がみつかる。実は青いネグリジェの娘の乳房にも同じ傷があり、疑惑を抱いた白木は伝説を調べるのが好きな下村から、この土地に伝わる「転びバテレンが飢えから血を啜り鬼となった」民話を聞く。

寮では帰省のシーズンを迎えるが、三人の娘が寮に残ることになった。そしてその晩、貧血を起こしていた少女が階段から投身自殺を図り、またもう一人の少女も不気味な男に襲われてしまう。

前作の『呪いの館　血を吸う眼』と比べて、エロティシズムが露骨になっています。噛みつくのが首筋ではなく胸元で、そのため少女たちの乳房がたびたび写るというサービスショットあり。また、学長夫人が女生徒の血を吸うレズビアンを連想させる場面や、一度血を吸われた少女が、吸血鬼の岸田森をみずから求めて噛みつかれ恍惚としている、もう暗喩というレベルではないエロティックさが全編にあります。

個人的に魔の手に落ちる／落ちない差が、欲望に還元される心理に着目した部分が好きです。たとえば二番目に吸血鬼の犠牲となる雪子は、ヒロインである久美が持つ白木への愛情を人前で指摘するのですが、雪子はやはり他のルームメイトより欲望というものを認識していて、欲望に忠実なのです。だから彼女は吸血鬼のエロティシズムと絡みあっていきますし、どこかわたしたちの意識にある「欲望に身を任せることへの畏れ」が、雪子に吸血鬼の魔の手に落ちるという処罰を下すようつながっていくのです。

睦まじい少女たちが心の底で、一人のハンサムな教師を巡って葛藤を持っていることを暴くのが、この映画の興味深く美しい点だと思います。少女たちの隠された嫉妬や、また早熟な少女が仲間の欲望を指し示す場面は、青春の痛い鮮やかさがありました。

そして映画全編に漂う病んだ傾向を表す、ネクロフィリアや青褪めた美を湛える映像。少女たちの死体が恐ろしくも美しいし、岸田森の姿も白いハイネックシャツが高貴でイイです。基本的にパンフォーカスばっちりで、冬枯れの木立の枝が末梢神経のように細かく伸びていたり、沼の霧の粒や、室内も調度品の細工が木目細かに映っていたりするような、緻密な画面です。調度品の密度は「血を吸う」シリーズを追うごとに増していますね。特に居間の彫刻の支離滅裂な置き方や肖像画が立てこんでいる感じが、異様なセンス。フッとキューブリックの『突撃』のやはり異様な調度の置き方を思い出して、狂気の閃きを感じました。学長夫人の部屋の家具が白で統一されていて、ベランダからも積雪で真っ白な山岳が見える風景は、スゴイ気の張りようだと思いました。あと、佐々木勝彦を沼に突き落とすシーンが自然の荘厳さを捉えてて、黒沢年雄の背後で黒く垂れこめた雲の切れ間から、地平線に沿って一条の黄金色の光が煌く景色は素晴らしいです。

役者に関して、黒沢年雄のような毛深く健康的な趣は、ちょっと岸田森との落差が激しすぎるけど、この人はこういう狂言回しの役が多い。脇も、三作ともなんだかゴシックにふさわしくない素っ頓狂な俳優が必ず出ていて、山本監督の助監時代の岡本喜八人脈でしょうか。

音楽は『血を吸う』シリーズ全作を手掛ける真鍋理一郎。三作ともテーマを変えていて、本作はちょいとジャジーな雰囲気。クラリネットを使ったり、ラストはいきなり和のテイストになったりして、とても映画を理解した素晴らしい仕事でした。

『忍者狩り』

64／東映／監督　山内鉄也／脚本　高田宏治
出演　近衛十四郎、河原崎長一郎、山城新伍

六三～六四年の短い時期に集中して生まれた、東映集団時代劇の一作。この区分の作品の最大の特徴は、敵味方に善悪といった性格上の個性を必要以上に与えないことです。志

の異なる二方がそれぞれにただ任務を重んじて、人命より目的遂行のための実利を優先し、叡智の限りを尽くした戦いを展開するだけ。物語は単純な善悪の二項対立に陥ることのない、どちらにも理がある設定の抗争になります。チャンバラシーンも物理的な現実性に寄っていて、力できり抜けるというよりは、そこに到るまでの頭脳戦で決着が着いているようなクールさがメインの作品群。また、モノクロームで陰影のコントラストが強い、闇の黒々した映像の冷徹さも象徴的です。

　時は徳川家光の治世。幕府は秀吉派だった外様大名の取り潰しを続行中で、伊予の蒲生藩も狙われていた。蒲生藩では藩主が重い病気のため、家督相続の認可状を貰うが、幕府はそれを甲賀忍者の闇の蔵人（天津敏）に奪わせ取り潰しの理由にしようとする。

蒲生藩の城代家老である会沢土佐（田村高廣）は、やはり以前に御家取り潰しの憂き目にあった浪人四人を集める。彼ら和田倉（近衛十四郎）、永長、筧、天野はさっそく藩内に潜入した甲賀忍者を炙り出そうとする。容疑者を六人に絞り込んだ和田倉は、無実の者も含めこのすべてを殺害。蒲生藩の城侍たちはそのやり口に反発するが、和田倉は「忍者を斬るにはこれしかない」と言いきるのだった。

幕府の使者が蒲生藩へとやって来る日が近づき、闇の蔵人は標的を認可状から、蒲生藩主の世継ぎの若君へと移す。そして折り悪く蒲生藩主が病没し、藩は翌朝葬儀を行い、若君も葬列に参加せざるを得なくなる。「蔵人が若君を斬る瞬間しか、蔵人は斬れない」と言う和田倉は、若君と共に葬儀に参列。そして案の定、甲賀の罠によって彼等は霊廟に閉じ込められ、暗闇の中で蔵人と和田倉の死闘が始まった。

近衛十四郎演じる和田倉の計略の確かさや、最後の死闘がほんとにシャープで痺れます。認可状の置かれた部屋を、あえて六人の容疑者で警護させて忍者を暴こうとするシーンの、駆け引きや状況を見通す和田倉の炯眼ぶり。集団時代劇には「最大の敵は愚かな身内」という通底音があるのですが、ここでも四人の浪人と、平和ボケした城侍たちとの軋轢があって、辛酸を舐めてきた浪人たちがどれだけ口を酸っぱくして指示しても、忍者の術中に簡単にはまって持ち場を離れる城侍の度し難さとの対比が辛辣です。

結局認可状に火がつけられるけれど実は偽物で、六人の中に忍者がいるのは確実となります。この映画でまず強烈な印象を残すのは、近衛十四郎が無実の者も殺したために家臣たちが激昂して「浪人たちの解雇」を申し入れると、会沢土佐が「無実の者の遺骸も忍者と一緒に無縁仏に入れろ」というくだりです。「認可状の警護を怠ったのだから手討も当然」という理由で、なんて非情！　素敵！　集団時代劇のこういう冷酷さが何より好きです。

　クールな演出も無駄がなく、天守閣の手すりに細工がしてあるシーンでも、犠牲となる家臣の落下が早いこと。アッという間に崩れ落ちる展開と、天守の高さから地面に伏した犠牲者を見下ろすカットの冷ややかさ、そしてその同じ位置から細工の跡を調べる近衛十四郎を捉える、スター映画とはほど遠いドライな演出。

　ラストも霊廟での死闘が、ほとんどが闇に没した画面の中で行われます。漏れ入る光で石柱の荒れた肌理が濡れたように光っている映像も美しいし、闘い自体、最初は互いの動向を窺いつつカサコソと移動し続け、天津敏が目をめがけて投げた針を近衛十四郎が腕で受けとめる様が地味なほど静かに描かれます。そして静寂を破る近衛十四郎の悲鳴のすさまじさや、佐藤慶が天津敏を羽交い締めにする悶えの激しさと、それすら暗く消えかけている演出がとても印象深い作品。叡智が死を平然と計算に入れたとき、生まれる非情な冷たさを、画面の闇が象徴している映画です。

『野獣死すべし　復讐のメカニック』

74／東宝／監督　須川栄三／脚本　白坂依志夫、工藤裕弘、須川栄三／出演　藤岡弘、熊谷卓三、津田光男

須川栄三監督が十五年を経て撮った、同タイトルの続編的映画。アメリカから帰ってきた伊達邦彦（藤岡弘。）が、十数年前に彼の父親を自殺に追いこんだ、ある有名実業家のグループ全員を、一人ずつ精神的苦痛を与え殺害していくお話。

藤岡弘。の伊達邦彦はちょっと意表を突く容姿で、モミアゲが五センチ幅くらいあり、顔も何か塗ってるんじゃないかというくらい黒くてものすごく濃い。ただ毛深いとかじゃなくて、唇や鼻の形とか眉とか、すべてが濃さの限界点に達してる印象。自然の造形というのは手加減を知らないなあというすごさ。

でもセクシーです。前作の『野獣死すべし』で主演だった仲代達矢は知性と性格に重点が置かれていたけれど、こちらの伊達邦彦は肉体派でやたら服を脱ぐ。逆光の中、上半身裸の藤岡弘。が新聞を読むカットとか、脚は長いし筋肉は引き締まってるし何も言うことないです。でもアクションに重点が置かれているわけでもない。これは重要な点で、藤岡版伊達はもはや自己顕示欲も律する訓練のできた完全なサイボーグで、快楽殺人といった欲求は制御してもはや発動していないのです。彼が自身の知能を発揮するため、彼自身に

許すのは復讐殺人のみ。藤岡弘。が演じるのもアクションスターとしてではなく、俳優の中で武士道を理解している人として、自律の基に淡々と復讐作業を完遂する芝居ができるからだと思いました。だから、この伊達邦彦はほとんど口を開きません。よけいな顕示欲は捨てて、殺人哲学などたった一度口にするくらいです。

この映画には映像の独特な美があって、雪原の風景などとても素晴らしい。伊達が氷結した湖を割って、遺体を沈めるシーンの冬の宵闇のニュアンスは、ただのハードボイルド映画から逸脱する美しさです。須川栄三は好きなテーマを撮るとき、ほんとに強烈な個性を発揮した人だと思う。スローモーションで音楽をかぶせ、藤岡弘。の唇の動きだけ見せる不思議なシーンがあるんだけれど、この原型は仲代版の中にもあったのが、より発展して独自のムードになっていました。この須川監督作品の妙な雰囲気は、なぜか他の監督の映画で類似した印象を受けた事がない。部屋の中で銃を構える藤岡弘。を正面から撮ったシーンで、カメラがピント合わせる↓ずらす↓合わせるを繰り返すだけの場面も、なんだか不思議な空気で、あれはなんでしょう。

緑魔子ってのもすごいです。白塗りのような肌質に黒々したアイメイクのいつもの彼女で、可憐で儚い存在感はまるで曇天の沼地に舞い降りた妖精のよう。それが突然素っ裸で、冷静沈着なインド人みたいな藤岡弘。とのラブシーンになるから、理解し難いです。なんていうか、二人ともものすごく極端なベクトルを持った濃いキャラなので、どうしてこの二人がラブシーンをやってるのか、うまく言えないけどえらいものを混ぜ合わせたって気がしました。でも、個人的にはこの二人の組み合わせは好物が一気に二つって感じで嬉しい。

ラストで伊達は撃たれて蜂の巣になるんですが、ニヒリズムの行きつく先は〈己の生への執着の喪失〉だろうから、彼がわりあい逆らわず銃口の前に身を晒すのは理解できます。映画自体、過剰な説明を一切排した演出になっていて、伊達邦彦とともに、監督自身がニヒリズムを言葉で宣言した前作から、ニヒリズムを不言実行する自制と自律に達しているようで感動してしまいます。

この死の直前、伊達は銀行家の令嬢を誘拐し、彼女はそのまま失踪しています。伊達が犯人だと疑っている新聞記者の黒沢年雄が、その事件との関連を聞くために伊達のマンションへ行くと鍵がかかっていません。そして、室内へ入った黒沢年雄がバスルームに行く背中が映り、彼が画面の奥の方でシャワーカーテンを開けて、何かを発見したような仕草が見えた瞬間、カットが変わり最後まで二度と黒沢年雄は出てきません。このまったく言葉やわかりやすい説明を排除したカットが、異様に印象に残ります。それに、知能犯の伊達が証拠をわかるように残している時点で、彼がもはや死を覚悟しているのは、やはりなんの説明もなく観客に理解できてしまうわけです。というわけで、新旧共々大好きな作品です。

『さらば愛しき大地』

82／プロダクション群狼、アトリエ・ダンカン／監督・脚本　柳町光男
出演　根津甚八、秋吉久美子、山口美也子

国道沿いで起こる激安犯罪。そういった下流社会がグルグル回している、安い事件を扱った日本映画も当然沢山あります。中でもある時期までそういった犯罪について、一番奇妙な立ち位置で映画を作っていたのが柳町光男だと思う。

暴走族の記録映画『ゴッド・スピード・ユー！ BLACK EMPEROR』でデビュー。新聞配達の少年がイラッときた地域住民にいたずら電話をかける『十九歳の地図』、紀州の山と海に囲まれた土地で、周囲の楽しみは地元に海洋公園ができることと、スナックのケバい女をくどくことしかない人々の中で、主人公が突然猟銃で家族を皆殺しにする『火まつり』、そしてシャブ中のダンプ運転手が愛人殺しに至る本作など、テーマは激安なのに

その作品群は何故か芸術映画な印象。

　以前、渡辺文樹監督の『ザザンボ』を観たとき、柳町光男作品が一番近似値にある作風だとなんとなく感じました（ちなみに『御巣鷹山』の近似値は『犬神の悪霊』や高橋洋監督の『ソドムの市』だと思います）。それは方言や、殺伐とした演出でリアリズムを追求したり、土地と人間の内面が渾然一体となっているあり方や、風土と殺人の因果を表すのに、自然の妙を美しくふさわしい撮影で収めていたりすることなど、演出法は違っても身の置き場所が類似している気配がしたからです。『愛について、東京』の中国人留学生が屠殺場で働いてるやりすぎな設定も、何か極端さを持ってる意味で似てるかもしれない。

　またありきたりな表現になりますが、渡辺文樹も柳町光男も土着的な神話世界が横溢しています。わたしが『ザザンボ』を観ている最中に中上健次を連想し、自然と柳町光男に考えが及んだのも、当たり前のことだったと思います。

『火まつり』の主人公は暴れん坊な猟師で、自分は山の神に惚れられていると自覚した傲慢な偉丈夫。映画が写し取れるこの現実世界において、最大に原初的で自然の神秘と共鳴する姿があります。山、というのは昔から畏怖の対象になりうるもので、この男は本能でその山と戯れ、男の逞しさにおそらく山の神も魅入られて、でも山の神の考えはわたしたち人間の道義とは異なるから、男へ恐ろしい形で愛を望みます。それは、彼も人間から畏怖される側に渡ることであり、そして男は神の意思を受容して、人間の分際で荒ぶる神同然となります。

また『さらば愛しき大地』の国道をダンプが連なって走っているだけのカットが、現世の極みを見るようで不思議な感銘を受けるし、まだ暗い明け方の家の光や、ダンプの背景に広がる空と遠い電信柱に、なぜこれほど人間の営みの根源を感じるのか、ひたすら映像の力で迫ってくる強さがあって、それは神話や中上健次やパゾリーニの悲劇物と同じ、原始といまを超越して存在する人間の本質を摑んでしまっているからだと感じます。

人殺しという作業も、見渡せば今はひどくありふれて低俗な出来事になってしまっているけれど、本来は人の魂を左右する決定的な権限を持つ行為であって、神に触れるか、神話の一部となった者だけが許されることです。人殺しはとても高貴な作業で、だから、柳町光男の映画の男たちは人を殺す。痴情沙汰や発狂沙汰ではなく、神に触れたり、原初的な人間の神話を見てしまったりするから、神に選ばれ触れた者の証として、殺めるという激しい役割を果たさずにいられません。禁忌に溢れ欲望や怒りを体現する畏れられた神は、男たちに同様の激しい原初的な魂と力を授けるのです。

でも柳町光男には、観ているとアレッ？と思う瞬間があります。神話に触れるような話でありつつ、でもやっぱり主人公はダンプを乗り回し、スナックの女にＤＶするシャブ中以外の何者でもないし、『十九歳の地図』や『愛について、東京』の物語も陳腐で、だからどうしたという展開があります。田村正毅の撮影が、自然が人間の心象や宿命を象徴してしまったり、人の営みを俯瞰したりするような視点を持つのも大きい。ゆえに緊迫する荘厳さに満ちた画と、ハナシ的にはわりとくだらない瞬間が同時に存在しているという困惑。感銘を受けながら、ある瞬間（コレ、シャブ中が騒いでるだけだよな）と気がついて、素に引き戻されるというか。引き戻されて、また押し戻されるのが面白いのだけれど。

『さらば愛しき大地』の冒頭、暴れるので柱にくくられてる根津甚八と、困ってる家族の会話を写してるシーンですでに、「じつは俗っぽくてしょうもない場面を、映画の極みというべき激しい緊張感を湛えて写す」という両極があって、特に高尚な瞬間じゃないから、よけい物語と切り離されて存在する、画それ自体が持つ迫力に恐ろしい思いがします。このシーン、ただ室内に家族がなんとなくいるだけなのに、カメラの位置や視線に異様な感じがする。また『火まつり』で川上麻衣子がラジカセで踊ってるような場面の激安な本質は、監督が狙った通俗性じゃなく、微妙に一人の作家が中心となっているから、客観的制御が利いてない瑕瑾だと思います。

物語は田舎のヤンキー文化を延々日常レベルで描いてるだけなので、考えると何の崇高さもないことに驚かされるんですが、でもこのガッカリする振幅がなかったら、柳町光男にはただ圧倒されるだけで惹かれないかもしれない。人間の命の尊厳みたいな大掛かりな設定や、または日常的な出来事を等身大で描いたりもしなくて、シャブ中が喚いてる全然崇高じゃない場面に、神話的な人間を覗いてしまうからアレッ？と思うし、その両極のバランスが壮絶だと思います。

荘厳な人間の魂を直感的に捉え得る本能の作家であるんだけれど、同時にヤンキーレベルで、下世話な安い感覚を持っているという面白さですね。『さらば愛しき大地』の、秋吉久美子の命の安さとか素晴らしいと思う。彼女の悲劇にはその後誰も触れなくて、根津甚八の家族と友人が「八年で刑務所出れるって。思ったより短くて良かった」と話して終わる、その命の価値への鳥瞰ぶりがとてもイイ。そんなもんですよ。

あと、役者に怖いことやらせるのは観ていてハラハラするのですが、でもやっぱり面白いなと感じてしまったり。動物くらいなら殺してもいいと思ってる感覚が漂っていて、『火まつり』で猪を犬に襲わせたり（足や腹の肉に喰らいついて殺すのは時間がかかるから残酷)、冒頭の木こりの危険な現場感覚だったりとか、『十九歳の地図』で沖山秀子の本物の自殺の傷痕を見せる醜悪さや、『さらば愛しき大地』でシャブ中になる根津甚八と蟹江敬三が実際に腕に注射針を刺してるカットとか。虚構じゃない表現を持ち込んで俳優に危険を強いるのは、演出として良いとは言わないけれど、観ていてハッとするのは確かです。これは難しいですね。

『THE FETIST 熱い吐息』

85／ENKプロモーション／監督　佐藤寿保／脚本　井土紀州
出演　根本義久、荒木裕一、田中要次

佐藤寿保監督作品で脚本は井土紀州。ゲイフィルムです。寿保監督は『仮面の誘惑』『狂った舞踏会』『狩人たちの触覚』など、いわゆる薔薇族映画も撮っていてどれも傑作ばかり。「ピンクの六十分程度の枠で撮る」「ゲイをテーマに撮る」などの縛りがある方が、より狂気やアナーキーな自由度が高まって鋭利な作品になる印象です。

寿保監督には部分的なセルフリメイクに等しい、あるモチーフを何度もなぞる顕著な作風があります。それはマンネリズムとはまったく違う、ある表象に取り憑かれて掘り下げていく作家性です。監督は映画作家として知名度を持つという意味で成功はしているわけですが、一つのテーマを一本の映画で完成させるという、映画産業内の仕事とは外れた宿業があります。同じモチーフを映像や表現方法を変え、作品を次から次へと繰り越してまだ追求していこうとする、創り手個人の憑かれた魂の問題であり、映画すべてで「佐藤寿保という一つの集大成」が完了するとしか言いようのない、連鎖と展開の世界がそこにあります。

本作もまた『人体模型の夜』と同様に、隣室を一日中盗聴する男がより挿話を煮詰めたように、主人公とは直接関与せぬままサイドストーリー的に別の軸を辿っていき、主人公は『仮面の誘惑』と同じく、姉夫婦の情事の物音に悩まされて狂っていきます。この情事は常にＳＭで、金属質で痛くてラバーという皮膜が世界を挑発的に拒絶する、やはり監督が偏愛するガジェットです。

『人体模型の夜』は良い作品だけれど些か冗漫なのに対して、本作は主人公と、その物音を盗聴する隣室の男を完全に分離し、隣の男はどういう心理を辿っているのか片鱗しか見せない演出が異様で効果的でした。彼の常軌を逸していく様子を、男の目にはそう見えるらしいモノクロの粗い映像で表現し、説明を排して「盗聴をしながら、聞こえてくる物音に怯えて発狂した」姿だけで見せるのが、説明しすぎることなく、映像そのものが持つ力とその伝達に信頼を託していてイイ。原色の鮮やかな桜散る路地から、一転して緑掛かったフィルターの室内に転じる趣向も、純粋に映画的な鮮烈さがありました。

西新宿の高層ビルが背景に建つ墓地という絶好のロケーションで、波紋が別の波紋を呼び、その波紋同士がぶつかって砕けるという物語が展開し、そそり立つ無機質なビルと新宿の閑散とした時間帯が、人の心象を空白で埋める恐ろしさを象徴しています。通り魔となっていく少年の、戸惑いと痛みを伴う苦悩はいつもの殺伐としたもので、本作では絵を描く青年との初恋が初々しくて珍しく叙情もありました。でも、どこか白痴的で得体の知れない少年の風情が、危ういバランスからやっぱり寸でのところでヤバい雰囲気に転んでいて、薄気味悪い。

センチメンタルな恋愛逃避行モノながら、全体に満遍なく散りばめられた血やＳＭや鎖やナイフや盗聴器がメタリックにささくれ立って、殺伐とした心境に共鳴を呼ぶし、無機質にそびえ広がる都市の片隅で跋扈し、挑み、狂わされていく人間の行き着くべき所に行く姿が心地良いです。

少年がモデルをする際、聖セバスティアヌスをイメージしたと思われるポーズをとるのも、画家たちによって執拗に繰り返されたモチーフとしてふさわしい。またラストで流れ出した少年たちの血が交わるのも、血の交換でトリップする『いやらしい人妻　濡れる』と通底するものだと思いました。

狂乱！

『妖刀物語　花の吉原百人斬り』

60／東映／監督　内田吐夢／脚本　依田義賢
出演　片岡千恵蔵、水谷良重、木村功

吉原で百人切りと聞けば一瞬、アラ?と期待が膨らみますが、「斬り」という字面の如く、吉原で大量殺人が起こるまでの過程を描いた映画です。でも最初から近所にいるヤバいような人じゃなくて、おとなしくて人当たりの良い常人が、侮辱に次ぐ侮辱で精神的に追いつめられて、無差別大量殺人に駆り立てられるまでを描写しているから、観てるこっちも超ストレス。もう懇切丁寧に、人の尊厳が踏みにじられるのを一〇九分も見せてくれるから、かなり不快な気分です。でも「こうすればまともな人間も人殺しになる」的テストケースとして、この執拗さはやりがいがあったのでは。元は歌舞伎の『籠釣瓶花街酔醒（かごつるべさとのえいざめ）』。享保年間に実際起こった事件を元にした、明治時代の作品のアレンジです。

田舎の商人次郎左衛門（片岡千恵蔵）は元々捨て子であった。生まれつき顔に大きなあざがあり、そのため人柄はとても良いのに、いくつになっても嫁の来手がないままだった。今日もまた、見合い相手に振られた次郎左衛門は、気遣った商人の仲間に吉原へ連れて行かれる。そこでも、遊女たちから顔のあざを忌み嫌われみんなが逃げ出してしまった。だが、最後に岡場所あがりの遊女玉鶴（水谷八重子）があてがわれ、野心いっぱいで捨て鉢気味な彼女は、次郎左衛門を気味悪がらず対等に扱う。それですっかりのぼせた次郎左衛門は、玉鶴に夫婦約束をした上、太夫の位にしてくれとせがまれてドンドン貢ぎ始めるのだった。

　茶屋の主人たちは彼をカモと見てかかっていたので、次郎左衛門は日増しに大金を吸い上げられていった。折悪く次郎左衛門の商売は悪天候の影響で苦しくなるが、茶屋からパトロン話を投げ出すのは約束違いと責められ、商売のための借金千両を出せとまで言われる。追いつめられた次郎左衛門は最後の望みの綱であった、実の親の唯一の形見である刀の村正を売ろうとしたところ、それは徳川に祟りをなすといわれる妖刀であるのがわかり、どこも買い取ってはくれなかった。

　玉鶴改め八ツ橋の出世披露目の日。野次馬の人々が、噂話で次郎左衛門を嘲笑している後ろから、行列めがけて刀を片手に飛び出していく次郎左衛門の姿があった。

　忌まわしい映画だと思います。顔のあざ、というちょっと今なら自粛してしまいそうな設定で、なおかつなんの救いもない。ただ陰気でモテナイ男という話じゃなくて、顔のあざというのは何か違うまがまがしさを映画に与えています。タイトルが出る直前の流れや音楽なんて、ほとんど怪奇映画的な不吉さ。内容も、おそらくあざを厭われて親からも捨てられた男が、中年になるまで臆して女を知らず生きてきたのに、初めて女郎から人並み扱いされて舞い上がってしまう、その痛ましい状況につけこむ人々の話で、陰で「オバケ大臣」と呼んでたり、商売が傾いたときにも「急いで絞れるうちに絞りとっとこう」と陰で言われたりと情け容赦なし。また女郎屋のおやじを三島雅夫が演じているので、まん丸の顔で笑ってる分、酷薄さがないからよけい恐ろしいです。この三島雅夫はほんとに見事なキャスティング。

　吉原は粋な遊びを楽しむ場所なわけで、たいてい粋というのはかっこいいこととして尊ばれますけど、粋の一面に「人を洒脱に見下す」というのがあります。たとえば京都の黙らせろという意味の「元気なお子さんやなあ」みたいな。不思議と粋って当たり障りなくスルーするのじゃなくて、いかに無粋な人を洒脱に、シニカルな表現で揶揄するかという性格を持ってるなあと思うのです。この映画でも、世間知らずなカモの次郎左衛門が金を出せないと言った途端、考え抜かれたようなイチイチ気の効いた愚弄が始まって、最後に三島雅夫が頭をかがめて下から見上げるようにして、千恵蔵に向かってバカ丁寧に「その座布団から下りていただけませんか」というのが、もう半笑いの顔といい、すっごい馬鹿にしてて逆に胸がすくほどです。

　玉鶴はやはり、元が下賤な娼婦として他の女郎から見下されているのですが、逆にそれを野望の糧として成り上がっていく、ふてぶてしくパキーンと弾けるような精神が強みです。でも、彼女にはつかず離れずの悪い間夫がいたのに、実はその男が影で三島雅夫の手下たちに殺されているなど、裏ではいいようにされているところが哀れ。女郎の約束を鵜呑みにするような甘ちゃんの男に恨まれるのも、やはり迷惑な事態ですし。

　ラストの殺陣は殺戮の迫力より、華やかな演劇的過剰さが追求されています。我慢に我慢を重ねたが憤怒に耐えかねてという印象で、わりと大仰な芝居がかった演出です。『血槍富士』に比べるとリアリティは別に求めてない殺人。いかにも幕が下りてきそうな終焉ですし。でも、陰惨なお話を直視して構築しきった内容は、憂鬱になりますが一見の価値ありです。

『大虐殺』

60／新東宝／監督　小森白／脚本　内田弘三
出演　天知茂、北沢典子、細川俊夫

天知茂が美貌で美貌で、もうウットリ垂涎状態。若い頃はジュード・ロウに似ています。またその美しさが際立つような、繊細で複雑な心理を辿る役。軍部への義憤に燃えながら、それがテロリズムという極端な方法へと傾いていき、でも逡巡や恐れにも囚われる青年。そういう時期の心の揺れが見事に演じられていて、白皙の美青年ということだけじゃなく、あやうい内面の表現がほんとに美しいなと思います。天知茂が悪役を演じた『黄線地帯』や『東海道四谷怪談』もそうだけど、犯罪者にもただ悪とは割り切れない三分の理や、悪に徹しきれない迷いがあったりするはず。特に本作はテロに向かう青年の善悪は曖昧に置かれているので、天知茂ならではの光と影が入り乱れせめぎあう性格が、余すことなく現れて稀有なキャラが創造されていました。

関東大震災をきっかけに起こった亀戸事件、朝鮮人虐殺事件、そして甘粕事件。大杉栄の弟子だった古川（天知茂）はそれら一連の事件を目撃し、軍部への怒りに燃えてテロという手段を取ることを決意する。彼は仲間と共に大阪へ資金調達に行くが、金を強奪しようとした際に誤って銀行員を殺害してしまう。古川の心に一抹の暗い影が落ちた。だが軍部打倒という理念に突き動かされて、彼はその後もテロ活動に邁進していく。

古川の先輩である新聞記者の高松は、そんな古川に自首を勧める。古川と愛しあっている高松の妹の京子も、古川に危険なことはやめてほしいと懇願。だが古川が首を縦に振らないので、京子は軍部の「古川の安全は保障するから」という言葉に騙されて、古川らのアジトを軍部へ告げる。しかしその頃、古川たちは陸軍省へと爆弾を持って潜入していた。

実在のギロチン社がモデルになっている映画です。古川のモデルが古田大次郎で、古川と最後まで行動を共にしている村上は、実際古田と同じ日に逮捕されてる村木源次郎。ギロチン社の中でもこの映画に出てこなかった人もいるし、触れられない事件などもあるようですが、大阪の刺殺事件や、大杉栄の追悼式に右翼が来て遺骨を盗んでいった嫌がらせなど、事実も結構詳細に調べて再現されています。

甘粕大尉による大杉栄殺害方法は絞殺で、本作は最後に刀で刺してるけれど、最初に沼田曜一演じる甘粕が突然後ろから大杉の首を扼してたり、殺害の間伊藤野枝は別室にいたりする辺りが何か史実の名残を留めていて、作り手が実際の出来事への忠実さを意識してたんだろうなと思わせる丁寧さに溢れていました。そして、タワケみたいな愚直さで史実を再現するんじゃなくて、そこに至る動機や心理も人間的にきちんと描かれているから、感情的に入っていける現実味もあります。にしても、ギロチン社のテロはことごとく失敗だらけ。史実だからそうかと思うけれど、創作でこれだけ失敗してたら「間抜けすぎて不自然」とか言われそうです。

天知茂がテロに失敗してヤケ酒を飲んでいるとカフェの女給に迫られ、まだ純潔な青年らしく臆しながらも肉体関係を結んだ翌朝、偶然その女が刺殺した銀行員の娘であることがわかるなど、やりすぎドラマもあるんですがそこらへんは所詮映画なんだから等閑視。この雑然としたカフェの造りとかが新東宝らしくて素晴らしい。関東大震災のシーンもチープではあるんだけれど、美術にお金をかけられなくとも頭を使って最大限のことをしている感じは伝わってきます。

とにかく当時の天知茂あってこその映画です。逡巡がこれほど似合う俳優さんは他にいない。人を殺めてしまった良心の咎に悩まされ、でも同時に若くて恐ろしい正義感を信奉していて、何かしら頑固な迷妄にも囚われている一筋縄でいかないキャラ。それを天知茂は違和感をまったく見せずに、その矛盾に揺れる心理を表情や佇まいからも完璧に漂わせていて、ほんとに貴重な演技を観たと思いました。『眠狂四郎　無頼剣』の前日譚とでもいうべきか、絶望してニヒリストになる前の、まだ自分の理念が世間のためになると信じているテロリスト青年のお話です。だから青い怒りが面にさっと出るし、理性で制御できない情感にみずからが惑います。

テロリズムを描いた、学生運動と連動してるようなその後の映画は、カウンターカルチャーすぎていきっている印象があります。先鋭には自己中心的な陶酔しかなくて、凡人のわたしから見ると怖くてイヤだなという気がするのですが、本作はテロリストが根本的に持つ不整合を描いていて、逆に事実を炙り出せている気がします。主人公は練り上げられたテロリズムの思想を語り、一見軍部の暴圧に対する彼の怒りも真っ当に思われますが、でもテロがもたらす殺人に対する疑義も呈されていて、映画が短絡的な倫理で主人公を裁くわけではなく、正義と破壊的な活動という矛盾が矛盾のまま提示される、そこが正直な作品です。

『地平線がぎらぎらっ』

61／新東宝／監督　土居通芳／脚本　内田弘三、土居通芳
出演　ジェリー藤尾、多々良純、天知茂

新東宝の末期を飾る一作。男たちがひしめく刑務所の房へ、新たに秩序を重んじない若

者マイトが入ってくる。彼の狂人じみた騒がしさに辟易し、憎しみを募らせる男たち。だがマイトが入所前にダイヤモンドを強奪し、どこかに隠し持っていることを聞きつけたため、男たちは彼を伴い脱獄を図る。マイトはダイヤの隠し場所を言わない限り、命の補償はされているから呑気にシャバを楽しんでいるが、他の男たちは次第にダイヤの分け前を巡り、虎視眈々と互いの命を狙い始める。そして、その間もマイトはダイヤを埋めた場所を「地平線がギラギラしてるところさ」としか言わない。

　冒頭、全員が刑務所に入ることになったそれぞれの経緯を、不安になるほどなんの説明もなくつなげて一気に見せるのが『ユージュアル・サスペクツ』の先駆け。カポネ、教授、バーテンというあだ名もわかりやすいですが、脱獄のえらく単純なやり方や、逃亡場面もちょっと稚拙で荒唐無稽。けれど全員が取り憑かれたように欲望をさらけ出し、狂っていく様はなかなか圧巻です。性欲で破滅する者、浮気性の妻への嫉妬に目が眩み大立ち回りをしてしまう者、そしてなにより脱獄する多々良純と天知茂の憑かれ方と、マイト役のジェリー藤尾の狂騒は集中力があって素晴らしい。前者二人はダイヤというほとんど己らで創り出した妄想の虜になっており、ジェリーは一番わかりにくいキャラなんですが、おそらくすさまじく自由であることを天性としています。それは秩序や道理も踏み越えた自由さなので、目的すらない。目的という枷すら存在しない人間で、そのため狂気じみた活発さと瞬間ごとの解放性に従って生きており、彼が嘘をつく理由も即座には理解し難いのだけれど、その場限りの連続の凄みだけはわかります。

柿の木を目指して、ほとんど狂乱している多々良と天知茂がジェリー藤尾を引きずっていく場面は、もう愚かとも軽軽しく言えない、人間の欲望の激しい狂気をよく表していてステキです。ラストは男たちのあっけない狂おしさと破滅があってニューシネマ的。

『地獄』

60／新東宝／監督　中川信夫／脚本　中川信夫、宮川一郎
出演　天知茂、沼田曜一、中村虎彦

有名な恐怖映画です。小さい頃テレビで観た際、人間の生皮剥ぎの場面が怖かった。地獄でありながら恐ろしいほど美しい世界に目が奪われます。

大学生の四郎は、仏教学者の矢島教授の娘幸子と婚約した。だがその帰り道、不気味に四郎に付きまとう学友田村の車に同乗したところ、田村はヤクザを轢き逃げしてしまう。

平然としている田村を尻目に、罪の意識に苦悩する四郎。だが警察に自首しに行く途中、タクシーが事故を起こし、同乗した幸子が死んでしまった。自暴自棄になった四郎は、バーの女洋子に誘われるがまま関係を持つ。だが偶然にも、洋子は田村が轢き逃げしたヤクザの情婦であった。彼女は警察に頼らず自分と母で、田村たちを殺害しようと心に決めており、四郎がもう一人の犯人とわかるなり付け狙い始める。

中盤の、四郎が実家から「母危篤」の電報を受け、急いで故郷に帰ってからが大変！養老院を営む実家では重病の母の隣で、父親が若い妾と昼日中から戯れ、おまけに間借りをしている画家谷口の娘サチ子は幸子にうりふたつ。心乱れる四郎に追い討ちをかけるように、田村と洋子とその母が彼の後を追って登場します。ところがつり橋で四郎を殺害しようとした洋子が誤って谷底に墜落死し、それを見ていた田村も自殺しようとする四郎ともみ合ううちにやはり転落。

その後、矢島教授夫婦もやってきて娘の死を儚み自殺してしまい、妾の浮気性に腹を立てた四郎の父は妾を殺害し、洋子の母がみんなに毒を盛るしで、一体何なんだという騒ぎ。ほんとに人間の業そのままの世界で、前半の佳境では出入りの漁師が毒で死んだ大量の魚を養老院に持ち込み、四郎の父は安いからとその魚を老人たちに食べさせてしまい、毒の摂取で老人たちも全員死亡します。さらに谷底から甦ってきたメフィストフェレス的な田村が無関係なサチ子にいきなり発砲して殺害し、四郎も洋子の母に首を絞められるわけのわからなさで、死の形が〈沸騰〉とか〈混沌〉としか例えようがないです。そして後半は彼らみんなの地獄巡りの様子になって、とにかくわやくちゃ。

　この映画はこういう、蓋然性など度外視して偶発事が一気に重なったり、論理的整合性がぶっ飛んだりしている逸話が目白押しです。でもそれが何か神掛かり的な狂気の風情で、わたしたちには理解し難い把握の下にそれが行われている感覚があります。呆然としてしまうようなカオスぶりなのに、アホさを感じる余裕は一切なくて、すべて特殊な理解の下に、凡人には測り難い世界が確信的に創造されている、そんな印象です。

　バカさが無い最大の理由は、やはり美術の丁寧さでしょう。美術や演劇的なライティングに失笑する隙がないのです。新東宝は低予算だったそうだけど、本作の地獄の様相は、漆黒の闇に呑み込まれた背景は無限の奥行きを感じさせるし、人物はブルーグレーの照明と衣装に浮かび上がって影もなく、闇にポツンと屹立している感じで、丁寧で独創的な仕事をすれば、チープさは免れ得るのだなあと感嘆します。

美術は中川信夫の怪奇世界を具現化した天才、黒沢治安。色彩設計がほんとに素晴らしくて、基本的に漆黒なんだけど、小さく白銀の渦を描く気流が輝いてたり、靄の立ち昇る白い三途の川と、その暗黒の空に一条の臙脂の光が輝いてたり、釜茹で地獄の黄金色の火と澄んだ水色の照明とか、色彩がどれも神秘的な透明感に溢れてて荘厳です。抽象芸術の霊的な色合いのような。

漆黒と透明な水色と黄金色、という色の組み合わせもそうですが、本作は基本的にコラージュを意識した作品だと思う。タイトルバックからして本編と関係のない「死体安置所のホルマリン液に浮かぶ遺体」「火葬場」「女体」といった映像が脈絡無く流れ、そこにかかる渡辺宙明の音楽も「御詠歌」「モダンジャズ」そして撮影現場の声とサイレンが、切り刻んでミクスチャーされています。

編集もかなり狂った代物。前半からカッティングが異様なんだけど、とくに地獄場面は、つなぐ前後を間違えてるんじゃないかというくらい意味不明なカットが突然割りこんだり、でもその後のカットでは何事も無かったかのようにまた別の話が始まったりして、観客は完全に置いてきぼり。ラストも赤ん坊を助けようとしている天知茂が、助けられたかダメだったかわからないストップモーションの直後、にこやかな三ツ矢歌子が突然現れて、彼女が昇天するシーンでエンド。自分の中でどう理解し、処理すればいいのかわからない。

俳優さんは三ツ矢歌子カワイイ。撮影がくすんだ感じで、パステル調の映像に彼女のさしている菫色のパラソルが映えていました。沼田曜一は怪演。とんでもない表情をイチイチする、派手なポロシャツを着た悪魔です。天知茂は懊悩に耐えず悶える姿がはまりすぎ。こういう煩悶を演じさせたら天下一品の美しさです。とにかくわけのわからない映画なのですが、何か圧倒されてしまうパワーを持った作品です。

『水戸黄門　天下の副将軍』

59／東映／監督　松田定次／脚本　小国英雄
出演　月形龍之介、中村錦之助、東千代之介

月形版水戸黄門の十二作目。オールスター映画でとても賑やかです。

黄門様（月形龍之介）は高松藩主である我が子の頼常（中村錦之助）が発狂したという噂を聞き、助さん（東千代之介）角さん（里見浩太朗）と一緒にお忍びで高松へ赴く。道中では商人っぽい男（新藤英太郎）や、板前と名乗る青年伊之吉（大川橋蔵）とたびたび出くわし、また怪しい一味から命を狙われたりもする。それでも黄門様一行は無事に高松

入りを果たして親子対面となるが、狂気の噂には意外な陰謀が隠されていた。

黄門様たちだけでなく、新藤英太郎も大川橋蔵も世を忍ぶ仮の姿で登場し、実際には全員が高松藩と関わりを持っています。また中村錦之助の狂気も、家老の悪事を暴くための偽りであるという、各々に二重の存在である人たちがそれぞれの層で交錯する、しっちゃかめっちゃかで楽しい荒唐無稽な映画です。また、各人いい具合の速度で正体がバレていくし、わたしがトロいのかもしれませんけど、最初から正体バレバレみたいなことはなくて、いかにも怪しげな人たちがどこへ落ちついていくかが錯綜の中に見えてきます。

のんべえで人間的に締まりのない助さん角さんがイイ。黄門様と御伴の大河内伝次郎の目を盗んで、遊びに出て浴びるほど酒を飲みデーッと正体不明になって寝てる里見さんとかカワイイ。発狂した錦之助が屋根瓦に上ってるのを見て、山形勲が「猿とアレは高い所に登りたがるからな」と言った次のカットで、助さん角さんがハンパない高さの木に登って大名行列を眺めていたりするのも笑えました。二人が高松の町角で遊芸をする際、よくよく見ると「助さん」「角さん」と染め出された半被を着てるのもさりげなくてイイです。

発狂した錦之助も髪のほつれとかがエロくて可愛らしい。でも若い頃のこの人の魅力は増せば増すほど、いくら凛凛たる立派な丈夫の役であっても、衆道に近づいていくようで見てて妖しさに緊張します。わたしは女性なので想像の域は出ませんが、今でいうＢＬみたいな設定が感じられるのは、造り手（男性）側が同性として過敏に悟って、その魅力を活かしたという気配がします。映画を造るような人は、そういった方面の趣味はなくても敏くて興味はある気がするので。もちろん御本人がそうだって意味では全然なくて、生来的にそういう魅力を感じさせる容姿と雰囲気ということです。とりあえず錦之助が月形さんに膝枕をしてもらう場面では、「父親くらいの年齢の男性じゃないとダメなんです」みたいな感じで、見てて内心オタオタしてしまいました。

橋蔵はいくらニヤけた美形でも、そういった妖しい雰囲気は湛えていないですよね。あくまで女性向けの存在というか。本作の橋蔵は溌剌としてて楽しいですが、鼻をガーッとほじる場面があって、板前役の彼はそのほじった鼻糞を新藤英太郎が食べる食事に入れてしまいます。その現場を見た黄門様たちの（ウワー……）という引いた表情も楽しかったですし、橋蔵さんのさばけた演技にも驚きました。

最後も大団円で、いかにも娯楽映画らしい完璧な仕上がりで面白いです。

『狂った脱獄』

59／日活／監督　小杉勇／脚本　大川久男
出演　岡田真澄、中村万寿子、香月美奈子

日活のＳＰ映画です。

新婚のトラック運転手の岩上。ある日帰宅すると、新妻は何者かにレイプされた後だった。逆上した岩上は、妻に聞いた犯人の特徴から先日トラックに乗せた男だと判断、その男を勢いで殺害する。しかし警察に収監された後「殺した男は無実で、ほんとのレイプ犯は他にいる」と聞かされ衝撃を受ける。そして、その頃から妻は面会に来なくなってしまう。病気になったと思い妻の身を案じる岩上。ところが友人から「妻が昔の男と歩いていた」と聞かされて狂ったようになり、たまたま同じ房に入った詐欺容疑の男に誘われるまま脱獄する。そして嫉妬に狂う岩上は謎めいた妻の元へ駆けつけるのだった。

面白い作品で、逆上型でありつつ、同時に良心と繊細な神経も持つ岡田眞澄が良くて、ミスリーディングが効いてます。ラスト近くまで話の核心が見えにくい造りで巧い。これは映画に底深さと何か燦然とする生命力があります。とにかく逆上しまくりな岡田眞澄の視点に沿って話が造られていて、途中明らかに妻の挙動が不審に見えてくるし、そこからまたこの短めな尺の中で、物語が別に流れていく自己回復力もまだ残っています。

映画自体の持ってる奥行きや度量がわからないから、どこまでどんでん返しをできるのか不明なため、（ああ、昔の男との謀略っていうファム・ファタールものかな）とこっちが勝手に予想してしまうような、錯覚させ得るだけの誘導性があります。そして消し難い失敗である、岡田眞澄が妻の話をろくに聞かないで、思い込みだけで別の男を殺してしまったという、原因を突き詰めていくとひとえに己の直情型性格に責任がある、というイマイチ救いのない世界もノワールで良いです。岡田眞澄の苦悩する姿がなかなか迫真の演技で素晴らしく、妻が挙動不審であったのも「自分が原因で夫が無関係な人間を殺めた」という罪悪感に苦しんでいたからで、かなり息苦しい。

プログラム・ピクチャーは登場人物達の紋切り型な一連の行動を捉えることが多くて、行動が常套なら、当然のように常套的な心理にも則っているのですが、この映画は普遍的に取り出されていない、これまでの物語では会得されていない個人の内面を抉って取り出したような作品。絶望的な勘違いや、善人であるがゆえにこそ咎からは逃れられない心理が、あんまり見据えたくないものだと思うので、それに焦点を当てているのはちょっとすごいです。

また岡田眞澄の逆上ぶりもすごくて、この近代文学のような嫉妬で我を失う青年像は面白いです。安い画面もそれを際立たせてサスペンスの効果を上げていますし。夜のシーンをライティングに金をかけられないから当然ナイトエフェクトで撮影してるのですが、空部分に斜めに黒くフィルターをかけているのが、曇天の明け方のような不思議な時間帯になっていて美しいです。

　ちょっと針が振りきれてるシーンがあって、脱獄した岡田のトラックの同乗者がレイプ犯だと気づいた妻が、走り去ろうとするトラックのヒモにすがりつき、市中引き回しの刑みたいになります。その際ほんとに主演の女優さんが「あーなーたーっ！」と絶叫しながら、砂と泥濘の中を車で引きずられている！　それも和服姿で。これがまた何カットもあって長いです。夫を思う女のど根性を、なんだか常人には思いつきにくい形で見せている場面でした。

『女体《じょたい》』

69／大映／監督　増村保造／脚本　池田一朗、増村保造
出演　浅丘ルリ子、岡田英次、伊藤孝雄

　怪作の名にふさわしい作品です。物語はいつも激しい欲望を抱え、その欲求に従わないと気が狂いそうになるミチ（浅丘ルリ子）の刹那的な日々と破滅。とにかく男に惚れっぽく、

惚れたら絶対セックスしないと気が済まず、そして飽きっぽい。そんな彼女が生活圏に入ってくるとその人々の生活は粉々に壊されます。

浅丘ルリ子がガングロ茶パツに付け爪と白い口紅、マイクロミニワンピースで常時パンチラのすさまじさ。ほんと、そのパンツもいつも薄地の白で、股間のところだけ当て布してあるのが生々しいです。衣装だけでも二十着以上着替えてた気がします。

しょっぱなから演出がすごい。会議室のようなところでモータウン風のかつらをかぶりパンツ丸見えワンピースを着た、全身青あざだらけの浅丘が付け爪でキーッと机を引っかいたり脚を振り上げたり、激しい〈女の情動ダンス〉を踊っていると、背広姿の男が「お待たせしました」と入ってきます。すると、踊りを止めた浅丘がそのままの勢いで「理事の息子にレイプされた」と目をギロギロさせて言い出します。全編その調子で増村節炸裂。たとえば男がミチに「俺のことどう思う？」と聞くと、ミチはカメラの前まで取り憑かれた表情で歩きながら「好き！　好き！　好き！　好き！　大好き！」と絶叫、しかしいきなり突っ伏して「でもダメ！」と再び絶叫、飛び上がって他の男に惚れてるからと早口に叫んで部屋の端から端まで体当たり気味に移動します。ものすごい体力です。

若尾文子のじっとり狂った情念と違い、浅丘は子供みたいにはね回り、痩せた体で倒れるまで女の理不尽に激しい情動を体現します。でも見ているとミチは自分で自分の激しさを持て余していて、欲望が強すぎて叶えられることもあり得ず、大変苦しんでいるのが哀れなキャラですし、とにかく浅丘ルリ子にパンチがあります。音楽も明るさが妙に切ないメロディで印象に残ります。

ラストも彼女が破滅するのはわかっているけれどちょっと意外な方法で、映画が映画をどこかへ運んで行ってしまうようなすさまじさがありました。当時の映画って、エンドロールがないから画面に直接「完」の字が重なるのですが、『卍』なども同様に、役者が動いているまま映画が終わるというのは、フィルムが終わっても映画が息絶えないような不思議な余韻があります。

『スパルタの海』

83／東宝東和／監督　西河克己／脚本　野波静雄
出演　伊東四朗、小山明子、平田昭彦

伊東四朗が次々と華麗に着替えるジャージブランドに注目。監督は吉永小百合や山口百恵の青春映画を手掛けてきた西河克己。東宝東和配給ですが、製作は東映で石井輝男の異常性愛路線や、鈴木則文監督の『トラック野郎』シリーズを生み出した天尾完次。戸塚ヨットスクールを題材にした劇映画です。俳優は戸塚校長を演じる伊東四朗はじめ、平田昭彦、小山明子、にっかつロマンポルノ常連俳優の粟津號なんかが出ています。

この映画が長らく封印されていた理由は、八三年に映画は完成し公開を控えていたところ、八二年にヨットスクールで起こっていた訓練生の死亡が事故ではなく、傷害致死であると判断され、関係者の逮捕事件へと発展したためです。

あまり期待せずに観始めたのですが、大変面白かったです。まったく飽きずに最後まで一気に突っ走って観られる作品。そして同時に、映画の倫理も、映画を観る者の足場もちょっとした都度ごとに揺らぐ作品です。物語を観るとき、人間味を持って描かれる主人公は感情移入の対象となります。だから伊東四朗が窮地に立つとついこちらもハラハラしてしまうし、でも何がしか違和感のある演出場面にぶつかると、このスクールでは傷害致死によって死者が出ている現実にも引き戻され、観る者はグラリと揺れている自分の立脚点に気づく映画なのです。

この不穏さはスパルタ理念の危うさと、実録モノとして伏せるわけにはいかない「死者が出ている事実」に、映画の端々が引き裂かれているひずみゆえなのですが、ほかにも要因があって、それはまず映画的な出来のまともさに根ざしています。一見、怪しげな教育映画といった印象ですが、そういった小規模なプロパガンダ映画につきものの技術的未熟さのようなものが本作にはありません。撮影所あがりの職人監督や、ベテランカメラマン山崎善弘によって真っ当な撮影がされ、ちょっと意外なほど普通の商品として出来上がっています。強迫的理念先行の渡辺文樹のように、ありあまる情念と映画愛と技術不足がない交ぜになり、奇怪な映画を産むような魔物性はなく、本作はある意味爽やかな構成で、手馴れた商業映画の体を成しています。その、逮捕前とはいえ死者が出ている団体を描いたキワさと、ヘンに普通の映画らしい映画であることの落差が不気味なのです。

　本作は戸塚ヨットスクールに寄り添う視点を持った原作を基にし、映画も「家庭内暴力に明け暮れていた少年（あだ名はウルフ）が、卒業を言い渡されながらも太平洋横断ヨットレースを目指し、ヨットスクールに舞い戻る」というオチからすれば、当然プロパガンダ映画と言えるわけですが、同時に実在の団体を描くからには伏せてはおけない側面も盛り込まざるを得ません。

　たとえば、みんなで大浴場に入った隙にウルフは全裸で逃げ出し、交番に駆け込みます。彼を保護する警察はニュートラルな視点で描かれていて、ヨットスクールの事件を認識しており、少年の親元への送還を勧めるのですが、そこで刑事が両親にサラッと言う「もうこのスクールでは一人死んでるんですよ」という言葉。ここでわたしは、警察署内セットの奥で佇むジャージ姿の俳優、伊東四朗がこれを承知で出演していることにヒヤリとしました。

　この映画の製作中に、スクールがすでに法的にキワドいバランスに立っているのを、映画が隠さず伝えるとき、（じゃあどうしてこの映画はヨットスクール側の視点に立って動き始めたのかな？）という疑念を感じるわけです。たとえば実際、監督という創り手が子どもの引きこもりや家庭内暴力で悩んで、戸塚ヨットスクールにシンパシーを持っていたとしても、スクールにとって都合の悪いことを糊塗したプロパガンダにも振り切れず、かといってスクールの危険性を指摘する方にも振り切れず、この微妙なバランスに留まったことに奇妙な持ち味を感じます。

　オープニングは家庭内暴力を振るうウルフの拉致シーンから始まります。閉じこもるウルフの部屋へ、色とりどりのジャージを着たスクール関係者がドアチェーンを切って乱入↓部屋の窓をバットで叩き割って庭から台所へ逃げるウルフ↓廊下と庭から台所で挟み打つスクール関係者という、激しいヴァイオレンスシーンは映画的に魅力があります。これは道義的な見地と関係ない、あくまで作り物の映画として、一つの建物を縦横無尽に使うアクションの面白さについてのことです。回想シーンで少年が突然ヌンチャクを使ったりする辺りもたまらないんですけど、それでも少年の暴力が不可侵である＝彼なりのモラルの閃きが現れる聖域〈おばあちゃん〉が、原ひさ子であったりするのもイイ。

家庭内暴力やツッパリのアンチモラルというのは、「彼らがモラルを知っているからこそアンチが成立している」のだけれど、スパルタの名の下のしごきに関しては、ヨットスクールは暴行行為をスパルタや更正という正当な手段と信じている、「モラルの地平の彼方」からやってくる存在です。不良が親の大事な物を壊すのは、それが親を傷つける悪い行いだと知っているからです。でも、子どもの顔を踏みにじったり腹にパンチを入れたり、座敷牢に縄で縛って監禁するのを相手のためだと信じて行う行為は、善悪の捩れを解きほぐすのがより難しい。

話が全然変わるんですけど、正看護婦役の山本みどりたちはエロ目的じゃなく、集団入浴シーンで意味もなく乳首を見せていました。こういう、映画の自然さを追っていって付随してくるお色気皆無な、まるで業務的な無駄な脱ぎ方はなにかうすら怖いです。

『御巣鷹山』

05／監督・脚本　渡辺文樹
出演　渡辺文樹、堀田不同、荻野祥子

渡辺文樹監督作品。内容がヤバいので一般劇場ではかからず、監督が映写をしながら全国の公民館を回っています。わたしが観たのは都内の代々木八幡区民会館ホールで旧作と併せて上映されていた際です。本作の内容は、日航ジャンボ機墜落事故の原因は当時の首相であった中曽根とアメリカの関係にあり、日航機は日本の自衛隊機によって撃ち落されたという説を追求するもの。ドキュメンタリーではなく劇映画です。

上映の数分前から場内灯は消され、まだギリギリにやってきた客が入場している最中に、後ろから監督の前口上が始まります。カウンターカルチャーとしての効果を語り、その中で「えー、コレは笑いながら観るような映画じゃないんでね」とすごみのあるクギを刺していて、なおかつ監督は上映中もずっと場内にいるから、観客は笑えてしまうようなシーンでも声を出さないように我慢して肩を震わせていました。

16ミリ映写機が映写室にあるのではなく、ホールの後方に陣取られ、そこで監督みずからが映写機を操作します。他の作品はちゃんとフィルムのサウンドトラックから音が出ていましたが、『御巣鷹山』はなぜか無声のフィルムに音声の収録されたカセットテープを同時進行で流す手段が取られており、ラジカセの二つのテープを駆使してＤＪならぬＴＪとして操作していた模様。また、カセットテープ交換で数秒タイムラグが出来る際、ちょっと信じがたいことでしたが、監督は映写機の電源を落として瞬時にまた電源を入れる、電光石火の技を使っているようでした。映写機の惰性の回転をいかして、闇の間を一瞬だけ生んでフィルムがたわまない程度に進める、普通では考えられない映写術。そのため間の後は最初だけ口の動きとセリフがずれて流れ出すという、工夫はされていてもハラハラしてしまう状況が十五分おきくらいにありました。

　他の作品は前方の席で観ていたから映写機の音は気になりませんでしたが、『御巣鷹山』は映写機の真横で観ていたため、リールが回転するシャリンシャリンという鉄の摩擦音がすごかったです。それがより呪術的な雰囲気を生んでいました。そして監督がテープを操るための手元の薄明りが常に着いており、暗闇ではない状況での鑑賞は尋常ならざる気配に覆われていて、映写という儀式的所作の場に居合わせている感じがしました。

　映画はとても面白かったです。まじないや儀式というのは、幾つもの複雑な手順が順序立てて行われる過程に意味があり、ゆえに呪術のトランスに陥っていくものだと思いますが、本作は上映自体が儀式的な魔をはらんでいました。また『ザザンボ』で流れる葬儀の過程や、『腹腹時計』の爆弾製造の説明なども、同じように手順を踏むことを丁寧に収めていて、今回の映写とも通底しているように感じました。

渡辺文樹作品の上映会が街に訪れる予兆として、突如いつもの通勤路に張り巡らされる手製のポスター群。その禍々しいヴィジュアルや見世物小屋的な惹句に恐れを抱く人もいるようですが、『ザザンボ』なんて忌まわしい語感や「失神者続出」という煽り文句の封を開けると、実は大変丁寧に作られた真っ当な映画です。小川紳介監督の『1000年刻みの日時計』や、パゾリーニのギリシャ悲劇物に勝ると劣らない作品で、まるで祭りの見世物小屋で「寄ってらっしゃい見てらっしゃい、親の因果が子に報い〜」というダミ声の口上に惹かれて好奇心で覗いてみたら、中上健次の『枯木灘』や『オイディプス王』が置いてあって（そりゃそうだけど！）みたいな感じ。神話を『女性セブン』に引きずり下ろして人口に膾炙するといった、そんな宣伝がされている印象です。

それに比べると、『御巣鷹山』は恐ろしいほどポスターの世界観そのままの作品でした。一人の映画作家の中で、演出にこれほどの激変が現れるというのは一体何事かと思います。本作はいってしまえば非常に拙いのですが、自主制作映画を初めて撮った人のヘタさとは違う。センスの無い人が撮った作品とは激しく意味が異なります。密度の濃さが、映画の現場で茶の木畑に入る素人には、到底真似してもまとめられる範疇にないのです。尋常ならざるカット数と時間軸が前後し四方八方に伸びる物語の枝葉は、ちゃんと頭の中で緻密な流れを把握してないとまとめられないし、カメラワークもパンやトラックアップが奇妙なほどキチンとやれているのに、そのすべてが頻発しすぎであったり性急過ぎたりする、加減のできてなさが気持ち悪い。ここには、ちゃんとした物を作れていた人がおかしな作品を撮ってしまったという、狂気の変遷があるのです。

　石井輝男の『地獄』を観て、東映の異常性愛路線時代と比較すると、あまりに遠慮のない明け透けさやチープさにギョッとするのと似てるのですが、『御巣鷹山』の奇妙さというのはこのように制作費の安さによるのではなく、細部に宿る神の狂気にあります。『ザザンボ』が松竹の資金を得て作られたという背景と比べても、それだけでは説明がつきません。『御巣鷹山』の細部に溢れる異常な表現は、まるで緻密に描き込まれたアウトサイダー・アートのようです。尋常ならざるカット数と時間軸が散りばめられた物語ということ自体が、アウトサイダー・アーティストの刺繍家が、糸を同じ個所で繰り返し縫いすぎて刺繍が瘤のように隆起していたりする、そういった作風に似ている。通常の視点では、この出来はいびつでヒドイと感じるだろうし、わたしも決して良作とはいいませんが、しかしこの映画には普通の映画への視線では補足できない、質とは別の評価基準が必要であるように見えます。

開始後すぐに気づくのは、通常なら当たり前の「客観的に出来の良い作品」を作ろうという監督の意志がどうしてだか曲折し、結果として常識性の欠落が顕著になっていることです。激しく追求している何かはある。でも監督が選択している手法はことごとく、普通の創り手と観客が暗黙裡に共有するような、普遍的な演出とは乖離しているのです。

それを、人は狂気と呼ぶ。

監督の考える端正さの軸は普通とずれていて、以前はちゃんと客観的にも整えて描けていたものが、本作ではエッセンスの抽出がされ過ぎて、常識的な間合いを作ったり主要な出来事の隙間を埋めたりする、なんでもないカットが失われています。でも、いまも独自の端正さを追求しているのはわかるのです。ただ、そこに客観性がないゆえに滑稽で稚気に似た気配が出てしまっていて、とんでもない感じが生じているのです。

この異様さ。会話をしながら滑走路を歩いていく二人の男の後ろ姿を撮るのに、なぜ実際に歩かず、足踏みで歩いてるように見せかける演出をするのか。別に普通に歩かせて撮ればいいだけなのに、何故ギクシャクと左右に揺れてる男たちの姿で良しとするのか……？

「他に追求すべき重要なことがあり、演出の瑣末にこだわらない」のなら、滑走路上を歩いてるのを手持ちで追えば普通に撮れるはずです。なのにたとえば飛行機が見切れるのがイヤだとか、おそらくそんな奇妙なこだわりが優先され、このように端々でまともじゃない演出の最終判断がくだされていることに、何か異常な事態が起こっている、そんな強烈さを覚えて圧倒されました。

『ザザンボ』の普遍的美しさは知人に勧めることはできても、本作を手放しで賞賛するのは難しい。でもこういった偏執狂的な苛烈さが妄想じみた内容だけに留まらず、演出や美術や編集の隅々まで露わになってしまっている、その真摯な狂気を捉え得た作品として惹かれます。たとえひずんでいても、異常な熱意で大量の言葉や意思が込められ、隙間恐怖症のように埋め尽くされた映画は、真面目に分析し向き合いたいと思うのです。

ラスト、日航機事故は中曽根元首相が関与した陰謀だと信じる、元新聞記者の渡辺（監督自身が演じる）は、竹光で中曽根の護衛たち（監督の地元の老人）を斬り殺し、血しぶきを浴びながら『雄呂血』のようになっていきます。白髪交じりの頭と巨躯を揺らし、ヤッ！タッ！と見得を切って短い竹光を振り回す監督の姿に、劇場内には笑いを殺しきれない人がいて、確かにクッとこみ上げるものはあったのですけど、「なぜこの作家はこの表現を選んだのか」を考えると笑っていられない、人の創造的判断の不可思議な流れや深淵も感じるのです。ちなみに本作は小林正樹監督の『切腹』の影響下にあると度々言われていて、確かに竹光がモチーフとなるのは『切腹』の引用という短絡的なものかもしれない（演出にこういう短絡的な引用がそのまま使用されるのも、ちょっと普通ではない）。

狂気は狂気なりに、本気でフォルムを追求しています。映画に巻き込んだ老人たち相手に竹光で大立ち廻りをしたり、スモークが過剰であったり、娘夫婦の泣き叫ぶ表現がカルト宗教の喧伝をする若者のような歪さを湛えていたとしても、それは何か通常とは違う取捨が行われていて、「自然であること」の必要性より、劇的なメッセージを伝えるために強調された表現を選んだ作品なのです。凡庸な映画は数あれど、常人とは違う情動を収めている映画は、その個性に敬意を払うべきだと思う。『幻の湖』や『犬神の悪霊』と本作は同じ種類の映画で、ここまで奇妙にハイテンションな情動を一律に保ち続けている作品に、わたしは打たれるし大事にしたい。

離陸前の飛行機の窓奥に、誰が乗っているかを見送りの人が見分けるなんてあり得ないけれど、リアリズムなど重要ではなくて、その手作りの飛行機の窓の異様さも、窓越しに見える人（監督の奥さん）の無表情の怖さも、それで良しとするアールブリュット的な片鱗だし、そこで何かを強調しようとして現実性を捨てている感覚は、得がたい個性です。『ザザンボ』では伝統芸能でも演じるように呪術的な話し方をさせて、気を使えていた素人老人たちの演出に関しても、『腹腹時計』ですでに放擲が見られるのですが、『御巣鷹山』に至っては個々の素人に神話へ溶け込む自然さを求めていない。歌舞伎的な見得を切ってフォルムで見せる老いた巨人か、もしくは集団としての老人しかいない。それも『ザザンボ』などに比べて、おそらく「ハイ、一斉に動いて」くらいの大雑把な演出がされていそうで、それが独特で非常に興味深いです。俳優じゃない老人というのはみな、誰の映画であろうとも非常に感情の読み取りづらい表情をしています。そして彼等を集めてある動作をさせると、集合した老人全体で一個の蠢く生物のような、異様な雰囲気を持ってしまい確かに滑稽ではあって笑えるのですが、コロボックルみたいなものと思えばいいです。

　倒置法での表現は変わらずあって、この作家の本能的得手であると感じます。『ザザンボ』で自殺した中学生の葬儀の過程が描かれた後、素通りされてきた真実がクライマックスに語られる、ゾッとするようなミステリーの謎解きは本作でも健在でした。現代でありながら、自分自身を武士のように描く時代劇趣味のようなものも、『切腹』の踏襲というより、元々橋本忍脚本の『切腹』と共鳴し同調する資質があるのでしょう。現代の風俗でこういう直訴の美しいフォルムというのは、確かに思いつかないです。

どんな分野でも、稚拙だからダメという判断では零れ落ちるものがあります。稚拙な作品は大多数ダメなんですけど、思い余っておかしくなっている情念を収めてしまった作品を、ダメの一言で切り捨てるのはわたしの役目ではない。また、「バカ映画」という言葉で懐柔し理解し回収してしまうのは、混乱への敬意がないように思えます。混乱を混乱として率直に観て分析する、そういう一個一個の映画への対峙のシフトチェンジは必要で、それをする人間も必要であると思っています。別に、いまこれを読んでいる人に本作に対して同じ見方をすべきとは全然思いません（ヘンなのは確かなので）。ただ、嫌悪であれ笑いであれ、受け売りではなく、その個々の人に自然発生した感想を読みたいなと考えます。

第四章　日本モンド映画　エロス＋流血

セックスを越えていけ！

『あるセックス・ドクターの記録』

68／大映／監督　弓削太郎／脚本　高橋二三
出演　船越英二、石黒三郎、田武謙三

セックス・ドクターというと「夫婦和合の秘訣」を説く閨房学の先生みたいですが、ここでは泌尿器科の医師です。本作は性病を専門にしている医者が、ある幼い少年が輸血によって梅毒に罹病したのをきっかけに、血液提供者から梅毒の感染ルートを探っていく一種のサスペンス。ただの下世話な好奇心で観たんですけど、これが結構面白かったです。

医療設備のないリゾート地の離島で、嵐の晩に少年が大怪我をした。たまたま休暇で来ていた泌尿器科の医師である根岸（船越英二）は、他の観光客から血液の提供を受け、輸血をして少年の命を救う。しかし後日、この少年が輸血によって梅毒に感染したことがわかる。献血をした五人の観光客の誰かが梅毒の保菌者だったのだ。医師は一人一人を訪ね、血液検査を勧めていくことにする。

一人目は敬虔なクリスチャンの家庭に育ったチエ子。婚約中の彼女は家族共々進んで検査を受けるが、何故かチエ子一人だけが陽性反応を示してしまう。実は彼女はある年上の女性と同性愛的関係にあった。梅毒はキスだけでもうつるのだ。だが、相手の女性にも性的交渉による罹患の覚えはない。医師は彼女のルームメイトたちを疑うが……。

二人目の会社員は、医師の血液検査の勧めをまるで言いがかりのように捉え、反抗的な態度をとる。だが、「梅毒は盃をかわしたり、煙草の回し呑みをしたり、よく殺菌してないお手拭を媒体にしても感染する」と聞いて、怯えのあまり日常生活に支障をきたしてしまう。

三人目は新興宗教の祈祷師。元々は屋台のラーメン屋だったのに、ある日突然「自分に神が降りた」と言い出したので、近所では「脳梅毒」の噂があった。

四人目はストリッパー。彼女には田舎から追いかけてきた純朴な青年がおり、汚れた自分を諦めさせるため、梅毒に感染して血が濁っていると青年に伝えようとする。

五人目は男のワガママを絵に描いたような中年男性。ずっと女遊びを続けてきた彼は、他人に梅毒をうつすことにも罪悪感はなく検査も受けようとしない。妊娠した妾も彼から梅毒に感染した。「おなかの子のために治療を受けている」と告白されても、男は財産が目当てだと疑り「流産すればいい」と言い放つが……。

梅毒の知識を植え付ける啓蒙映画のような作品ですが、真の目的はカストリ雑誌のお下劣さです。しかし感染ルートを探り当てていくサスペンスでもあり、またオムニバスとしてそれぞれの話が楽しめます。二話目はコミカルで笑えるオチがついてるし、四、五話目は最後にほのぼのしんみりしちゃうような、人間の幸福を描いたお話で不思議な映画。

これ一本観ると、梅毒は湿度のあるものを媒体にするとか、保菌者のパーセンテージや、感染から三ヶ月で薔薇色の発疹が現れるとか、もう梅毒なら任せて！って感じに詳しくなれます。あと、当時の人が梅毒に対して持っていた淫靡で爛れたイメージや、その偏見を払拭しようとする医師の努力もわかります。梅毒に罹患した医師の苦悩を描く『静かなる決闘』も素晴らしい映画だけど、本作は時代のニーズ（エログロ）に応えた下世話な感じが卑俗で面白い。

医師が船越英二ってのもイイ。ソフトでおとなしそうな雰囲気が映画をまろやかにしているし、でも映画の真の目的であるキワモノさにも仄かに対応しています。この医師はずーっと出ずっぱりなわりに、常に観察者であって一方的な視線だけを持つために本人自体はなにか透明な存在なのですが、献血したストリッパーの楽屋を訪ねるシーンで、船越英二が慣れない場所に困惑顔で立ってるのを、他のストリッパーたちが「アラ、イイ男ねえ〜」と惚れ惚れして見るシーンが好き。それまで一方的な観察者だった船越英二が、初めて他者の視線を反射した瞬間、批評されることで一瞬だけ彼自身も輪の内側に入ったというか、生々しい存在になったのが面白い。

　途中、ホステスたちをからかったりくどいたりしながら、船越英二と一緒に梅毒に関し啓蒙をする素人くさい人は本物のドクターでしょうか。こういったセックス・ドクターがマスコミに登場するのも昭和な印象。サイケとか学生運動とか、時代の代表として記憶されているものから零れ落ちた、でもニュアンスとして六〇〜七〇年代の空気感を留めた映画です。いまは唐突に気が変になった人を「脳梅だ」と言わなくなったけれど、わたしが小さい頃はまだそういう表現が生きていました。いまでも梅毒は流行っていてわたしの友人も罹患したりしてましたが、治療で治るという認識が広まって、梅毒のまがまがしいイメージも薄らぎましたよね。でもこれはその名残がある作品なのです。

　わたしが本作を観て興味をそそられるのは、たとえば誰でも子供の頃に怖いもの見たさで、「家庭の医学」の性病の項目や皮膚病の写真を覗いたりすると思いますけど、そういったヤバげなものに惹かれる好奇心によって、この映画は成立しているということです。大人になったら普通、もっと直接的なエログロが解禁になるのに、「性病で映画を一本作ろう」という発想が風変わりで、だからこの映画はとても懐かしい。子供の頃に息をひそめて覗いたもの、子供の頃にヤバかったものの象徴が堂々と映画になっている、不思議な郷愁をかきたてる作品です。

『ある女子高校医の記録　妊娠』

68／大映／監督　弓削太郎／脚本　高橋二三
出演　早川保、水木正子、南美川洋子

アングラ喫茶でGSの生バンドを観ながら、ヒッピーとハイミナールでラリ助な女子高校生たちの生態に迫るドキュメンタリータッチな作品。六八年の『あるセックス・ドクターの記録』が好評だったのか、「医の記録〜」というタイトルの作品が続けて作られました。大映のこの手の作品は、ジュニアセックスシリーズやレモンセックスシリーズとも呼ばれていますが、それは本作から？　タイトルはどれも妊娠だの初体験だの、「みんな好き者だな」という感じのものばかりです。

大学病院に勤めながら、ある都心の女子校医も兼業する正木は、生徒のみどりから「処女証明書を書いてくれ」と迫られ面食らう。正木が手をこまねいているうち、みどりは絶望したように家出した。正木は責任感から、みどりの日記を手がかりに彼女の足取りを追う。

だが女子高校生たちの実態は、堅物な正木の想像を遥かに超えていた。彼はまずみどりの日記に登場する、彼女を不良遊びに誘った「エリー」というあだ名の少女を探すが見つからない。しかし日記の「ハレンチごっこ」という言葉を、クラス委員のお嬢様な田島早苗に尋ねたところ、その遊びに耽るマッチー、ツンコ、アキというみどりのクラスメートの名が浮上した。ハレンチごっことはノーパンで一日過ごす度胸試しで、三人は今日も実行中だ。

正木は放課後、三人の後をつける。彼女たちはアングラ喫茶で踊り狂っていたが、正木が現れた途端逃げてしまう。そのうえ正木は喫茶に来ていた他校の女生徒で、妊娠とおぼしき症状に悩む少女の面倒をみるはめになったりする。

正木はまた、体育の授業を休んで姿を消す不審な生徒二人を目撃。後日、彼はそれがレズビアンだと知り、ネコ役の少女ユキから「同性愛経験をしても処女なのか？」と相談され、みどりの「処女証明書」の意図を知るのだった。みどりもエリーと同性愛関係になり、自分が処女といえるのか不安になっていたのだ。そうして生徒の実態と悩みを理解し始めた正木は、今度こそ正確にユキを励ましてやるのだった。

正木は再び三人娘を追跡し、彼女たちがラリってヒッピーにイタズラされかけているところを救出する。女生徒たちの間に正木への信頼が広がっていくが、生徒の父母からは正木が生徒たちにハレンチな質問をしていると抗議があがる。そして謎の少女エリーも正木を煙たがり、彼女の仲間からアングラ喫茶に呼び出された正木は、睡眠薬を飲まされてしまう。

イヤびっくり。全然のちの世代と変わらないですね。都内に住む六〇年代末期の女子高生がみんなこうだったとは思いませんが、いなかったとも思えないので、やってる人はいつの時代でもやってるとしか言いようがないです。ほとんど符牒のようなギャル言葉も、単語自体は違うけど存在するのは一緒。でも本作とか『野良猫ロック』シリーズを観ていて不思議なのは、当時のアングラ喫茶は夕方からもう大盛り上がり大会だったのでしょうか？　女子高生が学校帰りに喫茶に行くと、もう満員でレインジャーズのライブにあわせて全員踊り狂ってるんですけど。

同性愛者の存在自体のパーセンテージは時代で変わらないはずで、わたしも女子校でしたが、自分が授業中ぼんやり妄想に耽って半笑いで過ごしていた間にも、こういう人たちが周りにいたはずだよなあと、本作を観ながら自分の世間知らずぶりを改めて思い知った次第です。

それと喫茶のシーンのヒッピー描写がすごい。店の前にハイミナールのオーバードーズで死んでるフーテンがいて、その死骸を仲間が笑いながら蹴ってたりして、もちろん映画の誇張描写なのですが、（こういう風にイカレてる）と大人が見なす力強い狂い方がアングラな人たちにはあったのでしょう。喫茶でのライブに登場するのはまずレインジャーズで、激しくかっこいい曲だけどボーカルのコブシが回っています。クライマックスにはカーナビーツが登場。この曲もプログレっぽい出だしとＧＳの噛み合わせがイイです。やっぱＧＳって悲痛に張り上げるボーカルの声がセクシー。

とにかく基本的にキワモノなので、オープニング、身体検査のシーンから始まるのもいかがわしいし、処女か検定しろと迫る女子高生が診察台の上でパンツを脱ぎ捨て、脚をなぜか激しくパタパタ動かすカットでタイトルが出ます。下着姿のみでヌードは全然ないんですが、「女子高校生の性の実態」というセミドキュメント感が淫靡。本作は『あるセックス・ドクターの記録』と一緒で、生真面目な医師が謎解きをしていくような構成になっていて、卑俗なテーマを学術的に取り組んだというあからさまに取り繕ったアプローチが楽しい。時々画調も文化映画みたいだし、音楽も重々しい前衛的なものと、ハリウッドの文芸作品でかかるような叙情的な曲が流れます。このメロディが美しかった。

　ラストは女子高校生たちが、クビにされかかった正木の罷免撤回のため、屋上に人間バリケードを作りクイクイ左右に動きながら「要求貫徹！」と言っているシーンがカワイイ。実はちょっと泣きました。青春の明るさと、心の痛みを隠して笑顔を見せてるいじらしさがあって、少女たちを一生懸命救おうとする正木と、彼を信頼する彼女たちの心の交流が美しい。ただえげつないだけじゃなく、少女たちがその信頼と感謝の気持ちを青空の下で見せるすこやかな姿があるから、とても好きになれる作品です。女の子たちもみんな粒揃いで眺めてる楽しさもあるし、キワモノ的好奇心を満たしつつ、時代風俗の活写があり、青春映画でもあり、全般に良い出来の意外に爽やかな作品です。

『温泉ポン引女中』

69／東映／監督　荒井美三雄／脚本　松本功、鳥居元宏
出演　葵三津子、橘ますみ、岡田眞澄

監督は荒井美三雄。ミミオと読みたくなりますがミサオです。本作は石井輝男監督の異常性愛路線作品で助監督だった荒井氏の監督デビュー作。なので、音楽の八木正生をはじめ、出演者も石井輝男人脈の方が何名か出ています。主演は葵三津子と橘ますみだし、安部徹や、なぜかノークレジットで最後の最後に小池朝雄も登場。相変わらず女性を目で犯さんばかりなのですが、この人がカメオ出演することで当時の東映ファンは盛り上がったのでしょうか？　あと、荒井監督は舞踏に傾倒してご自分で大駱駝鑑やマース・カニングハムの京都公演企画をしていた方らしく、乱交パーティーのシーンではコレも石井輝男人脈で、土方巽一派が出演しています。でも乱交の場に、眉を剃って全身白塗りの貞子みたいな髪型で痙攣してる女がいるのは、興奮するどころか思いきり萎えモード。

イク代は温泉旅館で育ったそろそろ微妙な年齢の女性。血のつながらない育ての親を手伝い、いまは女中頭となって、若い女たちに大胆なお色気路線をやらせるポン引女中として大活躍中だ。しかし、旅館を飛び出していた妹のミミがヤクザの情婦となって舞い戻っ

てきた。ミミたちはストリップバーをやり、売春を斡旋し、またその模様を隠し撮りしたブルーフィルム上映会でがっぽり儲けるなど、ショバ荒らしをしてくる。それにイク代の旅館の女中たちも、ミミたちのところへ引き抜かれてしまった。イク代は進退窮まって、滞在中のスケベなルポライター作家の山之辺に操と引き換えに、客を呼び戻す秘訣を教わろうとする。しかし、山之辺はイク代とのことを雑誌に暴き、イク代は心の拠り所だった恋人を失ってしまうのだった。

その頃、ミミは情夫のサブから、彼の出所してきた兄貴分の阿久津に乗り換えていた。阿久津はさっそく政界の黒幕と組んで乱交パーティーを企画。それを知ったイク代は腹いせに警察へ垂れ込んだ。警察に乗り込まれた阿久津らは、ミミがバラしたと誤解して彼女を拷問にかける。しかしミミはサブによって逃してもらい、やはりどん底の姉と再会し仲直りすると、今度はなんとか阿久津たちに一泡吹かせてやろうとする。

全体に溢れるのは、ド演歌の流れる温泉地を舞台にした、いかにも東映っぽい場末感漂うチャチさと、量で勝負といわんばかりにわんさか映る大量のオッパイです（でも乳首は黒い）。日活ロマンポルノの女性のドラマ的な性を描く視線とは違う、まさに「女に学問は（ヘタしたら顔も）いらない、オッパイさえ見せてりゃいい」という、身もふたもない演出。内容も相変わらず、したたかな仕事をしながらも情に厚く溌剌としたヒロインと、それを邪魔するあこぎなヤクザとの戦いという勧善懲悪のニュアンスのある話ですし、また姉妹の相克が陰湿。最初は「どうしてコレが一部では傑作といわれてるのかな？」と首を捻ってたのですが、一時間くらい経過したあたりで急にすごいことになってました。

　イク代が阿久津たちに抵抗してしぶとく客引きをし続けるので、この極悪非情な阿久津は部下に命令し、深夜にモーターボートを出させます。何をするのかしら？と思っていると、いきなりイク代の旅館の海に面した大浴場に、ガラスを突き破りモーターボートが突入。湯船の中に乗り込んで、仕事の後に一風呂浴びていた女中たちを、回転するスクリューでミンチにしてしまいます。浴場には悲鳴が渦巻き、湯船は裂かれた腸の鮮血で真っ赤に染まり、切断された女の脚が浮かぶ中、ひとり助かって絶叫するイク代。

　このスプラッタシーンを皮切りに、本作は別の方向へ向かって走り始めます。乱交パーティーのシーンでは、監督の視線は暗黒舞踏の面々に惹き込まれてエロ娯楽映画であることを忘れてしまっていますし、拷問にかけられたミミを元情夫のサブが助け出し逃がしてやるところで、彼は仲間に見つかり蜂の巣にされます。このシーンは血腥いんだけれど情感のない、激しく生々しい殺人の見せ方がカッコイイです。

ミミには父親のわからない女の赤ん坊がいて、子供を抱え阿久津の元を逃げ出した彼女は姉のイク代と再会、仲直りします。二人が阿久津を見返してやると約束し、晴れ晴れと「二人で体を売りまくっちゃおう！　ジャンジャン儲けよう！　この赤ん坊も日本一の娼婦にしようね！　そしてビルを建てようよ！」と言ってて大丈夫なのか。

この後、姉妹は阿久津と組んでる政界の黒幕を脅迫するのですが、逆に赤ん坊の弘子を人質にとられてしまいます。ミミの目の前で高橋昌也は赤ん坊の周りに発砲しまくり、果ては部下に車で轢き殺せと指示。そして、慌てて弘子を助け出そうとしたイク代が身代わりにはねられていきなり死亡。ヒロインが哀感たっぷりに妹の腕の中で死ぬとかじゃなくて、もう唐突にゴロッと死体になっててそのまんま。そしてほとんど間を置かないラストシーンで、情緒を表すカットは一切省略し、後日元気に啖呵をきりながら体を売るミミの姿が写るのは、ふてぶてしい強さを表してるとはいえ、観てるこっちとしてはつい三十秒前くらいに姉が鼻血を出して即死してたのに、と呆気にとられてしまいます。

東映のくだらなくて楽しいはずのポルノ温泉芸者モノの一本ながら、量産の中の捻りやバリエーションという微妙な変化を経ることで、たまにこういうイビツな作品が生じてしまうという典型みたいな作品です。最初から先鋭意識バリバリに奇を衒ってるわけじゃなくて、過去の作品と少しずつ違えていく過程で生まれるから、奇妙に平均的な凡庸さと、突拍子ない奇想が共存する作品。でもやっぱり、荒井監督の情感を度外視してやりっ放しの演出というか、突然極端なことをしてそれに折り合いをつける気がなさそうな感じがフッと強い個性を匂わせていて、それを観られるのが最大の収穫かも。監督のアクション映画なんかも観てみたかったです。

『忍法忠臣蔵』

65／東映／監督　長谷川安人／脚本　加藤泰、高田宏治
出演　丹波哲郎、五十嵐義弘、西村晃

監督は集団時代劇の担い手である長谷川安人。脚本は加藤泰、高田宏治と素敵な顔ぶれですが、長谷川監督は加藤泰の脚本遅延トラブルから、本作をお気に召してない様子。でも個人的にはとても好きです。原作は山田風太郎の同名小説で、映画はコンパクトにまとめられているとはいえ、かなり原作に忠実。しかしラストがまったく正反対に変えられていて、わたしは陰惨な小説よりも愛と信頼のある映画版の方が好きです。

江戸城に勤務する伊賀者の無明綱太郎（丹波哲郎）は、婚約者のおゆうが「忠義」を口実に自分を裏切り、栄華を夢見て奥入りしたためすっかりニヒリストとなって出奔する。ちょうどその日、松の廊下では刃傷沙汰が起こった。無明は道中、主君の上杉綱憲の側女になるのがイヤで逃亡中の、上杉藩の家老千坂の娘織江を偶然、追手から救い出す。それを縁に、無明は千坂から赤穂浪士の仇討ち阻止を依頼される。上杉家は吉良家と親類関係にあり、綱憲も能登忍者に赤穂浪士殺害を命じていたが、今、赤穂浪士を殺害すればますます吉良家は世論に憎まれてしまう。そこで能登のくノ一を使ったお色気戦法で赤穂浪士を骨抜きにし、仇討ちを砕くことが無明の使命となった。

さっそく無明の狙い通り、色香に迷って一人二人と脱落者が出始める赤穂浪士たち。だが、中心の一見ぼんやりしている大石内蔵助が実は奇妙な切れ者だった。「忠義」のために無駄死にする男女を嘲笑していた無明は、次第に大石の本意が忠義以外にあることを悟る。そして感銘を受けた無明は率先して、彼らに仇討ちの本懐を遂げさせようとする。

「忠義」という言葉に対し盲目となって、自立した考えも持たず無為に死にたがる人間を、無明は毛嫌いします。それが忠義の作法に準ずるためだけでなく、喧嘩両成敗を守らない公儀に対し、一矢報いるつもりで仇討ちをするという大石や、ラストで上杉綱憲の元に側女として遣わされた織江が、死を覚悟の上で情欲に耽溺する殿の堕落を諫め、内心愛していた無明への操を誓う凛とした姿との対比で、よりくっきりと現れます。死を厭わないことは変わらないのだけれど、雰囲気に流されて盲目的に忠義を信奉するのではなく、命を賭けて正義を問い愛を貫く姿勢が、この映画では尊重されます。

原作では織江も忠義のため操を捨てようとし、最後、無明の手によって殺害されてしまうのですが、映画での織江は忠義という美名の下のふしだらを憎み、自分の倫理を守り通します。この設定の変更は、男女の愛を重んじた加藤泰らしいし、人間への信望を取り戻すものであってとても優しい。織江の人身御供を聞いた無明が早合点してニヒリズムから彼女を嘲笑するのに対し、実は織江が死を覚悟してまで正義と操を守ろうとした心を知って、信頼と愛情を回復するドラマティックさには胸がキューンです。

無明役の丹波哲郎は絶妙のキャスティング。忍者的な動きのキレはともかく、得体の知れないヌーッとした落ちつきや、無表情なニヒリズムやわずかな抑揚に表れる感情の動きが、これ以上ないくらいふさわしい。丹波さんにはそういった佇まいと、読経のような台詞回しだけで何かが充溢する雰囲気がありますよね。また、大人の男の壮健さと美貌の兼ね合いも絶品。この頃の丹波さんは、ほんとに絶世の美男子だなあとつくづく思います。

　無明が千坂からくノ一の統率役を任せられる際、性欲が制御できるかのテストとして一晩、彼女たちと小屋に閉じ込められるのですが、六人が甘い吐息で丹波さんにまとわりつく、七Ｐしてるようなシーンがすごい楽しそうで（キャーッ！　わたしも交ぜて〜ッ！）と思いました。その後も夜の打ち合わせでくノ一たちが、丹波さんの腰や足を揉んでたりして、（やーん、わたしも腰揉みたーい）とねたましい気分に。

　くノ一はそんなにキャラは立ってないけど、下品にならない程度のモンドなお色気具合で楽しいです。忍法は歓喜天（交合中の男女が入れ替わる）とか、体から針が吹き出すなど荒唐無稽な術が目白押し。でも六五年というまだ抑制のある時節柄か、あまり露骨な性描写は避けられていて、それがテーマのわりに品良く観られる娯楽映画になっていて良いです。

『喜劇　特出しヒモ天国』

75／東映／監督　森崎東／脚本　山本英明、松本功
出演　山城新伍、池玲子、芹明香

　傑作。なんといっても顔ぶれが賑やかだし、松竹と比べて猥雑さや露出度や、ワル度が高いです。

墓場をはさんで寺のお向かいにあるストリップ小屋。今日も巡業で滞在中のストリッパーたちが特出しサービスに勤しんでいる。ジーン（池玲子）は若くて美貌の花形。サリー小夏は性転換美女で、九州からサリーを女と思いこんで追っかけてきた、純情な義一に真実を告げるか悩んでおり、恋人のいないリズはそれすら妬けて腹立たしい。楽屋にはストリッパーたちのヒモがブラブラ遊んでいて、博打をしたり彼女の荷物持ちをやったりして、毎日がすぎていく。

そして、今日も運命がスッ転んでストリップ嬢と関わりを持つ人々が生まれる。ひょんなことから、サラリーマンだったのにストリップ小屋の支配人となる松下（山城新伍）や、アル中のローズ（芹明香）のせいで刑事の仕事を失職し、そのままなぜかローズのヒモになる大西。でもここはそういった出入りも鷹揚に受けとめる世界だ。

巡業が終われば地方に移動して別れたり、新しい顔ぶれに逢ったり、また同じ小屋で一緒になったりする流れ者たちは運命も流れるまま。嫉妬心から大西はローズの元を飛び出し、松下はジーンと別れてローズのヒモになり、警察の本格的な手入れで全員検挙されたりする。それでも彼らのふてぶてしい流転の日々は明日も続く。

松竹で森崎東監督が撮った映画もほんとに全部手放しで大好きなのですが、この作品は東映で撮ってこそだと思う。楽屋で遊んでるヒモたちにピラニア軍団の司裕介、片桐竜次、白井滋郎たちがいて、このヤクザっぽい男前たちがひたすら女性に優しくユーモラスにダラダラしてるんだから、そりゃ楽しい。サリーのヒモになる川地民夫が超かわいいし、女優たちの脱ぎっぷりも遠慮がないし、松竹の家庭的ハートウォーミングさに比べて、いかにも東映らしい猥雑な空気と不良な役者が似合っている映画でした。

　映画の構成は群像劇で、特にひとつの軸になる話があるわけでもなく、いろんな登場人物の断片的挿話が積み重なっていくタイプの作品です。一応主役とおぼしき池玲子なんて、前半は目立つけど後半はほとんど登場しませんし、それでも面白いから気にならない。些末や脇役が異様に充実してて、ユーモアも素晴らしく観ててワクワクする作品です。

　たとえば聾唖者の夫婦は子供が欲しいから金がいると、奥さんのストリッパー業を志願してきたり、老いた振り付け師でヒモ志願の藤原釜足は、交通整理をしていた太った女性をスカウトし紅白の手旗でストリップをさせたり。ローズ役の芹明香が今回はダウナーなまま大ハッスルで、他のストリッパーに夜這いをかけた岡八郎が芹さんを間違えて抱いてしまい、ヒモの川谷拓三が嫉妬して怒ったときに、芹さんが「誰やと思ったときには、もう半分入ってたんやもん！」と叫んだりと、ほんとに些末な挿話が密度濃く入っていて、次から次へとお話が展開します。最後の手入れのシーンのバイタリティなんて、観てるだけで高揚します。

　せっかく見つけたもち肌の女をストリッパーに仕上げたのに、若い照明係に一瞬にして奪われる老齢のヒモである藤原釜足へ、皆がそそぐ哀れみのまなざしもほんの数秒の出来事。出演期間が終われば、次の公演のため旅に出て別れ別れとなります。土地や季節が移り変わるように、愛も同様に変化して、ストリップ小屋の支配人から池玲子のヒモとなった山城新伍さえ、池とケンカした際に芹明香が投げた鞄を受け取ってしまった瞬間、山城は芹のヒモとなって関係性が一変してしまいます。

　ストリップと同時進行で、裏の寺で老婆たちに節談説教をしている殿山泰司もいます。語尾でコブシを回しながら、仏教の生死観をわかりやすく説いているのですが、これと映画が断片的挿話で成立していることはおそらく重なっていると思う。

　本作は人間関係の縮図そのままに対応してて〈始まりもなければ終わりもない〉。明瞭なきっかけもないし、ただ断片が泡のように湧きあがっては消えての繰り返しで、ラストは逮捕された移送車の中の、芹明香の正面を見据える美しいまなざしで幕を閉じるのですが、彼女が釈放されたらまた元の流転の巷に舞い戻って、再び同じような断片的お話が繰り返されることは察しがつくのです。この映画の逸話はほとんどが流れっぱなしで、別れたカップルがよりを戻すような、起承転結のそこで物語が息絶えるオチもないし、落ちぶれた人が尊厳を取り戻す理想的決着もなく、その世界から振り落とされた人間は、そのまま疎外感を抱えて映画の中で放置された姿を描かれます。

人生は流れっぱなしなものです。円環を描いてるようでもあるけれど、元々因果というのは、因が果になりその果が因となってまた新たな果を産み出す……という永久に絶えることのない影響の流れを示しています。人と人が出会い出来事が起こって、その出来事の余波が他人に何かを起こしていくという、逆戻りはしない出来事の連続が人生なのです。たとえ生き死にという終始があっても、ちょっと引いて眺めればそれも世界の連鎖の一環にすぎなくて、だから、この映画は人の世そのものなのです。本作の中で、火事で焼け死ぬストリッパー一家がいるかと思えば、聾唖者の夫婦に赤ん坊が生まれるように、泡は湧いては消えるの繰り返しで、「始まりと終わり自体に始まりと終わりがない」のを示しているのだと思います。

今回、芹明香がノーメイクのすごい顔で登場し後半は主役です。ちょっとイッちゃってて、でもナチュラルなバイタリティのある魅力的な役で、代表作のひとつでしょう。他にも楽しいのがノークレジットのカメオ出演が多いこと。屋台で川谷拓三がキレるシーンでは、客に渡瀬恒彦、名和宏、深作欣二、屋台のオヤジに工藤栄一。そして喧嘩になると何故か和服のオカマの室田日出男や志賀勝や松本泰郎が参加。他にもノークレジットの東映セレブがいるかもしれませんので、皆さんも探してみてください。

『人妻の値段　匂いたつ欲情』

01／監督　佐藤寿保／脚本　川崎りぼん
出演　沢木まゆみ、西田ももこ、青木沙羅

佐藤寿保監督のエロオリジナルビデオ作品。匂いたつのは人妻の色香ではなく、生ゴミでした。

主人公の男は、同じマンション住人のゴミを漁ってはコレクションし、その性生活を想像するのが趣味。そんなある日、隣の部屋に若い夫婦が引っ越してきた。妻は大変可愛らしい女性で、おまけに生ゴミを一つ一つジップに入れて捨てるような、異様に潔癖なところがあった。また、ゴミの中には毎日散り散りに破かれた、男性宛の謎めいたラブレターがあり、彼はその紙をパズルのように組み合わせて秘密のメッセージを受け取っていく。

腐った生ゴミが冒頭、結構グロいです。オエーッと思ってると、すごくスタイルの良いバカそうな女の子のセックスシーンが始まるので、吐き気とエロさでどうしたらいいのかわかりませんでした。でもゴミからの想像シーンは豊かで、隣室の色っぽいメガネＯＬは生ゴミの処理が美しく、高級牛肉のトレイが捨ててあったりするため、主人公はちょっとした憧れを持っていたりします。

こんな感じに主人公の趣味がハードでキリキリしたアブノーマル世界を描く、佐藤寿保監督の作風はまったく遜色なく発揮されており、八〇年代の刺々しさが全然変わっていないことに感嘆します。またヒロインとなる若妻の神経質な鼻の鋭さ、冷静でミステリアスで潔癖で、植物を通り越して透明なビニールのような性格は『人体模型の夜』のヒロインととても似ているし、彼らが住んでいるのはどちらも人工的な湾岸近くのマンションです。同じシチュエーションを繰り返し描かずにいられない執着というのが、作品を次々と繰り越してしまう寿保映画。そういった完結しない作家性に興味が惹かれます。

この作品が異様なのは、こんなアブノーマルな設定で始まるのに、普通にラブコメな展開になっていくことです。主人公は隣の人妻にゴミを漁っていると知られたくないものの、でも彼女がゴミ袋に潜ませた今夜のラブレターは「どうして今日は声をかけてくれなかったの？」と拗ねた内容で、自分に語り掛けているとしか思えません。彼女の真意をはかりかねて「ああ～！　もうどうしよ～！」と煩悶する主人公。ゴミで密かに交わすラブレターってのが狂ってる、出発点が。なのにハッピーエンドにもつれ込んでいく、それも正しく幸福で爽やかな演出がされていることが、ほんとに呆気にとられました。一応、クライマックスでは不穏な寿保風暴力展開も挟まれるのでドキリとするのですが、それでも無理やり足技をかけたような幸福感に持ち込まれているのです。いつも通り、薬品のアルコールが香りそうな冷ややかな血と異常心理は描きこまれているのに、どこでこんな展開に急旋回していくのか不思議です。

まあ、彼女がそもそもなぜラブレターを書いていたのか不明だし、途中からは主人公の青年にカマをかける内容になっていくのだけれど、最初は誰宛に書いていたのかもわからないのでこじつけに無理もあるのですが、青年が恋人を獲得していく過程のもどかしさと、すれ違いの胸キュンがあって面白かったです。佐藤寿保といえばスプラッタで異常心理の痛い快楽と都会の狂った片隅を描く監督であり、そういうソリッドな映画がほとんどなんだけれど、生ゴミ漁りの話からまさかこんなラブコメを観ることになるとは驚かされました。こういう力を抜いた方向もいけるんだという安心を感じましたね。

『日本ゼロ地帯　夜を狙え』

89／松竹／監督・脚本　石井輝男
出演　竹脇無我、吉田輝雄、香山美子

モダンなギャングもの＋戦中篇な映画。キャストは健さんを除く「網走番外地」ファミリーが松竹に集まった印象。ちなみに吉田輝雄の役名が番外地の健さんと同じく橘です。この作品は石井輝男監督の、新東宝時代の秘密売春組織をめぐる「地帯（ライン）」シリーズみたいなお話で、そのせいかタイトルにも地帯と入っています。

社長秘書をしている衆木はある晩、町で綺麗な少女を眺めていたところ、ルミという女性から声をかけられ、名刺と引き換えにその少女を斡旋された。だがルミは事の後から、衆木に重役クラスの顧客を紹介するよう迫り始める。じつは彼女は、戦前からその道一筋の阿川が経営する秘密売春組織の手先だった。

衆木はこのとき、組織の用心棒として来た橘という男に見覚えがあった。橘は昔、衆木の姉である千代の恋人だったのだ。再会した二人は一気に昔話へトリップ。千代は阿川が経営する女郎屋に売られた哀れな娘で、苦学生だった橘は千代を足抜けさせようとして失敗し、泣く泣く学徒出陣で別れた。戦後、千代はパンパンとなっており、再会した橘の目の前で自分の身の上を絶望して自殺。そして橘は戦後のドサクサの中、仇であるはずの阿川の用心棒となっていた。衆木も「自分は警察に潰された関西の売春クラブの経営陣で、関東へ進出しようかと思っている」と名乗り、阿川と接触したいと話して、お互いの変わり果てた姿を苦い思いで見つめるのだった。その頃、阿川は新たにかわいいＯＬを組織のコールガールに引き入れようとしていた。

吉田輝雄が学生服だったり白いトレンチコートだったりと、厳しい表情で戦中から六〇年代までを一気に演じます。この映画、現在進行形の画面はとてもクールだしモダンで、みんな素敵なスーツを着ているのですが、同じ役者さんが同じ役で、戦中の回想では着流しに代紋を染め抜いた揃いのハンテンを着ていたりして、時代の変遷がすさまじい。戦中映像も実写を使い、「因習としての歴史や社会という呪縛から影響を受ける人間」という問題意識から浮遊している石井監督にしては、珍しく形だけでも歴史へのアプローチがあります。吉田輝雄の学徒出陣シーンもわざわざ実写と合わせてセピアカラーで撮ってあって、他の回想シーンはカラーなのに、そこだけ懐かしい雰囲気になっています。

田中邦衛や砂塚秀夫はイイ人の役。でも戦後の消息はふっつり画面から消えてわかりません。その他、アラカンの子分に藤岡弘。。やはり戦後はなんの説明もなく姿が見えませんが、落ちつき払った精神も容姿も美しい青年ヤクザ。こういう神秘的なヤクザはイイですね。杉浦直樹は新聞記者で、阿川を探っていたらＯＬをしている自分の婚約者が、実は内緒でコールガールをやっていたことを知ってしまう役ですが出番少なめ。このＯＬが窓辺で着替えてはけ、カメラが無人の窓へ寄って外を写すシーンが、意味はないんだけど魅力的でした。

待田京介は悪役で他の石井作品に比べるとおとなしめですが、立ってるときの何気ない仕草にも色気があってイイ。三原葉子はヤクで組織に縛られている阿川の情婦で、薬が切れて悶えるシーンがあります。そのとき、阿川のクラブでケン・サンダースが歌っている設定で、サンダースがあの低い歌声で体を激しく揺らしているのと、三原さんの悶絶がアナロジカルに映るのが、『東京ギャング対香港ギャング』のヤクが切れた鶴田浩二と同じ演出。さすが、石井監督は自作を焼き直す達人です。このケン・サンダースのダンスシーンはしなやかな猥雑さに溢れていて、あまりの魅力に目が釘付け。手足の長い肉体といい、全身の躍動の美しさといい垂涎もの。服もオシャレでビートニクな雰囲気です。

音楽は八木正生で、女性の悲鳴をあしらったテーマ曲がカッコイイ。映像や演出は相変わらず脱線や剰余に面白さがあって、意味もなく波止場に行ったり、竹脇無我は阿川の事務所でなぜかみずから拷問を志願したり、夜景のネオンがやたら綺麗に映ってたりと、些末が目を奪います。三原葉子や真理明美ら、現代女性たちの衣装もオシャレで楽しい。

杉浦直樹が演じる記者のように、新東宝時代の『女体桟橋』でも「恋人が娼婦だった」という似た設定があって、それは宙吊りのまま特に結論は出されず終わっていましたが、この映画ではハッピーエンド。本作は混沌としたラストのわずかな間にみんなが大団円を迎え、許しや安堵があって救われます。

内田良平

『車夫遊侠伝　喧嘩辰』

64／東映／監督　加藤泰／脚本　加藤泰、鈴木則文
出演　内田良平、河原崎長一郎、桜町弘子

ウウウ、なんて良い映画だろう。確かに主役がトップスターというわけでもない、モノクロのこじんまりした作品だけれど、美しくて笑えて泣けてしまうものがいっぱいに詰まった佳品です。

時は明治の終わり、人力車夫の辰五郎が東京から大阪へとやってきた。しかし、旗揚げした初日から地元の西川組の車夫ともめる辰。そのうえ、客として乗せた芸者の喜美奴の態度が気に入らないと、いきなり川に投げ込んでしまう。喜美奴は西川組の親分弥三郎が三年越しに思いをかける女であったため、組へしょっ引かれる辰。だが彼はそこでいきなり「川にほおりこんだ途端、喜美奴に惚れちまった。女房にしたい」と言い出す。とんでもない振る舞い続きの男だが、一本筋が通った辰の気性は弥三郎に気に入られ、さっそく

その晩、喜美奴と辰は祝言をあげることになる。

ところが辰は、親分が喜美奴に惚れていたのを聞かされ、そんな義理を欠くことができるかと祝言を取り消してしまう。頑固な辰と、その頑固さに男気を見て惚れた喜美奴も意地になって結婚せず、弥三郎が新たに喜美奴の妹芸者玉竜を二号にするまで、二人は祝言をあげようとしなかった。しかし二度目の祝言の晩、東京からやってきた西川組の縄張りを狙う矢島が警察に働きかけ、弥三郎は逮捕されてしまう。そして辰は親分が捕まった晩に祝言なんてできるかと再び結婚を反故にするのだった。

　矢島の卑劣な嫌がらせはエスカレートしていく。そして辰の弟分で、玉竜が恋する銀次郎が殺害されてしまい、辰五郎はじめ西川組の怒りは頂点に達する。

　『沓掛時次郎　遊侠一匹』が男女の清らかな愛情を、濃密な叙情と繊細な美意識で描いたとすると、この『喧嘩辰』はもっとバタバタした、市井の騒々しさやスピーディーなユーモアの中に、男女の間のおかしくて切ない関係を表した作品です。俳優さんの資質というのもあって、内田良平の奇妙な影を孕んだ容姿と、タメの無いスカッと外すくらいにどんどん芝居を進める傾向によって、辰五郎は直情的かつ不思議な思慮と屈折を持ったエキセントリックなキャラになっています。義理堅いんだけれど、それが明治男の男性本位性でもある一種の無頼というか。粗暴でありつつ演技の素早さに伴って、行動が現れたときにはそれよりももっと早く、揺るぎ無い意志が決定されている奇妙な知性も持った男。他人には口を挟む余地の無い、自分の良心を信じて良心に基づき行動するだけだと完結している、微妙に硬質な性格でもあります。

コレがたぶん、内田良平というキャスティングなんだろうなあと思う。車夫を演じるにふさわしい三船敏郎のような偉丈夫でも益荒男でもないのですが、嘘偽り無く一本筋をこの世界で通し続ける気性を体現する俳優です。辰はふらっと大阪へやってきた異邦人で、一応紙芝居と浪曲風に大阪へ流れてきた顛末はタイトルバックで語られるんだけど、「俺が俺でいられるような町を探して」大阪へやってきたという、その不思議な思慮と〈まっすぐでいるための苦難や痛み〉が、内田良平のような知性と一抹の乾いた暗さを持った俳優である意味だろうなあと。

これは同時に、やはり東京から大阪へ一旗あげにやってきた、大木実演じる矢島と対応していて、辰が最初からある決意を持った得体の知れない人物であるのに対し、この大木実は劇中において悪漢として生きることを決意します。これがまた凡百の任侠映画と違い不思議。短絡的な二項対立に陥らないような悪漢が生まれる過程があるからこそ、大木実はエンディングでも単純に征伐されてオシマイにはならず、任侠映画には珍しい救済の予感を持って幕を引きます。そしてその手を差し伸べるのが女の〈妹の力〉であるのも、加藤泰作品らしい。

でも本当に、この〈嘘偽りなく自分の良心に忠実に生きる〉、加藤泰作品で連綿と語られる男と女が好きです。喜美奴と辰の結婚はなかなかまとまらないものの、この機微とユーモラスながら切ない、意地っぱりでありつつ誠実な二人の男女が経る紆余曲折が素晴らしい。愛にも正直ゆえに、二人とも惚れてる気持ちは偽ったりしないので、喜美奴が自分のかんざしを託して、辰がそれを肌身につけてる情の交わし方もひっそりと艶かしい。喜美奴を演じる桜町弘子と内田良平のバランスもいいです。背丈がほとんど変わらないから、加藤泰らしい女性の尊重が画面から伝わるというか、喜美奴が女として単純に忍従を強いられるわけじゃなくて、同じ土俵でぶつかって言い争える感じが良いです。

結局二人は三度も祝言をあげるのですが、その間もずっとドタドタと周りの人々が騒いでるのがなんともおかしくて、でもなんか気がつくと泣けちゃうような。曾我廼家明蝶の気のイイ親分にも笑えつつ感動してしまいます。隣に住んでる兄貴の近衛十四郎も変人だし、辰と喜美奴が、自分たちの弟分＆妹分である河原崎長一郎と藤純子をカップルにしようと画策する、自分たちのこともままならない不器用な二人が同時に兄と姉である、不思議な感覚がこれまた良いのです。

辰が「あの女に惚れたんだ」と言い出す長回しや、美術の井川徳道による大阪駅の見事なセットや、弥三郎が監獄に入る大仰な送別式のおかしさや、一度目の祝言の後の辰と喜美奴の「はっきり」という言葉での活きのいい応酬とか、楽しくて素敵なシーンがほんとにたくさんある作品。

それからもうひとつ。加藤泰作品では果物が重要な役目を持っていて、女性が思いを寄せる（寄せる運命になる）男性へ、蜜柑や柿などを渡すシーンがたびたび見られます。この甘くて、色鮮やかで官能的な食べ物が女性から男性へ手渡されるのは、もう明らかに男女の関係を象徴しているのですが、この『喧嘩辰』においては変則的に、内田良平が桜町さんへ最後の殴り込みへ行く寸前、自分で握って食べかけたおむすびを手渡します。

この握り飯っていうのがいかにも辰そのままというか、直感的なイメージになってしまうけれど、気風の良い男らしさを象徴する食べ物に、銀シャリによる握り飯はとてもふさわしい。無造作で、でも凛と渋く力強い感じが、まさに男から女に手渡されるものとしてこれ以上のものはないんじゃないかと感嘆しました。このシーン、二人が別れの言葉を交わす繊細な表情が泣けるし、この場や三度目の祝言の後の、辰のあっけないほどの立ち去り方が複雑な男らしさでとても印象的です。色々なものにぶつかりながら筋を通して生きることの難しさや、それでも真底惚れ合う相手がいる、この世の切なさを伴う男女の不思議な映画です。

『男の顔は履歴書』

66／松竹／監督　加藤泰／脚本　星川清司
出演　安藤昇、真理明美、伊丹一三

加藤泰、安藤昇、菅原文太、内田良平、親分役で嵐寛寿郎。この顔ぶれが揃うと、なんだか東映作品としか思えません。それにしても眉を剃った内田良平は怖くて素敵。

三つの時間軸が交錯する物語。現在、事故に遭い雨宮の病院へ運び込まれる男。その男は戦時中雨宮の指揮下にいた、日本人として育った在日朝鮮人の崔だった。雨宮は戦後、崔と再会したときを思い出す。当時、在日朝鮮人は治外法権となり、雨宮が所有するアーケードも朝鮮人やくざが利権を奪い取ろうとしていた。ある日、チンピラたちはひとりの日本人女性を強姦し殺害。帰省した雨宮の弟は民族意識が強く、暴力には暴力で抵抗しようとするが、逆に朝鮮人ヤクザたちに捕まり監禁されてしまう。ずっと冷ややかに現状を眺めるだけだった雨宮も、とうとう自分が立ちあがらなくては仕方がないことを悟る。

一時期、ＧＨＱの「在日朝鮮人は日本の法規制を受けない」という意味の声明を受けて、朝鮮人のアウトロー集団がテリトリーを拡大したことがあったので、史実的にはアリな内容。翌年には再び法規制下に入るという声明が出されます。

悪役があえて朝鮮人ヤクザに設定されているのは、確かに際どい選択だと思います。でも安藤昇演じる主人公は、戦争の修羅場をかいくぐって再び戻ってきたいま、もう何事にも熱意を持てず、目の前で朝鮮人と日本人が殺しあっていても、どちらにも味方せずただ冷淡に両者を見つめるだけの男であって、無用な争いへの虚無感で凍りついたような精神状態に見えます。たまたま在日朝鮮人が弟を殺したのをきっかけに、ウダウダと続く無益な争いに完全な終止符を打つため相手を殺しまくっただけなのだと受けとめました。

ほんとに微妙な選択だけれど、この映画の核は〈安藤昇演じる雨宮という諦観の中で孤絶した男〉の物語であって、道義的に日本人が触れたくない在日朝鮮人との争いを選んだのは、彼に民族意識すらないことを表そうとしたのでしょう。雨宮は相手の出自など問わないで、日本人だろうと朝鮮人だろうと襲ってきたらおそらく殺すし、助けを求めてきたら命を救う男です。これが逆に在日朝鮮人の側に立って日本人ヤクザを殺す話だと、彼にはまだ韓国への謝罪という民族意識を、体内に持っていることになるのではないでしょうか。彼が差別主義者ではないのは、端々からちゃんとわかるように演出されているから、観ていると偏った差別意識は感じません。たぶん、彼は目の前の今すべきことを社会的常識ではなく、〈自分の道理〉に従ってこなしていくだけの人間なのです。

安藤昇は、何も知らないで初めて観た人は、あまりの棒読みと無表情に「なにこの人？どうしてこんな人が主役を？」って感じると思う。でも、全然芝居ができなくても安藤昇ならいいです。男の顔は履歴書というタイトルもふさわしくて。この映画では珍しく医師の役だけど、ラストの手袋をはめた手をずっと上に向けてる硬直した芝居は、劇場で観ると周囲に失笑が起こるのですが、わたしは安藤昇がアップになるラストの唐突さはグッと来ます。一縷の望みに全霊を賭ける覚悟と、映画の生命が息づいてる印象のエンディングです。

『影狩り』

72／東宝／監督　舛田利雄／脚本　池上金男
出演　石原裕次郎、浅丘ルリ子、内田良平

わたしにとって石原裕次郎は、その昔手術をした後にどっかのベランダから趣味の悪いガウンを着て、観衆に向かい天皇のように手を振っていた人というイメージで、それ以外あまり興味がないです。だからこの映画も成田三樹夫と内田良平のために観ました。原作がさいとう・たかをの劇画なせいか、三者の衣装は結構マンガチックです。

タイトルバックがかなり強烈。バート・バカラックのように爽やかで美しいムード音楽が流れ、石原裕次郎のやたらヴィブラートの効いた歌声が始まります。まるで中年ホストに酔いしれて歌われてる感じなんですが、そのバックの画像では、忍者に殺された武士の切断された手や頭部がゴロゴロし、血まみれの死体が転がる焼け野原をパンして映していきます。美しい楽曲と、ものすごくグロな映像のミスマッチ感覚がグッと来て、（この映画は当たりだ）と直感できます。

その後もひたすら残酷描写が頻出。切られるたびに高々と間欠泉のように噴出する血飛沫や、切られて川に落ちた死体からは血がおびただしく溢れ川を赤く染めます。絶対血の靄を見せるためだけのカットだったり、転んだ拍子に竹の切り株がザクーッとこめかみを貫通したり、スプラッタホラーとしか思えない描写ばかり。しかし広瀬健次郎の音楽はひたすら美しく爽やかで、ブラスをメインにしたソウルっぽい旋律や、ジャズ・ロック風のアレンジなど自己主張が強く現代的です。江戸時代が舞台の映像と、このソウルテイストの劇伴の落差がいかにも七〇年代的で良いのです。

タイトルの説明をすると、「影」とは隠密の意味。財政危機の幕府は、諸藩の面倒までみきれないので、隠密を使い重箱の隅を突つくようなつまらぬ落ち度を報告させ、国の取り潰しを行っています。それに対し「影狩り」とは、その隠密たちを殺して回る男たちのこと。石原裕次郎と内田良平と成田三樹夫は元々武士ですが、それぞれが「影」によってお家取り潰しの憂き目に遭っており、今は浪人となって恨みを晴らしているわけです。

それぞれのキャラがとても良くて、お調子者で女好きの内田良平、クールで理性的な成田三樹夫、それらの代表格で頭が切れ腕も立つ、寡黙で陰気な石原裕次郎。殺陣はかなり見せ場だと思うのですが、石原裕次郎は病み上がりなのかまったく体が動いておらずちょっと苦しい。顔もむくんでいてヒゲをたくわえアイシャドーを入れてるものの、回想シーンのヒゲのない場面ではちょっと絶句してしまうほど膨満顔。でも、それでも主役をはる重厚感や花があるんだろうから人間って不思議です。

石原裕次郎が動けない分、アクションは他の二人に比重が寄っていて、内田良平の居合も良かったし、成田三樹夫が林の中の忍者の仕掛けた矢の罠を避ける場面は、スピーディーなカット割と役者自身の動きが美しくて決まってました。アクションはどれも個性的で面白かった。

浅丘ルリ子は別にいてもいなくてもいい。どっちかというといない方がいいキャラです。女性陣は劇画ゆえか無用に露出度が高くて、いかにもさいとう・たかをらしい生々しい淫靡さが楽しい。基本的に男の世界の映画なので、銃を持った敵に「三人のうち誰を殺すか」と脅された際、「誰でもいいぞ」と答える「死ぬこととみつけたり」な雰囲気がグッときてしまう作品です。

『流血の抗争』

71／日活／監督　長谷部安春／脚本　永原秀一
出演　宍戸錠、佐藤允、梶芽衣子

内田良平が吸いかけのタバコを俯いてポトリと地面に落とし、踵を返して車に乗りこむ場面がカッコいいです。

内容は普通の任侠映画ですけど、テイストや手法が現代ヤクザっぽい作品です。ちなみに九八年には長谷部監督自身が『組織暴力　流血の抗争1・2』というタイトルのVシネマでセルフリメイクしていましたが、こちらは冴えない出来でした。才能を色褪せさせる時の流れってむごい。

　五年ぶりに出所してきた手塚。しかし地元は不穏な雰囲気で、親友の吉永が属する志村組は東京の宇田川組と盃を交わし、手塚の秋庭組にも大型暴力団の誠心会が近づいてきた。本当は穏便に済ませたい志村組と秋庭組だが、秋庭を利用しようとする誠心会は幹部の星野を送りこむ。やり方がえげつない星野は、秋庭の親分を殺しておいて「宇田川がやった」と言ったり、秋庭組が行き掛かり上、宇田川の支部へ殴り込みをかけている間に、勝手に志村組に殴りこんで壊滅状態にしてしまったりと強引なやりかたをする。しかし、星野の指図で秋庭の親分がやられたことに気づいた手塚は、舎弟の小沢と誠心会へ復讐に向かう。

　まず、オープニングに登場する郷鍈治が素晴らしく魅力的。誠心会の息が掛かる、縄張り荒らしをした胴元役で、アップになったときのギラギラしてる目がイイ。そしてリンチを受けてもふてぶてしく笑う郷さんが、血の混じった唾をペッと吐いて間髪を容れずタイトルが出ます。ここでかかるモータウンリズムといかがわしいブラスのテーマ音楽が、ベラボウにカッコイイです。血が騒ぐ暗い激しさがあって、鏑木創は本当に天才。

　この映画で好きな部分は、普通ならはしょるような本筋と関係ないカット。たとえば序盤の、誠心会会長の小峰に会いたいと宍戸錠が言って、内田良平が電話でその事を本部に伝えた後、助手席に宍戸錠を乗せて内田良平が車を運転しているカットとか。このシーンはセリフもないし、ほんとにただ内田良平と手持ち無沙汰な宍戸錠が車で移動してるだけの、移動の記号というより〈移動の身を持て余すほどの生々しい実時間〉をそのまま切り取ったカットで、実際に公道を走ってるのも妙にリアルで不思議なシーンです。

で、このわざわざ同時間的な〈はしょらない〉移動のカットは、より大きい形でラストに繰り返されます。普通、殴り込みをかけるために移動する男たちのショットとは、たとえば健さんと池部良の「悲愴な決意をして腹を括った男たち」を象徴する道行きであって、実際どのくらいの道のりを歩いているとか、〈移動するために時間がかかる〉という発想とは無縁なものです。

　しかしこの『流血の抗争』では、宍戸錠たちによる第一弾の星野征伐が終わった時点で、まだ映画は十五分以上残っており（オイオイ、この映画はどこへ行くんだ?）と不安に思っていると、なんと残りはほとんど移動と待ちのシーンだけに費やされます。これがイイ！この良さをわかってほしい。重傷を負って虫の息の藤竜也と、やはり左肩を撃たれている宍戸錠が、東京まで車をずーっと走らせ、誠心会の事務所までノロノロしたエレベーターで上がって、留守だから会長が帰ってくるのをずっと待っている、その時間をやりすごす生々しさ。現実味が映画においては何も象徴しないありのままの逸脱であり、リアリティが映画の抽出された記号性や目的性を凌駕してしまう感じというか。留守宅で待ってる宍戸&藤は、お決まりの出入りを速やかに行う鶴田浩二とは隔たった、単純に出入りすらもできない、非常に人間くさい瞬間の只中に置かれていて、〈時間〉をこれほど生々しく介在させた映画は珍しいと思いました。

　撮影はかなりハイキー、フラット気味で観ていて落ちつかないです。その辺りも現代ヤクザ的。音楽がとにかくカッコイイ日活ニューアクションの佳作です。

高橋伴明＋下元史朗

『異常な快楽　禁唇』

81／ミリオンフィルム／監督　高橋伴明／脚本　高橋千鶴子
出演　忍海よしこ、下元史朗、橘雪子

まこと（下元史朗）とえり子の兄妹は二人暮らし。ある日まことは行きつけのバーで、えり子のボーイフレンドの淳一を紹介される。妹が自分の元から離れることに、言い知れぬ苛立ちを感じたまことは早々に席を立つ。そして次の日、淳一の部屋に泊まってきたえり子を見て、彼は衝動的に妹を犯してしまうのだった。

えり子は「過ちは忘れます」と置手紙を残して、淳一の部屋に引っ越していく。まことの寂しい一人暮らしが始まった。しかし後日、彼は淳一が他の女性と歩いているのを見かける。その女は淳一の別れた妻で、まことは彼女から淳一は子どもを作れない体だと聞かされる。

まことはえり子にそのことを話そうと、彼女を部屋に呼び出した。だが「自分も話がある」という妹はまことに妊娠を告げる。

相姦シーンが痛ましいです。悲痛な顔の兄と、嘆きをこらえるような表情の妹が、一瞬顔を見合わせるセックスは快楽なんてまったく無さそうで、それでも行き着くところまで行かないとどうにもならないというのが、非常にやりきれない気持ちになります。回想の中でこの絡みに、水色の水玉がかかるのも可愛いぶん悲しげ。二人は過ちを忘れて兄妹という関係を修復していこうとするのだけれど、結局兄妹間で妊娠してしまったため、最後の決断を下すことになります。

中上健次の小説『枯木灘』で、異母兄妹の主人公たちが相姦関係になったとき、妹が「兄ちゃん、きょうだい心中でもしよか」と言い、それはその町の盆踊りで歌われる「妹に懸想した兄に、妹が『自分には好きな虚無僧がいるので、それを斬ってくれるなら』と頼み、兄は夜、その虚無僧を斬るが、実は僧のなりをした妹であった。兄は自分で死んだ」という音頭である、という挿話が出てくるのですが、本作も〈兄妹心中〉という一番後ろ向きで、出来事を完全に悲劇として捉える作品であり、心中を言い出すのは妹の方です。兄は現実的に堕胎を勧めるのだけれど、彼女はもっと根源的に畏怖の感覚を持っていて、何かを断ち切ろうとします。

日本人の中には『枯木灘』のように、結局父親が子供たちの近親相姦を「どこにでもあることじゃ」と言い放つような怪物的な土着性があるのと同時に、自決を罪の償いとして寛容に受け止めるような精神もあります。そういうところが日本の宗教の多様性なのかなと思いますが、本作は結構あっさり心中を選んでいて、安易な痛ましさという気もします。血の交わりを恐ろしい禁忌として捉えるのは、何もそこまでという気がしなくもないのですが、ただもう乗り越えられない、というのはわかって痛ましいです。

ちょっと突飛な話題ですが、柳田國男の『妹の力』の妹とは、妹に限定せず女性一般を指すのですが、その中で宮古島の船立御嶽の由来として、「島に流された妹を追って兄は移り住み、妹は里の男性と契って母となったけれど、船立の神になったのはこの兄妹であった」という話があって、それを柳田は「兄の生活計画に、妹が力強い指導の力であったということは、本来女性の体質や生理上の特徴が、ことに神を見、神の声を聞くに適していたからとも説明し得られるかも知れぬが」と書いていました。

この映画で描かれる妹は、女のふてぶてしさや生々しさを全然持っておらず、常に囁くように話すとても儚い神秘化された妹像で、この茫洋とした無表情こそ〈妹の力〉を持ち得るのでしょう。女性特有のうつろな優しい表情をして、彼女が兄と自分自身の生死を決定し、そしてそれが宿命のように抗わず受容されるのは、そういった行く末を直感的に知っているような、一種得体の知れない霊的なものとつながっている雰囲気を感じさせるからだと思います。

　でもえりこ役の忍海さんの容姿は一重瞼で、ちょっと背徳性とは縁遠い風情。またピンクなのであらゆる登場人物の組み合わせで絡みがあるんですが、バーのママさんが太った中年女性できつい。もうひとり、淳一の元妻役も結構肉厚で、騎乗位の場面では「暴れ獅子」という言葉が浮かびました。

　下元史朗さんはこういう悲痛で孤独なお芝居が良いです。ひとりで炬燵に向かってるのが、ひしひしと寒い。最後の心中シーンで妹と並んで壁にもたれてるのが絵になっていて、首をそらしてみつめあう仕草が切なく甘美です。

『少女情婦』

80／新東宝／監督　高橋伴明／脚本　大貫圭
出演　丘なおみ、豪田路世留、宮田諭

　ピンク映画です。なんてことのないよく語られるような物語ですが、爽やかで観てる間一度もイヤな気分にならない青春映画の佳作。

豪田路世留が青山の町角で、「お財布落としちゃったんですけど、五百円貸してくれませんか」と男たちに声をかけている。そして彼女に興味を示した男相手に、売春をする。彼女はそれを毎日繰り返し、ヤクザの情夫の保釈金を出してやるため、二百万円貯めようとしていたのだった。だがある日、カラッケツな青年宮田諭に声をかけ、彼が良い人だったので、彼女は逆にご飯をおごってやる。そして二人は惹かれあい、若者らしい普通のデートを楽しむようになるが、不意にヤクザの男が拘置所から出てきて彼女のもとに現れる。

デートの待ち合わせ場所でポシェットを下げた、ホットパンツの豪田路世留が立ってると、宮田諭がいきなり塀の上、というかフレームの上空からドッと飛び降りてきて「おまたせー」とか、この爽やかな屈託のなさが素晴らしくて、七〇年代のロマンポルノとは違うなと感じます。出会ったばかりの名前も知らない青年と少女が、彼女の気まぐれでデートをすることになる、すごくまっとうなボーイミーツガールのお話で、確かにこのワクワクする最初のデートの感じは、この軽さこそ正しいと思いました。

もう本当によくある話で、彼女の部屋に行くと自分よりイカした男と彼女が写る写真を見ちゃって青年が急に沈んでしまったり、それでも青年が彼女に「ヤクザと別れてボクと一緒になろう」と性急に迫って彼女を当惑させたりとか、でもそれが甘酸っぱい痛みでありつつ暗くなりすぎない、どこかユーモラスで幸せな青春映画。ヤクザの下元史朗は組長のお嬢さんとできてて、彼女にポンと保釈金を出して貰ったというのを耳にした青年が、公園に下元史朗を呼び出して殴りつけます。でも逆にボコボコにされちゃうんだけど、下元さんが「惚れてんのか」と尋ねるところで、大方察しはつく甘酢っぱいお話なのです。その王道がいい。最後に殴り倒されて公園で横たわり、少し笑みを浮かべたような表情で考えてる下元さんが男前。でもこの殴る時の効果音が「バシッ！」って音にエコーがかけてあってちょっと珍奇。

　ピンク映画だからベッドシーンは多いです。下元さんが青年の気持ちを汲んで、自分も惚れてる豪田路世留をわざと振るシーンでは、組長のお嬢さんとできてるとアピールするため、いきなりシックスナインを見せつけます。確かにインパクトはあるでしょうね。そこで、立ちすくんで自分を見つめる豪田路世留に対して、下元さんが本心を見透かされたような気まずい表情を一瞬見せてそれが良いんですが、女のお尻越しなのが少し情けないです。

　冒頭からたびたび映る雨に濡れたアスファルトと、木々の緑と広い道路が美しい。ラストも青年が青山を歩くノーライトの自然な暗さや、二人の再会も雨が上がった直後の空気の綺麗な感じがあって、久々に東京の街並みの良い部分を観た気がしました。

『人妻拷問』

80／新東宝／監督　高橋伴明
出演　下元史朗、丘なおみ、青木奈美

いかにもな感じのタイトルなんですが、内容はうって違って、孤独に生きてきた男女が出会い、初めて深く優しい情感を交えながら、眼前のもはや逃れるすべのない互いの最期へ向かっていくという、なんとも胸の痛む切ない情愛のお話でした。この作品を観たときなんだか泣けてしまい、翌日に劇場で全然関係ない映画を観てる間にも、この作品が頭から離れなくて涙目になってました。

一人の男がある団地へやってくる。彼は旦那が留守中のちょっと蓮っ葉な女の部屋に上がると、不意に彼女をピストルで脅しながらこう尋ねる。「死んじまうのと、一人で生き残るのと、どっちがつらい？」。そして彼は女を犯すと、怯える彼女を銃で撃ち殺す。実はこの女の亭主を含む三人組の男たちは、彼が一緒に暮らしている若い娘を輪姦した過去があった。それが原因で娘は精神を病んだため、この青年は復讐を果たしているのだった。それも本人を殺すのではなく、「愛する者を奪う」という手段で。

青年は二人目を殺害後、その足で同じ団地の他の棟に住む、最後の男の妻の元へ向かう。だが、彼女は部屋に侵入し銃を向ける彼に何故か怯えることもなく、「殺すなら早く殺して」と沈んだ様子で呟くのだった。

たびたび入る青年の回想シーン。彼が帰宅すると、共に暮らす若い娘がぼんやりと「赤い靴」を歌いながら、人形の股間をマジックで塗りつぶしています。彼女は強姦された際、陰毛をむしられ激しい怪我を負い、精神的に追い詰められて立ち直れずにいます。

一方現在形の密室では、ピストルで恐怖や辱めを与えても女が泣き喚いたりしないので、「何故だ？」と青年が尋ねると、女は諦観の果ての緩慢さといった様子で「いいことなんて、ひとつもなかったわ」と答えます。その意外な、人生を悲観する彼女の不幸せな暗さに彼の絶望が引っかかり、二人は共鳴していくことになります。

彼が犯行の動機を説明するのは、上記の回想シーンで処理されるのですが、徐々に「その後の娘」が明らかになっていく手法も良かった。実は彼女は彼の妹で、ある晩絶望の末に、皮膚が剥がれ血塗れになった下半身で兄に「抱いてくれ」と迫ります。その妹を戸惑いながらも抱いて救ってやろうとする兄がとても切ないし、でもやはり最後の一線を越えられない躊躇の機微が、この映画の良さであり信用できる慎みであると思いました。しかし翌朝、彼は妹の自殺した悲しい姿を発見します。

この話を聞いて彼の妹のために涙を流す女に対して、青年が感銘を受けて本来の深い優しさを見せる、男女の不思議な結びつきに胸を打たれます。世の中にこれほど人が溢れている中で、まるで元々ひとつの魂であったように互いを慰撫し、情愛が湧き起こる男女が巡り会うことは奇跡のようで、でもたぶんその奇跡はこの世に真実として存在する、直感の具現化のような作品です。もうほんとに、二人ともとても素直に心を見せて急速に溶けあっていくのが素晴らしくて、誰も知らないある日ある団地のある一室で、こんな稀有な男女の美しい高まりがある、そんな一瞬を収めた映画としていとおしいです。とてもいとおしく切ない映画。

刑事たちが表をうろつく中、出会いの最初は強姦だった二人が、「どうせこんな復讐を妹は喜ばない」と自首して出ようとする彼を女が引きとめた後、初めて満ち足りた肉体関係を結ぶシーンも、なんとも美しいし切実なのです。オルガズムに達するときの、情愛によって緊張から解放された深い快感とか、そういう精神的に澄明で、感受性が豊潤な状態にあるような。

でも彼はやはり人殺しであり、ずっと罪の意識と妹を失った悲しみを背負って生きていかなければいけません。ラスト、帰ってきた女の亭主が、もし妻が殺されてもまったく悼まないだろうとわかったとき、彼女は不意に青年を刺します。それは死を悼まれる彼の妹への妬ましさでもあるし、殺してあげることでの苦痛からの解放でもあり、それが正しいかはわたしにはわからないけれど、でも一生涯心の闇の中で苦しむ人が、他の者ではなく魂の結びついた者の手にかかるのは、一種の祝福なのではと感じました。それと、青年を殺すのがナイフで、この後彼女は旦那をピストルで撃って殺すのですが、距離を置くのはまさに感情の隔たりであって、体を密着させて刺すナイフは愛の行為そのものなのでしょう。

主役を演じる下元史朗も、見た目からしてとても切実な悲しい風情で良かった。セックスシーンの、青年らしいあえて余裕のない感じも痛ましくて印象的でした。破滅は最初からわかっているけれど、その寸前に失われたはずの愛が誕生し、魂の美しい部分が燃え上がっているような映画でした。

『鞭と緊縛』

79／新東宝／監督　高橋伴明
出演　宮田諭、岡尚美、日野繭子

医大受験を控えた浪人生。彼には同棲している年上女性がおり、彼女は彼に尽くしてピンサロで働いたりしていますが、鬱屈が溜まってきた青年は「愛して」と頼む彼女を緊縛したり責め苛みだします。そして彼女が気の進まないお見合いのため帰郷している間に、偶然出会った高校生の娘を部屋へ引っ張り込み、以来三人の奇妙な同棲生活が始まります。しかし、ある晩ＳＭに及ぶと娘は付き合いきれなくなって部屋を後にし、また年上の女は自分から責めてとせがむようになり、飽き飽きしてきた彼は年上女の部屋を出ることにします。お別れの日、最後のＳＭをせがまれて彼が付き合って責めてやると、高ぶった彼女はいきなり彼のイチモツを切断。一年後、医大は諦めて剥製制作の修業をしている青年。久々に出会った高校生の娘に性交ができなくなったと打ち明け性器を見せると、娘は「あの女性は、あなたのことをホントに愛してたのね」と呟きます。それ以来、感傷的な音楽と共に、姿を消した年上女性の行方を捜す青年。そしてある日、ＳＭショーの小屋に入ると、舞台で責められている彼女を見出します。

確かにセックスシーンも多彩で緊縛もエロいんだけど、観終わって抱えるのはいやらしい気分より、どんよりとのしかかる息苦しさです。悲しくて、むごくて、また伴明監督の作品には男女とも、いつ自分が犯罪者となるかわからない危うい精神のぐらつきがあり、それが共感できる糸口から綴られて入っていくので、気がつくとこちらの精神も危うい方へいざなわれてしまう不安があります。

とにかく痛ましい。愛して追う者の立場の弱さと、それが反転していつしか自分から相手を上座に押しやって崇めてしまう、どのみち崩壊するしかない女の愛が、カラッとした女子高生との対比も伴って、とても生々しく描かれてつらくなってきます。愛するあまり、女が自分を虐げる男に刃を向けるのは伝統的な新東宝のピンク映画という感じですが、オチの思いがけない男の愛の凶暴性という、大どんでん返しにはほんとに居たたまれない気分になりました。

伴明監督のピンクには軽妙なやり取りなど八〇年代の浮薄さもあるのですが、でも様々な作品に通底する暴力性はいつ表面化してくるかわからない危うさがあって、観てる間は緊張感がとけません。本作でもラストの性交における、メスで女の肌を切りながらの愛撫は、血の量も微妙さが忌まわしくて萎えるし、他の映画でもどこか血や痛みの恐怖があって素直な快楽だけを家に持って帰れない印象があります。または取り返しのつかない愛に堕ちてしまって、泣きながら死の前のセックスをしているとか、ほんとに息苦しい。

単純にいやらしい気分にして観客を喜ばせたいなら、こんな複雑な負のイメージの物語は持ち込まなくてもいいわけで、やはり意図は別のところにありますよね。そうでなければ制作のモチベーションが保てなかったのではないでしょうか。成人映画館でエロイメージを頭からこぼれないように大事に持って帰る前に、この映画のラストシーンを観てしまったら、ほんとに気が滅入ってエロどころじゃない感情を抱えると思うのです。

伴明監督の『歓びの喘ぎ　処女を襲う』の漁場で汚染された魚を食べ続ける男の、陰鬱でゆっくりとした自決に向かう冷え冷えとした心境など、思い出すだけで背筋に冷気を感じます。途中はスケベでもそういうことを忘れさせてしまうほどに、込められた絶望感に共鳴してしまったら、人の感情を狂おしいほど寒々とさせる「映画」に出会ってしまったとしか思えないのです。

ちょっとだけ下元史朗も出ていてＳＭショーの相方をやっていました。おそらく女の現在の愛人なのですが、舞台の後、青年から戻ってきてほしいと懇願される女がふと建物の二階に目をやると、下元さんがそっと窓を閉めて部屋の奥に消える演出が憎い。女が未練を持っていた昔の男の元へ帰るのを無言で許す、あの優しいニュアンスはほんとに伴明監督特有だと思います。

第五章　ロマンポルノ二五選

神代辰巳の逸脱とナルシシズム

『濡れた欲情　ひらけ！チューリップ』

76／日活／監督　神代辰巳／脚本　神代辰巳、岸田理生
出演　石井まさみ、安達清康、芹明香

舞台は通天閣辺りのパチンコ屋。釘師の明と自称パチプロの洋はライバル関係で、勝負は明の十連勝中。原因は洋がモテで女に無駄な時間をつぎ込んでしまい、パチンコの修行に身が入らないため。一方、明はブサイクなせいか二五歳童貞です。釘師の仕事に打ち込むけれど頭は女でいっぱいで、特に前々から洋の女の一人である牧子（芹明香）に恋をしていますが、残念ながら牧子は洋に一途な模様。

そんな折、明の父親が亡くなります。突然高額の遺産話が舞い込みますが、受け取れる条件は明が明朝までに結婚すること。気をきかせた洋が自分の女たちに「明と結婚してやってくれ」と頼んで回ったところ、金に目の眩んだ女性陣は明を熱狂的に追い駆け始めます。

シュールな演出とわけのわからないストーリーながら、神代映画の中にしかないテンションがあって、それを維持する集中力が凡百の作家と違います。女たちが不細工な男に

財産以外、男の価値を感じないし人間的魅力などは一切認めないという、恋愛劇や人情劇のセオリーを度外視した展開。男性優位かつモテ勝利宣言的で、でもそういう「モテ男は最後までモテ。損はしない」という徹底した価値観も確かにこの世の真実なので、モヤモヤしますが観察している分には面白いかと思います。

話の背骨にモテた神代のナルシシズムがあるのはともかく、映画の作りがほんとに素晴らしい。モンタージュのあいも変わらぬムチャクチャ加減や、手持ちカメラの揺れ加減も演出の型にはまらぬ非凡さとあいまっています。そして無意味な動きの自由さ。明と洋がボートに乗ってお互いが反対方向に漕いでいるとか、男を取り合う芹明香たちがワンカットで屋台を引いて坂を駆け降りてくる、狂暴さと紙一重なアクロバティックな演出。女性たちが一斉に明を追い駆け始めた『セブン・チャンス』な展開中、明が喫茶店に入って洋の女の一人がいるのを認めた途端、流れるように踵を返して店を出る場面なんて、他に誰がこんな不安定で魅力的な映像を撮れるでしょうか。映画の枠を本能的に踏み外していく、そしてその本能がまさに天才的で、演出の一片一片に未知の面白さが横溢している、それが神代世界です。

ストーリーもシュールで笑える。冒頭、ゴーッという地響きのような轟音と共に、お城に朝日が昇る映像に「女はまずやってしまうんや。後の始末はそれから考えるんやッ」というジジイのセリフが入る、わけのわからない出だし。明の母親がいつのまにか四度目の結婚をしてて、その新しい父親役に明と年の変わらぬ間寛平なのも、頼りない喋りが意外に神代世界にはまっていて良かったです。

　洋の女たちは丘奈保美や二条朱実、洋のパチプロ師匠の情婦に谷ナオミ。谷さんはストリッパー役で、こういうメンツ揃えでポッと出てくるときの彼女は、俗悪な女の怖さと類稀な美しさが共存していてやはり華やかな風格があります。でもなんといっても芹明香。洋に一途なんだけれど、彼が他の女の所にいると待ち伏せしていて、元スケバンらしく「ハッ！」という掛け声と共にカミソリで洋のズボンを切ったりします。そのときの芹さんのポージングや洋をボコるシーンもカッコイイ。それと同時に、痩せたしなやかな体にブラウスとロングスカートというのが竹久夢二の絵に出てくるようなムードで、大阪のダウナーさと大正ロマンという、不思議な風情が良いのです。

　明の夢想の中、普段彼が妄念を払うため水垢離している桶で、観音菩薩のように座っている芹さんも目に焼き付きます。オッパイを見せて笑っている、いかにも通天閣の辺りにいる本物の菩薩様はこうだろう、という卑俗さの中に優しさのある姿。仏教と縁の深い睡蓮も、泥の中から清らかな花が咲くんですしね。主役の男二人が地味な小品なのですが、神代らしくて面白い作品です。

『悶絶!!　どんでん返し』

77／日活／監督　神代辰巳／脚本　熊谷禄朗
出演　鶴岡修、遠藤征慈、谷ナオミ

東大を出て順調に就職し出世街道にある北山。しかし、彼はある晩キャバ嬢のアケミの家へついて行ったところ、彼女が同居する川崎に犯されてしまいます。川崎は少女たちを暴力で拘束し、美人局をやらせているチンピラ。後日北山は偶然その美人局に引っかかってしまい、川崎と再会。そしてまた無理やりオカマを掘られ、とうとう男色に目覚めることに。北山は女装を始めて川崎とアケミの三人で奇妙な同棲生活に入ります。川崎に愛されてすっかりお調子に乗る北山ですが、ある日美人局の現場を警察に踏み込まれた川崎が事件を起こします。

カメラをグルーッと回してもフォーカスが合ってる、姫田真佐久の撮影技術の素晴らしさ、美しさ。次のシーンの頭が断続的に入ったり、物語と関係のないカットがフラリと入ったりする、鈴木晄による編集の前衛的なつなぎ方。矢野顕子の歌がカットの中盤から入ってくる風変わりさ。そして相変わらず登場人物が鼻歌を歌って歩いてくる無目的な動き。ああ、とにかく面白い。クレジットの出方も最高で、撮影と編集の良い共同作業だなあと思います。

オカマと女の子のレズビアンシーンや、花電車（股間の収縮を自由自在に操る芸）の練習シーンや、セックスの最中に「寒い」と言ってガタガタ震えている少女とか、滑稽で笑える作りながら、「肉体がどうしようもなく在って、肉体に終始する人間」の情けなさみたいなものがとても強くて、幻想なんて微塵もない描写が神代だと感じます。ある種の徹底したリアリズムで、肉体を超越していく物語的登場人物なんかは全然出てこない世界。映画自体、基本的に挿話の積み重ねみたいなもので、その場その場で人間の肉体に基づく生理を即物的に描いていって、人の感情で物語が左右されないある種のリアリズム優先性が顕著。で、そのみっともなく在りのままの人間の実存を描かずにいられない、観客の鼻先に突きつけずにいられない映画的意欲というか、作家の生理みたいなのが神代だと思う。ただ、ある種のリアリズムと限定するのは、恣意的な取捨があっての部分的なリアルであるからで、神代に「男にぶん殴られてぐうの音も出ない、脆弱な女の」残酷なリアルはあっても、「女が金属バットを手にした途端、立場が逆転する」リアルは捨象されています。

本作でも神代作品に出てくる、男性が女性に振るう一方的な暴力は男性優位主義の神代の暗黒面。現実を直視してるにしても、やっぱりそこにはある種の「他者を軽んじてしまう」感覚を疑わず、そんな自己本位を顕示することへの陶酔があると思う。神代の映画では、主役の男だけはいつも本当には滑稽じゃありません。本作でも、おそらく神代の意識が一番近い川崎が真底恥をかくことはなくて、みっともなさに晒されたりはしない。そこにバランスが偏ったナルシシズムが透けて見えます。神代辰巳の作風は好きなのですが、内容には正直引っかかりを覚えることも多いのです。

『やくざ観音　情女《いろ》仁義《じんぎ》』

73／日活／監督　神代辰巳／脚本　田中陽造
出演　岡崎二朗、安田のぞみ、松山照夫

清玄は二三年前、臨月で溺死した女の腹から生まれた男で、赤子を取り上げた雲水に預けられた寺で育ちました。仏道に専念しひたすら仏を愛する清玄ですが、ある日、寺の階段でヤクザに誘拐されそうになった美沙子を助け、そのまま彼女に誘われて女犯に及びます。しかし恐ろしいことに関係を持った後で、彼女が実は自分の異母妹であるのを知ってしまいます。

復讐に来たヤクザを殺して寺を出奔する清玄。彼は美沙子を訪ねて行き、その折に自分を捨てた父親と対面します。父の斉田はヤクザの親分で、敵対する藤原組から美沙子を嫁に寄越すよう脅迫を受けており、彼女を誘拐しようとしたのも藤原組の若衆でした。そして父を憎んで堕落し、虚無的になった清玄は背中に菩薩の刺青を彫って、藤原組に雇われた殺し屋となっていきます。

だいぶ頭がおかしい感じのカルト的怪作で、仏道＋極道もの＋ポルノ＋スプラッタな作品。オープニングでは雲水が釣りをしていると糸に引っかかった溺死体が、ひょっこり起き上がります。その場面のＢＧＭはフォークソング。全編音楽は神代世界で、フォークと読経が同時にかかるなど、その組み合わせが奇抜でオリジナリティがあります。基本的に、神代作品の楽しさはミクスチャーの妙にあります。だから鈴木晄による編集が大事。物語の流れの中に、登場人物の回想や想像や暗示的なイメージショットが不意に紛れ込むシュールな造りが特徴で、この主な流れに対する意識的な逸脱や、表面的な物語と登場人物の主観という二重の進み方も、いわば編集によるミクスチャーが表現しているわけです。

揺らめくカメラや引きのショットなどの、映像的な鮮烈さも相変わらず。清玄と美沙子が岩場でセックスをするシーンのハイスピード撮影も河の奔流が美しい。演出は清玄が初めて人を殺すシーンが三隅研次的な残酷さで、この時期の神代がヤクザの抗争を描いてる慣れない感じや、板に着いてなさがある種楽しいです。

でもなんといってもこの映画は脈絡がおかしい。斉田は破壊僧になった息子の清玄と対面後、娘の美沙子に彼が実の兄だと告げます。美沙子が部屋を出ていった後、斉田も沈思しながら部屋を出ようとして引き戸に手をかけたとき、「ギャーッ！」と異常な悲鳴を上げるのでギョッとしていると、アップになった斉田の目に桟から突き出た長い棘がグサリと刺さっています。何故？　物語上なんの必然性があって？　まさか去勢の暗示？　しかし、あまりに唐突な展開に唖然としている観客を置いて、物語はなんのフォローもなく次の場面へと移ってしまいます。

その後も清玄に腕を切り落とされたヤクザが、鉤フックになったごつい鉄の義手をつけています。七〇年代でこんなの付けてる映画、他に『ローリング・サンダー』くらいしか知らない。また死んだ妊婦から清玄を取り上げた雲水の嵐雪は、責任を感じて清玄を追い回しつつも、何もしないで傍観してるだけ。ラストにいよいよ嵐雪が、覚悟を決めて正座している清玄の首をはねようとする場面でも、嵐雪が背後に立った瞬間、突然清玄が嵐雪をシャベルでブッ刺して驚いている間に画面には「終」の文字。でもこのシーンで思ったのは、やはり神代には自意識の投影である主人公の男を、みっともなく殺せないんだなということでした。この清玄がいろんな意味で常にかっこよく絶対的な加害者で、辱めにも遭わないのは、神代の強烈なナルシシズムゆえでしょう。たぶん嵐雪みたいなみっともない登場人物に、「堕落のかっこ良さ」をひたすら詰めこんだ主人公を殺させるなんてできないのです。

アクション＆サスペンス！

『修道女ルナの告白』

76／日活／監督　小沼勝／脚本　芦沢俊郎
出演　高村ルナ、中島葵、田口久美

北海道の修道院にいたルナが、ある日ひょっこり姉の真弓の元へ現れます。ルナは数年前、恋人の圭吾を姉に寝取られたショックで信仰の道に入ったのですが、アフリカへ伝道に向かうことになり、一週間だけ姉の元へ身を寄せることになったのでした。ルナは信仰によって恋人を取られた憎悪も消え、逆に姉たちの結婚を祝福するため、不動産業を営む圭吾に修道院の土地を売る土産話も持ってきました。ところが実はもう別れていた真弓と圭吾。でもバカ正直な妹が持ってきた儲け話を放っておくわけもなく、二人は結婚間近のふりをしつつ、土地購入の資金繰りに奔走します。

女の復讐モノにしてはわりと淡白でキライじゃない作品。クロエ・セヴィニー似の高村ルナはゴールデンハーフのメンバーだった人です。タイトルバックでかかるメイン音楽が素敵で、やるせないハミングが入る哀感に溢れた曲。途中、打って変わって歌謡曲っぽい歌も入ります。でも高村ルナは歌ってるときは甘え声で可愛いんですけど、普通のセリフや喘ぎ声があまりに乾ききったハスキーボイスで、おまけにド級の一本調子だから耳に引っかかります。ある種生々しい。

本作は修道女の話で、ＯＬものなんかと違ってわりと現代性に囚われずに済むせいか、小沼勝監督の美意識が発揮しやすかった印象。蕗谷虹児の絵に出てきそうな昭和モダンな洋装とか、パッと見時代錯誤という気がする小沼世界なのですけど、でもそれが全体にハマると妙に落ち着く雰囲気になります。姉妹が舗道を抜けて、歩道橋から背の高い街路樹の黄葉を見つめる場面のパステル調の色彩とか、秋の雰囲気が良く似合う映像。

そして絵の美しさだけじゃなくて、姉妹がもたれて立ち話をしている、巻き返ったようなヘンなコンクリートの壁を引きで横から写し、次に全身が入るくらいのまだ引いた位置で正面から二人を撮っていて、コンクリのぼやけた灰色に女二人という構図が、なんでもないのに珍しくて個性的。このシーンのお姉さんのファッションや、ラストでルナが着てる赤い帽子に赤いコートなどは他では通用しない、時代を超越した独特な女性性と小沼美学に溢れています。

冒頭の、修道院で鐘を鳴らそうとしているルナを山羊のような神父が犯すシーンも、なんてことないけど面白いなと思う。『恋の狩人　ラブハンター』や『夜汽車の女』、『女地獄　森は濡れた』など、洋館の出てくるポルノは独特の閉塞的な空気がありますね。日本の洋館文化ももう長いはずなのに、まだ馴染まなくて妙に非現実的な、囚われの空間になるというか。

　さっきからダラダラと好きなシーンを書いてますが、回想で神父に初めて強姦される場面の、空の光がハレーションを起こしてるフィルター越しの映像と、倒れた牛乳タンクと牧場の泥と平野を風が吹いてる乾いた感じもバタ臭くて好きだし、牛のカットが入るのもイイ。あとビリヤード場の長回しのセックスシーン。駅の近くで窓から停車する電車の背が見える場所だから、ワンカットでセックスしてる間に窓越しに電車が止まって出発していて、もうロケハンばっちり！　時刻表どおり！　狙い当たった！って感じ。

　内容は、まあ途中でバカっぽいところもあって、お姉さんは肉体関係を持つなんて七面倒をせず男たちから大金を巻き上げるため、自分の女性性器に墨を塗って拓本を作ります。それを渡された男性たちは彼女との結婚の約束を信じて、みんな百万単位でお金を貢ぐのですが、マン拓でそこまで信用しちゃうなんて……。おまけに彼女が他の男にも拓本を渡してるのを知ると、全員で示し合わせスタジオを借りきって集団レイプ。『妻たちの性体

験　夫の眼の前で、今…』ほどワッショイ！な状態じゃないですが、コレも突飛すぎてかなりお祭りっぽい。

あまりにうますぎる儲け話を前にして、圭吾が自信満々に「ルナはまだ俺に惚れてるからだ」と断言するのも、その確信はどこから来るんだよオイ？と思いますね。ラストはとある知能犯のナイスな犯罪と、それをこうむる側の諦め方も爽やかで、後味は悪くない作品です。

『団鬼六　縄と肌』

79／にっかつ／監督　西村昭五郎／脚本　松本功
出演　谷ナオミ、浜口竜哉、高木均

谷ナオミ引退記念作品です。仁侠映画とＳＭ映画の合体。

女胴師である緋桜のお駒（谷ナオミ）は、イカサマ賭博を暴いたことで結城一家の逆恨みを受け、堅気である板前の婚約者を殺されてしまいます。お駒が世話になった佐久良組の親分も、結城の若い衆を諌めたのが原因で闇討ちに遭い、佐久良の娘雪代（山科ゆり）も借金の形に結城から陵辱を受けるはめに。雪代の恥辱の身代わりを引き受けたお駒ですが、結城は約束を破って雪代も手放さず、お駒にもＳＭ放題。そこへ、佐久良の組でお駒と一緒に草鞋を脱いでいた花井（山本昌平）が救出に登場、大立ち回りとなります。冒頭、結城組は卑怯にも風呂に入ってる谷さんを襲い、ほぼ全裸でデルタ地帯を手ぬぐいで覆っただけの谷さんと立ち回りになるのですが、谷さんの体が圧倒的に勝ち。もう、その体を見せつけただけで勝負はついていています。谷さんのハッ、ハッと大きく決める殺陣も、ドシーンドシーンと音がしそうに重量感があってカッコイイです。

団鬼六原作の仁侠映画といえば、東映に『緋ぢりめん博徒』という石井輝男監督作品があって、よく似た雰囲気です。でも『緋ぢりめん博徒』の方が登場人物も多く、石井監督らしい混乱が起こっているので、『縄と肌』はより純血種な仁侠映画の印象。無駄な挿話はほとんどなく、きちんとした骨組で作られた任侠映画の王道な物語で、尺的にもテンポ良く観られる良作です。

スタンダードな任侠映画にひそむものとして、跋扈する悪玉に対し善玉が我慢に我慢を重ね、最後許し難くなり殴りこみにいくというのがパターンなわけですが、それは精神的なマゾヒズムですよね。その我慢を重ねる行為を「具体的に」美しい女性賭博師に行ったらどうなるか？と考えれば、おのずとセックスや性的拷問というのは導き出される世界であって、団鬼六先生と仁侠映画はイヤな親和性があるのでした。

藤純子のお竜さんは、体を求められるような危うい提示はされても、花札勝負でなんとか勝ったりして、あくまでも母性と聖性は守り抜きました。それは母性と聖性が『緋牡丹博徒』というシリーズにおいてそれほど犯し難くて、そして観客にとっても汚されるのはあまりに耐え難いことであるから、不自然と言っていいほどお竜さんは女性として美しいままでいられたけれど、仁侠映画がポルノを舞台にしたのならば、こういった不問に付されてきたことが堰を切ったように溢れるのは想像にたやすいです。でも、仁侠映画や女郎モノの映画に絶対折檻のシーンは出てくるとはいえ、山科ゆりちゃんにでっかい注射器で浣腸していたのはありえないと思いましたが。

　ただ、そんな恥辱を受けたあとにも圧倒的な存在感を漲らせ、穢れも肉体美で飲み込んで力とし、己のオーラとして放つのが谷ナオミです。みんなが見てる前で緊縛されて、股間で生卵を割らされたりバナナを入れられたりするんですけど、山本昌平という助っ人が来て縄を解かれた瞬間、もはやその裸が誰よりも圧倒的に力強い。立ち回りが始まった途端に、すでに悪役たちをその重量感で木っ端微塵に打ち砕く逞しさがあり、たったいま受けていた穢れなど肌についた水滴のように弾いてしまいます。悪役たちをなぎ倒し、着付け直して街を去っていく谷さんの姿は、相棒の山本昌平を亡くして、再びヤクザな世界に戻ってきた物悲しさを湛えながらも、恥辱の痕は引いていません。恥辱は恥辱として飲み込み受け入れて、でもそんな次元に留まるような人間性ではないものが立ち昇ってくる、一種の美しい怪物のような存在です。

東映のスケバン映画なら、これは反発という人間性を留めた形で現れると思います。谷ナオミの仁侠映画は、もっと撮られても良かったのではないでしょうか。

本作の監督は西村昭五郎。やる気があるときの西村昭五郎です。古めかしい橋げたを下から煽ったカットなど、ロケ地も風情を湛えていて美しいし、谷ナオミ引退記念というだけあって、セットも普段より格段に豪華。演出もすごく真っ当にできてるし、美術も女郎屋の蜘蛛が巣を張った模様の窓とか、血飛沫の過剰な多さなどもやる気があるゆえだと思います。

ラスト、山科ゆりちゃんに見送られながら去っていく谷さんの後ろには、微かに光を帯びてきた黄金色の曙光がチラチラと見え、暗い手前とのバランスも厳かで良いのでした。

浮遊する心――加藤彰

『愛に濡れたわたし』

73／日活／監督　加藤彰／脚本　吉原幸夫
出演　宮下順子、あべ聖、中川梨絵

家出した妻を捜す藤木が立ち寄った港町のバー。その店の女の美和（宮下順子）と藤木は自然とその晩関係を持ち、二人は恋人となりました。美和の太ももには昔の男を連想させる蛇の刺青がありますが、藤木はさして気に留めず美和と日々を過ごします。だが、美和は藤木を愛しながらも何か秘密を持ったまま彼を翻弄し、外から何度も無言電話を掛けたり、妻を探し出したから会わせると言いつつ「妹が事故に遭った」と言ってフケてしまったり、その妹を使って自分の狂言誘拐をしてみたり、意味不明な企みを続けます。だが藤木は面食らいつつも、彼女の振る舞いに付き合ってやるのでした。

大変不思議な映画です。先述の内容はまだ整理してこうなっているのであって、もっと脱線した挿話が次々登場します。日本映画で類例を考えてみてもうまく思い浮かばなくて、パッと浮かぶのはブニュエルでしょうか。『欲望のあいまいな対象』や、ジャン・ソレルやピエール・クレマンティの視点から見た『昼顔』のドヌーブといった感じ？　またはカラックスが収拾つけられなくなった『ポン・ヌフの恋人』を、あえて意図的にやっているような。

美和は決してエゴイスティックな女ではなく、柔和でひたむきに藤木を愛しながらも、謎めいた企みを持って密やかに行動し彼を混乱させる、大変不可解でありつつ可愛い人です。金を盗んでも後日適当に誤魔化してひょいと返すような態度で、良心の有る無しや、考えていることを汲み取るのは難しいけれど、ただもう、本能的に秘密めいた振る舞いをやれてしまうし、嘘をつくのも愛のどうしようもない行為のような、一種理想的な可愛い怪しさを持った女性像。

本作は途中で置いてきぼりになってしまいそうな不思議さなので、アヴァンギャルドと言いたくなるけれど、でも邦画の一主流としてある前衛映画の難解さや退屈さはまったくなく、ある意味ちゃんとドラマとなっています。また、神代や清順のように役者が意味の無い行動をとる演出がされているわけでもなく、一個一個のシーンの演出自体は別段奇異とも言えません。でも観ていくとわけのわからない世界がドンドン展開してしまう、たぶん構成でとっても不可思議で妙なことをやっている映画なのです。

なんの説明もなく、次から次へと新たに登場してくる男女たち。初対面の彼らとどういう感情の軋轢があるのかもわからぬまま、美和は緊張を漲らせたり和んだり不思議な反応を見せます。特におかしいのは河原で青年たちをはべらせている謎の女中川梨絵との対峙関係。この中川梨絵はまったく何者かわからないのですが、エキセントリックながら根が蓮っ葉な美和と、神秘的な魅力で青年たちを操る女との、相似がある故に個性の違いが反発する、女同士の妙な火花が描かれます。

　このシーン、加藤彰監督独特のゴア感覚が唐突に出てくるので、苦手な方は要注意。谷ナオミ主演の『奴隷妻』という作品でも、加藤監督はちょっと有名なゴアシーンを撮っていて、それと本作の突然の濃いスプラッタシーンは似てました。グエー。皮膚をアップにして、ザックザック肉を切るのを見せるという、よく考えると簡単に撮れるんだけど撮れば気持ち悪いカットです。昔の男の影さす刺青を削ごうとする、とても意味あるシーンなのですけどね。

　そしてラスト、すごい終わり方をします。もう「エッ?!」と叫んでしまうような不意を突くエンディングです。結局、最後まで美和なりの考えがあるのだろうけれど、それが藤木をひたすら翻弄したように、映画自体もこの女の闇雲な行動に貫かれて終わるのでした。

わけがわからないけれど、とても良い映画だと思います。楽しいし。そして不可思議な女の薄明のような愛の寂しさもあって、遠く火葬場の煙突を二人で見上げるカットが印象深かったです。心は読めない、けれど透明感のある女が見え透いた嘘を繰り返す動機に愛を感じて、男が許す気持ちがわかるシーンでした。

『ＯＬ日記　牝猫の情事』

72／日活／監督・脚本　加藤彰
出演　中川梨絵、山田克朗、絵沢萠子

ブチ切れてる女優中川梨絵あっての作品です。情緒不安定な若いＯＬが、上司の男性を自分の部屋に監禁して心中や恋人のような生活を迫る狂気の映画。素敵！　決して暗くなくて、怖いんだけど人間的な興味とかわいらしさを感じさせる、微妙な年齢の女性の精神的な乱れを美しく体現した中川梨絵に目が釘付けです。長回しでクルクルと情動的に変貌する、狂った芝居も笑える寸前で圧巻。この長回しのラストが、紅茶のカップのアップで切り替わって、なんでこんなもので？　と思っていると、ちゃんとラストの意外なオチへの伏線となっています。

部屋の装飾（特にランプシェード！）が七〇年代でとってもイイ！　あんな広いマンショ

ンにわたしも住みたい。シュールな夢想シーンや演出の奇抜さも、加藤彰監督の意欲作という感じでした。

『OL日記　濡れた札束』

76／日活／監督　加藤彰／脚本　宮下教雄
出演　中島葵、絵沢萠子、堂下かずき

大阪の安アパートに、ケイコという名で住み始めた女。同棲中の中年男をぼんやり見送る彼女には、ある大きな過去がありました。

銀行に勤める地味な潤子は昔、上司に無理やり体を奪われました。あまりいい思い出じゃない初体験となり、殻に閉じこもってオールドミス一直線の潤子でしたが、以前酔ったときに介抱してくれたタクシー運転手の慎二と再会。博打好きの彼に深くのめり込み、貯金を貢ぐ潤子。しかしそれも足りなくなり、彼女は次第に銀行の金を横領し始めます。だがそれが発覚し、急いで大阪へ逃亡した潤子はケイコと名を変えて、別の場所へ逃げた慎二を思いながら暮らし始めます。

滋賀の女性銀行員が、若い男のために九億円を横領、逃亡生活の末に逮捕された実話の映画化です。時間軸を激しく交錯させた構成で、説明もなく一人の女性の身に起きる過去と現在の様々な出来事を、飛び石のごとく行き来しながら次第に網目が作られていき、彼女の人生が浮かび上がってくる映画です。流れる時間と、色のついた光で女のぼんやりとした、たゆたっていくような心象がフィルムに写し取られた世界。

逃亡先で同棲している、気のいい男が肉体労働の仕事に行くのを見送りながら、微かに笑みを浮かべてゆっくり路地にしゃがみこむヒロインには、今そこにただ存在し、フワーッと移ろっていく女の全霊がありのまま溢れていました。こんな言葉にしがたい瞬間が切り取られていることにため息が出ます。何かを考えているのではなくて、ぼんやりと感じ入っている瞬間。そこに切り取られたものは本当に淡くとりとめがなくて、陽光や空気に溶けながらもようやく女の心の像といううっすらした輪郭が、女の姿に染みて留まっているような。仕草は物語を伝達するための説明的なものではなく、女の眼や仄かな笑みや、姿に言葉以前の魂として横溢し、観客はそこに漂うものを感応でそっと把握してあげれば良いのだ、という気がなぜかしました。かめの水に月が映るごとく、流動していく出来事が流れるまま女の身に映し出されているのです。

ヒロインが自発的に行きずりの年下の男を拾う場面でも、女の心や意思はあるはずなのに、彼女に筋の通った心境を見出したり感情移入したりはしづらくて、女の目の中や肌に流れてきて流れていく光景を見つめ、言葉での把握よりただ空気を感じ入るしかない印象があります。ヒロインが心身にまとい周囲に漂い出す、虚ろゆえに移ろうもので満ちているような、謎めいた柔らかな笑みと空気。もうどん詰まりになって通天閣の見えるスラム的な街のアパートに住む彼女が、まだどこかへフッと行ってしまいそうで、「知らない町ってええわ」と呟く、焦点の遠い見開かれた瞳には、留まりながらも〈流れる〉ということを感じます。逮捕後の彼女が刑事とカツ丼を食べる長いカットで、黙々と食べるのはふてぶてしさや平然としているというより、おそらくたゆたっているから心が取調室に今は流れ着いて、今たまたまそこにありのままいるからなのです。昼の朧な光に浮かび上がりながら。そしてまた次の瞬間には、流れ込んで流れ行く心象を映して満ちているように、ぼんやりとその場所に存在しているのでしょう。

音楽も素晴らしいです。日活の使い回しで、他の映画でも聞いたことのある曲ばかりですが、とても彼女の一人きりな気配にふさわしい、寂しく神秘的な音楽で。逮捕されてからのちょっと楽しく激しいスキャットも落差がきいていて、よりヒロインの虚ろさに満ちた、ゆえに強くもある魂にふさわしかったです。

なんでもないことですが、元々はお花の家元のお嬢さんである彼女が、逃亡先の大阪のアパートで、菊の花を買ってきて花瓶を洗っているとき、刑事が逮捕に訪れます。菊の花というのが、いかにも娑婆と別れる彼女への葬いという感じがします。そして同棲中の男に手紙を書いている間に、刑事が花瓶に菊をいけて彼女の目の前に置くのが、この映画自体の彼女への優しさという気がしました。また姉役の絵沢萠子と、出勤途中に短いトンネルに下っていく階段で示唆的な会話を交わして別れる光景も、ロケ地も構図もなんともいえず素晴らしい。

なぜ、彼女がそこまで銀行員や社会人としての倫理を捨てて、年下のくだらない男に貢いだのかは若干わかりづらいけれど、でもはずみや理由のない一途さ、動機の無造作さという、いかにもその「つまらなさ」が女という気がします。大体女がのめり込むのは「手に入らない冷酷な男」だから、客観的な観客から見ればその男の酷薄なバカさはすぐ透けてしまうので、男の魅力の有無なんて忖度しなくていいのです。この映画は、「何故その男だったのか」というより、やはり「孤独から少しずつ踏み外していって、魔に囚われる女」の姿の映画です。加藤彰監督は『OL日記　牝猫の情事』も『愛に濡れたわたし』もやはり、心の輪郭から敏感な感性や心象が溢れ出して、常識や正気から逸脱してしまう孤独な女たちの物語でした。これも、まったく同系列の作品です。女の曖昧な心象をそのまま包含しようとする、女の存在そのものの映画なのです。

風変わり

『くノ一淫法　百花卍がらみ』

74／日活／監督　曽根中生／脚本　武末勝
出演　宮下順子、叶今日子、梢ひとみ

時は江戸、五代将軍の治世。秋月藩は世継ぎができない状況にあり、そこに目をつけた幕府は伊賀忍者を使って秋月藩の取り潰しを狙います。それを阻止しようとする老中は、絶滅の危機に瀕している風魔忍者を使って抵抗。メインとなる風魔くノ一の月之丞（宮下順子）の特技は子どもをはらんで、それを他の女の腹に移す「忍法子移しの術」。

なんだかよくわからないなりに面白かったです。荒唐無稽な秘技がいっぱい出てくるんですが、物語は白土三平的な微妙に暗い雰囲気。最初に殺された風魔の忍者が、息絶える前に忍法で魂だけ風魔の里へ戻り、自分が死ぬことを月之丞に告げます。この場面の地面すれすれを滑空する忍者の影には、その高く飛翔もできない魂の消え入る寸前の儚さがあって印象的でした。全体に障子越しの影や、赤い血の色の照明をうまく使っています。

ポルノなので忍者の秘術は全部セックスがらみ。片桐夕子は股間からシャボン玉が飛び出して催淫薬になるし、行為の最中に女性器をギリギリ絞めてイチモツをちぎります。山科ゆりに至っては、死んだ後に性器からシュルシュルシュルーッと小腸が飛び出して男の首に巻きつき絞殺します。もう、人間じゃない。

男の忍者も負けてなくて、精液が瞬間接着剤みたいになっているヤツがおり、片桐夕子の股間を二度と使えないよう塞いじゃってました。こんなバカみたいな忍法なんだけど、全体に深刻で意外に暗く陰惨なのです。障害者も多く、片足しかない者やせむしや、山科ゆりの青狐というくノ一は盲目です。死に方も惨くて、大山節子は腕をボキボキにネジ折られて殺され、山科ゆりは額を柱に打ち付けられて殺された後、屍姦されるという寂しい末路。このシーン、引きでとってるからよけいに虚しい感じがします（しかし直後に、殺人腸がピューッと飛び出すんですが）。この暗い寂しさはなんでしょうか。

最終的にはみんな死んじゃって結構ワヤクチャです。ラストは野原に横たわって悶え苦しんでる宮下順子の腹が風船のようにみるみる膨らんで、カットが変わると血まみれの草の中に、いきなり二歳児くらいの素っ裸の子供が仁王立ちになって「終」と出ます。よくわからないオチです。

『修道女　濡れ縄ざんげ』

79／日活／監督　小原宏裕／脚本　中野顕彰
出演　野平ゆき、山口美也子、林ゆたか

修道院を舞台にしたキリスト教への冒涜的な内容で、日本より海外で人気のある作品です。修道女がディスコで踊り狂う姿や、修道女同士のレズや神父とのセックス、十字架への張り付け、寄付のため金持ちを招いての修道女たちとの乱交パーティーなどを描いています。

おかしいのは、最後に新人修道女のヒロインが金持ちたちの競りにかけられ、落札されてまあ犯されるんだけど、そのときに「迷える子羊」と称して羊の着ぐるみに入れられていることです。そして、男に救い出されて修道院から逃げ出すのですが、着ぐるみの頭の部分が縫い付けになってしまっているため、顔の目の前で羊の頭がユサユサしていて、ヒロインの野平ゆきがものすっごく走りにくそう。外へ逃げ出し、朝日のさす木立を駆け抜けるシーンではもう諦めたのか、着ぐるみの頭をはめて男に誘導されていました。

ヨーロッパのヘンな映画マニアの方は、ジャパニーズカルトにとても目ざとくて、ロマンポルノにもほんとに詳しいのですごいなあと呆れます。

『実録色事師　ザ・ジゴロ』

82／日活／監督　小原宏裕／脚本　佐伯俊道
出演　渡辺良子、水沢陽子、三崎奈美

アキラ、健一、克也は歌舞伎町の伝説のジゴロ伏見直樹の下でホスト稼業にいそしむ若者。三人は毎日ナンパに励み、なんとか自分を養ってくれるトルコ嬢やホテトル嬢を見つけてジゴロの流儀を身につけ、または恋愛に流されて挫折していく姿を描く、ジュクのジゴロ青春物語。

オープニングのタイトルフォントがすさまじくダサいです。一周回って真似したいくらい。でも軽い気持ちで観たこの作品は拾い物で、まるでヤコペッティに端を発する七〇年代セックスドキュメントのようで、とてもモンドな雰囲気があって面白かった。伏見直樹自身もかなりメインで出演しており絡みもあります。伏見がオープニングタイトルからカメラへ突っ込まんばかりに熱唱して登場するのですが、やはり伝説となるだけに異様な過剰さがあります。晩年のプレスリーを髣髴とさせる中年の太りじしに、量の多い茶色に染めた髪をふんわり後ろに流すヘアスタイル。服装も一見して異形な感じのするもので、左右の手を鎖でつないだ黒いリストバンドをつけ、チラッと後ろを向くと背広なのに背中一面に虎の金糸刺繍。バックを務めるバンドはこの時代らしいニューロマンティックな雰囲気ですが、伏見の歌は昔ながらのムード歌謡。

　言ってしまえば悪趣味の極みなのですが、そういった金襴豪華でまとまりのない装飾も、この世界の人々が練り上げてきた独特の流儀から派生したものであり、それはいまの夜の歌舞伎町で働く人々の間にも脈々と流れている、興味深い特殊な美学です。ジゴロの彼らは一般人はもとより、ヤクザからも「セックスで奉仕し女から貢がれる男」として侮蔑を受けているのですが、伏見が店のジゴロの若い衆を連れて歌舞伎町の街を練り歩くとき、肩からかけたロングの毛皮や両手にはめたままの長い鎖のついた手錠など、その過剰なファッション記号は一種のグラマラスだと思いました。たとえ失笑を受けるようなものであっても、キワモノながら一時代を築いただけの妙な完成度はあります。伏見が奇妙なのは、「～なのよ！」「～するの！」と語尾にちょっと女言葉が混じっていることなのですが、巻き舌で脅すヤクザとは違う、こういったソフトさがジゴロのあるべき特質なのかも。

　この作品は群像劇としてもよくできています。伏見のパートは幕間的なのですが、彼が人妻とライフル射撃に出かけた帰り、この人妻に「夫と別れるからあなたと一緒になりたいわ」と言われると、突如激昂して意味はわかりづらいがイイ感じのジゴロ哲学をまくし立てたり、金がないから貢げないと嘆く別の女には、やはり「女―ジゴロ」間ではいかに金銭がカスガイであるかを滔滔と述べて、女に「金を渋ったわたしが悪かった」と言わせたりして、ジゴロ流儀を表明する挿話として頻出します。

　このホストの店では店員がことあるごとに箇条書きにしたジゴロ哲学を連呼し、またミーティングもやたら多くて、なんの前置きもなく唐突に全員がサウナで腰にタオルを巻いた姿で真面目にジゴロの生き方を語っていたりします。なんでこういう演出をしたのかわからないですが、体育会系とも言える集団性・洗脳的なカルトっぽさもこの手の職業につきものかと思いました。たとえばヤクザ社会における、ほんとの半端者には務まらない異様とも思える規律の厳しさも、そこに縛られることから生まれる高揚感やトランスが重要なんだと思う。

　主役の駆け出しジゴロな三人も、うち二人はそれぞれ貢いでくれるホテトル嬢とトルコ嬢を見つけ、ジゴロとしての道を歩み始めます。二人の女性は年齢も個性も違いますが、どちらもあっけらかんとして明るい魅力があり、ちゃんとジゴロとの対価の付き合いを自然と心得ているのが面白い。決して騙されて仕方なく貢ぐというのではなく、男を立ててやる代わり、楽しく癒してもらったり、いまより待遇の良いトルコを探してもらったり、ヤクザの養父から匿ってもらうなどの実利があります。もしくは金をそそいで育てた分、彼がきちんとジゴロらしい男ぶりを身につけて成長する姿を見るという、その道の女らしい金銭に見合う交換や喜びや。だからどちらかの負担が大きくなる恋愛の苦痛が皆無で、見ていてすがすがしい。

しかし、田舎風味の抜けないアキラは、ジゴロとしても客のつきが悪く、幼馴染らしい恋人のビニ本モデルであるマリコとの関係もなかなか断ち切れません。マリコもセックス業の水に馴染んでいないのか、アキラが撮影現場のフィストファックにドン引いているのを暗く察知してしまい、次第に薬に溺れていきます。

この、ジゴロになることと特定の彼女ができることの差異も、映画内では歴然とあって面白い。恋人というのは明瞭な掟もなくズルズルと感情の変化で流動していくあてのないものですが、ジゴロと女の関係は金を貢ぐ対価として精神的&肉体的癒しを施すという、明晰な等価交換があるからキラクなのです――それに乗れる精神性のある人ならば。これは忍耐力ではなく、あくまでこういう対価の世界に気軽に応対できる気質の人ということです。

だからアキラとその彼女は、ジゴロやビニ本モデルとして生き抜く要領やメンタリティに欠けているため、無様に落ちていく様子が描かれます。この映画の倫理は、ジゴロや風俗嬢として生き抜いていく天性と要領に恵まれていることが、天然に輝く魅力として肯定的に表現されます。報いを受けるのは性を売りモノにするからではなく、逡巡し水に馴染めないのに「自分は風俗でしか生きられないから」と陰気に居座ろうとする、身の程に合わない態度です。

ロマンポルノの群像劇は、あまりわかりやすい起承転結の物語は提示されないので、一見、面白さが伝わりづらいかもしれない。セックス産業に関わる人々の切り取った日常か、ちょっとした日常からの踏み外しにしても、群像劇になると結局なんてことはなく今日という日は過ぎるという日々の描出が多いかと思います。それは性の飽きることのない営みによって毎日は同じように繰り返されていくという礼賛であるし、際立った人生の瞬間を描かない分、映画が〈物語〉に支配されず、より純粋にただ〈映画〉として浮遊するように存在できるということでもあります。

この映画には人の死があるわけでもなく、明瞭な立身出世譚も、起承転結といった物語の起伏もはっきりとは描かれません。最後にアキラの狂気じみた落魄の姿を写すとはいえ、彼が何かを決定的にやめる瞬間が描かれるわけでもなく、マリコとの終焉も意外にあっさり描かれるのは、あくまで人生の流れのあるひと時を捉えているだけだからです。三人のダメ気味な青年といえば市川崑の傑作『股旅』など思い出されますが、ああいったニューシネマ的な虚しい、やりきれないオチがあるわけでもありません。ちょっと上昇気流が見える毎日の只中にいる青年二人と、ダメな今日を過ごすアキラという人生の反復の一瞬が切り取られているだけで、でもそういう端的な世界で生きる人々の些細な仕草というのが、とても面白いのです。ある種の極端な暮らしを描きながら、それもまた人間的な日常であるという世界観が偶然にでも描かれていて、そのモンドぶりも合わせとても興味深い作品です。

『色情妻　肉の誘惑』

76／日活／監督　西村昭五郎／脚本　桂千穂
出演　松永てるほ、渡辺とく子、水城ゆう

エリート検事の妻弘子は、裕福だが性的には満たされない生活を送っています。ある日美容院の帰り道に路上で見かけた美少年に導かれ、彼女はジプシー占いの元へ。そこで「すぐに男とセックスしなければ死ぬ」と予言される弘子。そのときから、彼女の身の回りでは不吉な夢とも現実ともつかぬ出来事が起こっていきます。

本作はオカルトポルノ。西村監督はもしかしたらＳＭよりも、異常な雰囲気のサスペンスやオカルト風味の方が気合の入る監督なのかもしれません。女が男を見つめるだけの場面でカメラの前に翳される指や、突然落下してくる下半身が裸の女など、元々断片的なエピソードばかり撮る天然の無骨さとあいまって、不思議なシュール感があります。チェコのニューウェーブ・ホラーや『殺しを呼ぶ卵』みたいに、幻想的だけど殺伐としている印象。ラストの投げやり感も西村監督らしいです。

　この無音で断続的にイヤなことが起こっていく、乾いた不条理な雰囲気は西村昭五郎か黒沢直輔ですよね。日活系監督の不条理モノは、長谷部安春だともっとハードになってオカルトではなくなってしまうし、田中登は美学が勝って整いすぎてしまう。『色情妻　肉の誘惑』の良さは乾いた空気と現象の断絶にあって、何かが起こった後に一瞬森閑とするような静謐さが支配する、その真似しようとしてもできない特殊な間です。西村昭五郎という人は基本的に受け流したような作品が多いし、やる気がないときはほんとに気のない映画を撮るので、手放しで褒めづらいのですけど、これは閃きが随所にあって独特の空気を醸しだしていました。

『団鬼六　女教師縄地獄』

81／にっかつ／監督　西村昭五郎／脚本　三井優
出演　麻吹淳子、山地美貴、有働智章

女教師の小百合は放課後、気の狂った浮浪者に強姦されかけている女生徒蘭子を見つけ、すんでのところで救出しますが、代わりに自分が教室に連れ込まれレイプされてしまいます。蘭子は音楽教室にいたピアノ調律師の祝に助けを求めるものの、彼は「ヘタに手を出すと先生の命が危ない」と言ってレイプを最後まで見守ります。そして後日、祝は小百合を帰り道で車に誘い、そのまま改築した家の地下牢に監禁。この調律師の祝こそがものすごい変態で、小百合を一生涯監禁するつもりでいたのでした。

途中までは、ほんとにいたたまれない監禁モノで、外界から遮断された部屋で不気味な男と過ごし、羞恥にまみれた望まない性的行為を強いられるという、イヤーなＳＭ映画の典型なのですが、ラストがすごいんですよ。一体誰の意向でこのオチになったのか愕然とするほど、突拍子なさと救いのなさが突き抜けていて、この壮絶なエンディングだけは大変印象に残ります。

ＳＭ映画のインパクトを持ったラストといえば、谷ナオミ主演の『生贄夫人』でマゾヒストがサディストを圧倒的に凌駕する痛烈さや、『奴隷妻』のサディストが監禁した被害者を加虐のすえ殺害に至るという、救いはないけれど欲望に則って完遂される関係性が描かれるものは、まだ納得がいくのです。でも本作は、ラスト三十秒でなんの前振りもなく突然地下牢に火事が起こり、逃げようとした男は火にまかれて悲鳴だけが聞こえ、ボウボウと炎が燃え盛ってきた画面の真ん中に、鎖で四肢をつながれ宙吊りにされた麻吹淳子が映ったところで「終」の文字が出てしまいます。このあまりの唐突さには、被監禁者がMに目覚めて何かが起こるといった物語性に還元するような気がまったくありません。

　これは調子が良くて自分の個性を発揮してしまったときの西村昭五郎です。基本的に西村監督の映画を観ていると、たいていはどーでもいい作品が多く「アア、また貴重な時間を無為に過ごしてしまった」と無常観に苛まれることが多いのですが、それでもこういうふうに何本も付き合って観ていると、急にそれなりに良いシーンもあるので侮れません。決して巧いわけではなく、撮り方もベテランとは思えないぎこちなさがいつまでもつきまといますが、不意に気が乗ると突如心に引っかかるカットを撮る作家性を含め、西村昭五郎は〈日本のジェス・フランコ〉と呼びたい。普通なら伏線のないラストは「収拾がついていない」とか「取ってつけたような」と貶されるわけですが、『女教師縄地獄』においては「度を越した投げやりは次のステージに行く」という、一つの新しいエンディングのあり方を樹立してしまっています。この明後日の方向へ叩きつけたようなブン投げぶりのすさまじさは、観客としてはちょっとしばらく立ち直れません。

『ズーム・アップ　ビニール本の女』

81／にっかつ／監督　菅野隆／脚本　桂千穂
出演　麻吹淳子、早野久美子、北見俊之

菅野隆監督第一回作品。放尿マニア向けの映画でした。ロマンポルノだとＳＭ作品で失禁や浣腸はよく出てくるけれど、これはＳＭとはまったく切り離して純然たる放尿が登場し、「普通に放尿で撮れ」という命令が下ったとしか思えない作品でした。そのくらい嬲ることや我慢による苦悶から派生しない、そして浣腸なども一切ない、テーマとしての純粋な尿を遵守している映画。ただ、サスペンスをやろうとしているけれど、謎めいた女の素性がバレ過ぎだったり、彼女の行動設定が破綻していたりと物語としては脆弱だと思いました。男が現在は性欲を失っていて、料理に凝って食にだけ喜びを見出す悦楽のあり方は面白いし、音楽のないオープニングや、アヴァンタイトルのライターで火を灯すオレンジの光など気張ってるのですが。でもヒロインの麻吹淳子はとてもボリュームがあってゴージャスです。

なんだろう、発想だけが先走って、何故その男も女も現状でそうなっているのか、それに至る感覚が置き去りにされているようで、諸々に理由がないように見えます。彼には二年前に性欲を喪失する出来事が、彼女には二年前に誓った復讐があるはずなのに、その感覚が具体的に見えてこない。理由がなければ超克する要因もないので、たいした劇的さもなくラストに至っている印象を受けてしまいます。

『縄姉妹　奇妙な果実』

84／にっかつ／監督　中原俊　／脚本　石井隆
出演　美野真琴、早乙女宏美、萩尾なおみ

『桜の園』の中原俊監督作品。原作と脚本は石井隆。村木&名美シリーズの番外編とでもいうのか、村木しか出てこない作品。ただ、姉妹の姉は名美のような存在の印象です。

仕事のうまくいかない村木は、営業の外回りをさぼって公園で転寝。ハッと目を覚まし、ぼんやり営業の仕事に戻って坂を上がっていくと、ある家の前に女子高生が倒れています。驚いて屋敷内に彼女を運び込むと、庭の木にその姉が奇妙な果実の如く縄で縛られ吊るされています。二人を救い出した村木は、姉妹に頼まれ屋敷にガードマンとして泊まり込みますが、ソファで転寝して目覚めると、再び姉は何者かに襲われ、庭木に吊るされています。しかしそれは異常な姉妹によるいたずらで、それ以来蜘蛛の巣に絡みとられたように村木は屋敷から出られなくなってしまいます。ヘンな映画でした。でも素晴らしい。まさに夢でも見ているような取り留めのない世界で、それがとても奇妙ながら脆いユートピアとなっていて引き込まれます。

この社会に居場所のない男が、姉妹に無理やり縛られたり、逆に隙を突いて仕返ししたり、そんな力関係が上下する出し抜き合いをただ屋敷内で繰り返す、時間の停滞した背徳的な愛欲の場所。でも、その痛さと甘さを孕む淫夢は屋敷の中だけに存在し、姉妹がそこから外へ出るときにおそらく魔法は解けるのです。

しかし、嗜虐的なユートピアに耽りながら、果てのなさに堪えきれなくなり男が逃げ戻った現実社会は、普通に時間が流れていて、妻の不信や会社の冷遇などを見るばかり。そして、男が再度逃げ戻る姉妹の屋敷は、やはり夢の如く不思議な時間が経ったのか、「浅茅ヶ宿」のようになっており……というお話。入れ子になった夢現と、現実の息苦しさ、夢のなんの教訓もない儚く残酷な仕打ちに、ただダメになる男はダメになっていくだけの映画です。姉妹が現実の世界では得体の知れない犯罪者の気配を漂わせているのも、微かな霧のように忌まわしくて良いです。

石井隆の劇画で、電車にはねられた名美が死ぬ間際に、走馬灯が巡るように不可思議な世界をさまようお話がありましたが、あの石井隆が持っている夢の曖昧で脆い雰囲気を、一番忠実に再現している作品かと思いました。

『濡れた荒野を走れ』

73／日活／監督　沢田幸弘／脚本　長谷川和彦
出演　地井武男、山科ゆり、川村真樹

警察へのあまりに挑発的な内容ゆえに、昔はソフト化不可能ではといわれていた問題作です。

ある地方都市。教会の活動で集められたベトナムの難民救済募金が、覆面グループに強奪されます。グループは犯行が終わるや警察官に早変わり。主犯格の刑事原田(地井武男)らは事件現場に急行し、捜査をするかのようにして証拠隠滅を計るのでした。原田は署に戻ると、署長から精神病院に入院しているかつての同僚中村（井上博一）が、脱走したことを知らされます。中村の狂気が芝居ではないかと疑う原田たち。彼らは警察による組織的な犯罪が露見することを恐れ、中村の行方を追って彼の自宅へ向かいます。しかしそこには彼の妻と幼い子供がいるだけで中村の姿はありませんでした。一方、中村は電車の中で出会ったまり子（山科ゆり）と逃避行を始めます。

スゴく面白くてわたしは大好き。シネマスコープが主流のロマンポルノにしては珍しくヴィスタサイズの作品。一応ロマンポルノ枠で制作なのかもしれないけれど、地井武男が主演だしロマンポルノとして扱うにはあまりに逸脱してて不思議。日活ニューアクションの定型の決まりすぎたジャンルムービーとも違うし、若松孝二の政治的ピンク映画の流れではあるけれど、野心作でとても愛想のあるアクション映画になっています。

監督は澤田幸弘、脚本は『太陽を盗んだ男』の長谷川和彦。七三年制作の、学生運動がほぼ収束してしまった記憶がまだ生々しかった時期の作品。警察が教会からベトナム難民救済寄付金を組織的に強奪したり、仲間の警官を口封じで精神病院に閉じ込めたり、そいつが脱走すると「もし狂気のふりをしてるなら殺せ」と上司に言われる、大変警察組織へ批判的な内容です。

長谷川和彦ということもあって、この映画も本来の趣旨は反-権力の「警察こそ桜の大紋背負った大組織」と揶揄したかったのかなと思うのですが、この映画はやり過ぎです。あまりに誇張された表現ゆえに仮想敵ファンタジーになっていて、現実味はほとんど皆無。

だけど手加減ない演出によって、過激で面白い映画になっています。敬虔な神父を脅して「教会」から「善意の寄付金」を「刑事たちが強奪」して口封じで教会の娘を「輪姦」ですよ。オブラートに包まなさすぎ。大人が真剣に聞く話じゃないって感じですよね。

まず、精神病院に閉じ込められ記憶を失っているらしい元同僚が脱走する際、精神病院に放火をして逃げるのですが、狂人の表現や焼死者八名という数字がキツすぎて、思想映画よりカルト映画に傾斜しています。とても具体的に警察を主人公にしているわりに、映画内の基準が全般に稚拙なほど露骨で過剰すぎるので、政治的メッセージとしてまともにとりあう範疇を超えてしまっており、その代わり「意図せずカルトになってしまっている映画」として観れば、やりすぎている部分がとても気を張っていて面白いのです。

内容もですが、演出も踏み切りで遮断機に突っ込んでへし折ったり（多分そのまま逃げてる）、地井武男が走り出してる電車に掴まろうとしたり、車の異常な飛ばし方とか、湖畔のロケも湖の中から畔のほうを何気に撮影してたり、気合が入っててワクワクします。

この頃の張り切ってる地井武男は、やはり滑稽に傾く寸前なヤリ過ぎ感があって、わたしは大好きなのです。たぶん監督たちの意気に応えて過激なことをやってやるという俳優としての意欲もあったと思うし、とてもこの映画にマッチしていました。タバコの煙をカメラに向かってプーッて吹くのカワイイ。他のニューアクションの俳優じゃ、ここまで過激さと愛嬌の硬軟両方出なかったと思うので、ほんとにこの映画が地井武男によってどれだけ魅力を添えられてるかと思います。セックスシーンも何もすごいことしてるわけじゃないけど、一般俳優さんが意欲的に臨んでる頑張りがエロい。

山科ゆりの扱いだけは中年男性たちの処女幻想があって気持ち悪いです。精神病院を脱走し、朧げな意識でさまよう変態殺人鬼となった男が、彼女を人質にして逃亡するんだけど、この処女が自ら進んで道連れとなり、彼を導いて癒しを与えてやるというオッサン願望の明け透けさ。最後にはこの娘が、悪徳刑事の地井武男に「あな…たも…かわいそう……」と涙を流して呟く場面では、あまりの陳腐さにギョッとしました。これまでのテンションがこんなつまらない処女幻想でぶち壊しにされるとは、隠し切れない欲望って恐ろしい。でも山科ゆりは肌がきめ細かくて真っ白だし、いつも赤く染まってる頬がとても美しかったです。

この、狂人となっている井上博一の薄気味悪さも良かったです。本当の狂気か、狂気を演じてるのか得体が知れず不穏でイヤな感じ。

ラスト、これは権力が悪辣に生き延びる様へのシニカルな諷刺と思わずに、一人の男の思いがけない痛快なピカレスクと考えた方が映画としても面白いなと思いました。地井武男の、草むらを歩きながら込み上がってくる笑みは、学生運動の闘士から権力側になった男の人生という皮肉にしては狂気の嬉しさがあるし、揺れ動くカメラといい、男の命運の捉えがたい至上の瞬間がよぎるのを垣間見たような、そういう流動性が映画に収められていて良いと思いました。

快楽と観念のドラマ

『地下鉄連続レイプ　ＯＬ狩り』

86／にっかつ／監督・脚本　片岡修二
出演　北条沙耶、秋本ちえみ、夏樹かずみ

望は現在普通のＯＬですが、堂島という蛇の刺青を入れたヤクザによって、シャブ漬けにされ情婦になっていた忌まわしい過去がありました。いま、望は堂島と因縁浅からぬ警部補の風間と一緒に暮らしており、平穏な毎日を送っています。しかし今日は四年間刑務所に入っていた堂島が出所してくる日でした。

堂島がムショ務めの間、彼の組と敵対していたはずの旭誠会は手打ちになっており、堂島は今では厄介者となっています。出所祝いの晩も、旭誠会から堂島の元へ女の刺客が送られますが、女と幹部の沼田を返り討ちにする堂島。彼と舎弟は自分を裏切った親分や、駆けつけた警官たちも次々と殺害し、逃亡を図りながら望を誘拐します。

物騒なタイトルですが、地下鉄内でのレイプシーンをゲリラ撮影している、実際に人騒がせな作品だったりします。狂犬ヤクザ映画として非常に質が高くて、やっぱ男性は刺青の一つも入ってなきゃダメだね！（いやごめんなさい。嘘です）。この堂島という男の暴力に取り憑かれた狂気は、なんとなく深作欣二監督の『現代やくざ』シリーズに通じるものがあります。出所してきた彼は、旭誠会に尾を振る親分に対して「変わったのは世の中じゃなく人だ」と言い、彼に警告しにきた風間に「望は変わっちまったのかな」と呟きます。しかし彼はすべてを強奪し破滅させる男なので、迷わず暴力によってカオスを召還します。その目的は〈元に戻すこと〉。まさに出所後、ナアナアに落ちついた幹部たちを退屈なものと憎んで、徹底的な暴力と反抗によって再び混沌を呼び起こそうとする、『現代やくざ』シリーズの主人公たちとよく似ています。

　でも堂島が怖いのはその冷徹さです。落ちつき払った冷たい表情のままで人を殺め地獄に連れていく、良心の欠落した恐ろしく悪魔的な人間。この堂島役の下元史朗が素晴らしい。出所した際迎えに来た舎弟の元へ歩いてくる、下元さんの眼差しには射すくめられます。また望を奪還するため、車で彼女を追い込むシーンのバックミラーに映り続ける顔や、電話をするシーンで口元にだけ光が当たっている、一生懸命彼の怖さとスタイリッシュさを強調する撮影に、改めてこれは堂島の映画なんだなあと思いました。ロマンポルノはヒロインの映画なんだけれど、この作品がほんとに魅了されているのは堂島のダイアボリズムで、彼がヒロインを地獄へ導き殺戮を繰り返す姿こそが、本作のメインでしょう。そして人に恐怖を感じさせながらも、堂島には恐ろしさがなぜか持つ、黒い悪魔的な美があるのです。

結局、ヒロインがこの蛇の刺青が入った男に恐怖を抱いているのは、堕落する甘美さに負けてしまうからで、もう魅入られた時点で宿命を握られていたようなどうにもならない諦観と絶望を、よけいなセリフを省いて行為と結果だけで見せるのが良かったです。悪魔によって地獄にいざなわれていくイメージは、恐ろしいことでありつつ、何故か抗し難い魅力を湛えているものです。堂島と行動を一にする舎弟たちも、兄貴のために簡単に捨て駒になって死んでしまうのも痺れます。また、そういう舎弟の死に構わない非情さも好き。

地下鉄のレイプシーンは一応周りにエキストラを置いたり、連結部にはスタッフが立って人目を遮蔽したりはしています。まあそれでもレイプシーン自体は見ていてイヤなものですが、この場面の前、地下鉄車内で堂島の舎弟に追い詰められたヒロインが、駅に着いて慌てて降りようとしたとき、堂島がいきなり乗り込んでくるカットが絶妙な段取り。ラストも完璧で文句ないし、音楽の「ダン、ダダン、ピロ〜ン」という安っぽい不吉なシンセが、いかにも八〇年代のハリウッドB級サイコサスペンス調で素敵です。

『実録白川和子　裸の履歴書』

73／日活／監督　曾根中生／　脚本　田中陽造
出演　白川和子、殿山泰司、五條博

ロマンポルノの初期を飾った白川和子の結婚引退記念作品。演劇に憧れた高校時代から、ピンク映画の業界に入り、恋愛に苦しみ女優業への疑問に悩みながらも、ロマンポルノへと進出し第一線で活躍した彼女の波乱の半生を、自らが演じる劇映画。

これは傑作。日活ロマンポルノ第一回作品『団地妻　昼下りの情事』で主演を果たした白川和子。演劇を志した高校時代から女優業を結婚引退するまでを、彼女自身が演じる実録モノです。自分の半生を己で演じる人というのは稀で、安藤昇などほんとに一部の限られた人だけなのですが、本作は特に監督が曽根中生なので、愉快な上にとてもシュールな味わいがあります。虚構と現実の狭間を遊ぶように往来し、気を抜かない密な瞬間の連続は、それ自体で素晴らしい劇映画に仕上がっています。再現ドキュメンタリーを度外視しながら、打ち壊した演出の中にちゃんと再現が立ち昇る、礎の堅実さと柳のような柔軟さが楽しい。そしてそれを受け入れてついていく演技者白川和子も素晴らしいです。

あからさまな年譜や人生の言葉が綴られるのではなく、なんとなく移り変わっている断片や途上的な場面をつないで、時間の変遷と、一人の女優が映画と女の人生の間をたゆたっていた揺れを、何か常にありきたりじゃない不思議な演出による視点で見つめています。保育園の傍らの道を、かすかな笑みを浮かべて歩いてくる和子を引きで撮りながら、彼女が衝動的に保育士になろうとして断られた顛末が、ドキュメンタリータッチなセリフのやり取りだけで表現されるイメージカット。または上半身を毛布にくるまれた和子が床に転がっていることで、次第にストーカーに監禁された様子が浮かび上がってくる、無説明で淡々としたユーモラスな導入など、現実の縛りから逃れ自由に選択された演出に惹き付けられます。えてして事実をなぞるだけの凡百な表現か、突飛な奇天烈さに走りやすい実話モノで、現実と足並みを揃えながらも、同時に奇妙な味を全体に湛えている、個人史映画としては出色の作品だと思います。

引退記念作品のため、ロマンポルノ女優のお歴々が、賑やかしに登場するラストも楽しい。一人一人の顔見世があるのだけれど、ポルノというのはジャンル映画の中で一番、前衛アートと親和性があったんだなあと思える才気走った表現がされています。片桐夕子は引きすぎて顔わかんないし、山科ゆりちゃんが一言呟く言葉になんて自由な映画だろうと感心。宮下順子もどんな瞬間なんだという登場だし、最後は見事に並んだ有名女優のオッパイが贅沢すぎる一作です。

『密猟妻　奥のうずき』

81／にっかつ／監督　菅野隆／脚本　いどあきお
出演　風間舞子、中川みづ穂、梓ようこ

常に快楽を求める登美は、毎日あてもなく電車に乗ってふらつき、公衆トイレの落書きのたくましいペニスを見ながら自慰に耽ります。落書きには〝来々軒の新ちゃん〟と書かれており、登美はその名の青年を探し出して露骨な方法で誘惑しますが、彼女の性は満たされることがありません。ある日、電車の中で痴漢にあった登美はその指に身を委ね、見咎めた女子大生が声を上げても無視してしまいます。そして痴漢に間違えられた男に興味を持って、登美は彼をホテルに誘います。

これは、そこはかとなくゾッとする映画です。怖いことが何も起こるわけでもないのに、ただ己のセックスに従い世間と違う道筋を辿ってどこかへ行ってしまう女性を、眺めているしかない映画で、いどあきおの世界観に戦慄します。何かが起きて転結するわけではなく、はなからの色情狂で、迷いや苦悩もなく性欲に導かれるまま、薄ぼんやりと性の漂泊をする女が一人現れて、去りもせず濡れそぼる物語。どこかへ精神が至ってしまっている女は、現世的な言葉はもはや持たず、しかし彼岸へ渡る術も知らず此岸で円環を描いて歩くしかない、性の現世での行き着く先を見据える映画です。

彼女はあてどなく電車を乗り継ぎ、車内で触れてきた男と交わり、公衆便所のたくましい男根のいたずら書きに欲望をかき立てられます。彼女と暮らす老いた男は言葉すくなに、糸の切れた凧のような女を老年の無骨な優しさで視界から消えてしまわないよう手繰ってはいますが、しかしたとえ爛れていようと、彼女の唯一の世界である性欲の倫理でしか、彼女はさまよい続けることができません。虚ろに全霊で欲情することが彼女のさだめで、船着場のある町の先々で濡れる水音こそが、打てば響く空《くう》の音となります。

忘我という意味ではエクスタシーと死は同義になって、めくるめく性の歓喜こそ死の高揚にすり替えられるのかもしれません。死ならセックスの高揚のもっと無心な先があるかもしれない。彼女は過去にセックスの限りを尽くし、情欲を貪った果てに、もう行き着く所は忘我の先の死しかない瞬間に至って、心中を図った経験があります。しかし女にはまだ、死にいける機会もさだめもありません。そして実は命を取り留めていた男と数年後に再会しても、彼等はただ「アア」と虚ろに互いを確認して、再び性に耽り、責めも怒りもせず波状が交わっただけのように、また離れてそれぞれの性の世界に没入していきます。

痴漢に間違えられたことで彼女が出会う性具の営業サラリーマン——何人もの女を、愛と性の苦しみゆえ破滅に導いてきた男とも同様です。二人が同じように流転や変遷を辿ってきて、結局行き着く先は一緒で、彼とエクスタシーから死にスライドしていくはずが、やはりまだ女には死による停止は訪れません。

マイホームの建設現場に向かうファミリーたちを乗せたバスに乗り込んだ女。家庭ごとに線の引かれた土地の間取りの中で、幸福そうな家族から、不意に人々の不穏などよめきと恐怖の悲鳴があがります。突如発狂した男が妻の頭を振り上げた石で潰し、隣人も刺し殺したあげく逃げ出しますが、登美は平然と男の人質となってバスは見渡す限り何もない海浜地帯の荒涼とした砂泥地に着きます。そこで濡れた土の上、人殺しの男と女のまぐわいがとても引いた位置から写されます。湿地のような広がりの中、二人の男女が情交に没頭する姿にパッヘルベルのカノンがかかる、性の行き着く先の、此岸から彼岸に至る最中にあるセックスを我々は目撃するのです。

仏様の弟子には百人の通りすがりの者を殺めた通り魔がいます。また、華厳経の善財童子が悟りを開いた娼婦の元を訪れるのも有名なお話。この映画が悟りを開いているとはもちろんいいませんが、ただ、何事も没入し突きつめていくと彼岸に近づいていく、その彼方の光景に、この映画は肉迫しているかと思うのです。引いた画面にぽつねんと、それでも激しく躍動しているセックスの姿は滑稽や醜さを通り越して、厳かですらありました。

『ひと夏の秘密』

79／にっかつ／監督　武田一成／脚本　田中陽造
出演　原悦子、渡辺とく子、江角英明

ある夏の日、浜辺の射的場をフラリと訪ねてきた女ちひろ。彼女はこの家に貰われてきた養女でしたが、高二の夏に飛び出して以来、今日が初めての帰郷です。以前、この辺りは牛の屠殺場で、過去に十一歳の少女が腹を牛の角で突き刺されて死んでいた事件があり、ちひろの帰郷をきっかけにその真相が明らかになります。

夏の爽やかな海風と照りつける日差し、そして寝苦しくもどかしい夜の中、終わってしまった事件をいまだ引きずる者たちの映画。本作も含め、『私の中の娼婦』『おんなの細道　濡れた海峡』など、武田一成の海や流浪をテーマにした作品には良作が多いです。

ちひろは養父がガンで危篤という電報を受け取り、忌まわしい記憶のある土地に戻ってきます。牛の角で殺された少女は、元警官だった養父の実子。警官だった彼が屠殺場の人々をキツく絞り上げたために、いやがらせで殺されたなどと噂されています。ちひろが彼に貰われたのは十一歳の時で、殺人犯に犯行を繰り返させるオトリとするためでした。高校生になったある日「娘は死んだのに、おまえばっかり成長しやがって」と養父に強姦され、ちひろは家出。電報を送ってきた光一は、現在は射的屋となったちひろの家の留守番アルバイトですが、彼も都会で教え子に悪戯した塾教師の烙印を押され、小さい頃住んでいたこの町に戻ってきています。そして、射的場の窓から見える海には溺死体を探す男女。女の夫が莫大な保険金を掛けて自殺したが肝心の遺体が見つからず、死亡が確認できないため、妻は地元の青年邦夫と割りない仲になりながら、夫の水死体を捜して続けています。それぞれ、なんとなくどん詰まりな人々です。

　牛の角と聞くと、やはりペニスの象徴というイメージが湧くのですが、本作も多分にその意味を孕んでいます。そして屠殺場の跡も消えうせた土地で、染み込んだ牛の血も乾き、肉も朽ち果てたのにまだ土の下に埋まっている骨という、唯一禍々しい痕跡を残すもの。爽やかな海辺でありながら、呪われた地の証である骨の、エロスと忌まわしさという心惹かれるモチーフが作品を貫きます。

　じつは登場人物たちは、全員少女の死と関わりがあります。死んだ少女で結びついた義理の親娘以外にも、直接手を下したわけではないけれど、光一も邦夫も過失で少女の死を招いた秘密を隠し持っており、たった一本の牛の角で、終わらずに絡めとられていた全員の心の影がいまになって暴かれます。——でもそれ以上でも以下でもなく、少女は偶然の過失で死んだという、今更揺るがしがたい事実が白日の下に晒されるだけです。それで彼らのこれまでの人生が報われるわけでも、これから背負っていくものが軽くなるわけでもない。

そしてこの映画は、全般にだからという悲壮感があるわけでもないのです。原悦子も過去を背負ってヤケに見えるけれど、光一という理解者を得て夏の風や宵を過ごしているようだし、腐乱して風船のように膨らんだはずの溺死体を探す男女も、別の水死体を見つけてぬか喜びしたりしながら、ダラダラと最後まで同じ行為を続けます。事件の真相がわかろうと、じゃあ退屈な人生に何かが起こるかといえば、たった一本の牛の角で人生の歯車が狂った人々の生活に、たった一本の牛の角が今更取り返しをつけられるわけでもないという、変わりない日々が続くだけなのです。

ラスト、「屠殺場の牛の血は全部海に流されていた。わたしはその血を見ながら初潮を迎えた」と原悦子が語り、海に血の色の帯が遥か沖まで伸びる幻想的なカットは印象深い。まがまがしい土地との土着的な共鳴を持ってしまった女性の業も、土地を離れれば夏の日差しが褪せるように呪縛はいずれ薄らぐでしょう。暗くひなびた田舎町の郷愁は、夏の記憶にあるだけで、そのうち海に輝く陽も落ちていくように、まばゆい夏も終われば忌まわしい過去も夕暮れと一緒に消えていく。魂を摑んで放さない血の記憶は、秘密が白日に晒されたことでもはや秘密のないただの思い出の光景となります。そんな夏と囚われた過去の終わりを予兆させる、地味ながらも荘厳なエンディングでした。

『団鬼六　花嫁人形』

79／にっかつ／監督　藤井克彦／脚本　いどあきお
出演　倉吉朝子、志麻いづみ、宇南山宏

ＳＭの世界では、愛と快楽が引き裂かれたり溶解したり、嗜虐と情愛の境界線がわからなくなってしまうことがあるのは想像にかたくないのだけれど、この作品は、そんな恋愛に関して一番言ってはいけない言葉を、最後にヒロインが口にしてしまう気がします。観念が至る、究極の愛の形を描いた作品。

人生を無為にやり過ごしている青年達夫は蝋人形館をブラリと訪れます。そこで拷問シーンに見惚れる若い娘理恵（倉吉朝子）に気づき、二人は無言のまま瞬時に恋に落ちます。しかし理恵はＭ嬢で、ヤクザのヒモに言われるがまま、曽根崎というサディストの男に飼われて暮らしていました。達夫は理恵を自分のものにするため、曽根崎の妻である典子を誘拐。彼女を監禁し責めたて、恥ずかしい写真を撮ってそれをネタに、曽根崎に理恵と典子の交換を申し出ます。けれどもいざとなると理恵が「わたし、このままでいいのに」

と言い出し……というお話。

達夫は毎日理恵のマンションの前に立ち続けます。男が訪ねて来るときにはその窓にカーテンがひかれるのですが、理恵は黄色いレースのカーテンの隙間から、自分を見つめている達夫の姿をみとめるだけで、ホッと笑みを浮かべています。

意地の悪い曽根崎が達夫を部屋に招き、「いかに理恵が自分の従順な飼い犬か」というのを見せ付ける場面があるのですが、理恵はあまり動揺もせずそれを受け入れています。この心境はちょっと不可解なものの、後々わかるように、突きつめて言ってしまえば最終的に「彼女は目の前の実在する達夫を必要としていない」からで、理恵にとっては見守ってくれるというのが現実的な最大の愛の接点なのです。

しかし達夫はそれなりにショックを受けて、曽根崎の妻の典子（志麻いづみ）を山荘で監禁し、報復的に同じ行為をするのだけれど、典子の心の揺れも微妙です。裏切った夫を恨む気持ちと、達夫の理恵を思う心に微かに同情する女性らしい柔和さと、若い男に惹かれている性的な甘美さもあって、このＳＭ場面は映画内で一番充実しているセクシャルな場面でした。夜の灯りの乏しい山荘で、「理恵は布キレ一枚身につけさせてもらえない」と言われた典子が、暗闇を横切って淡い光の中に佇み、自らすすんで下着をとる、波打つ黒髪と華奢な白い身体が美しい。決して挑発的なものではなく、共犯的でもあり、青年を内側に包含してしまうような女性的な得体の知れない柔らかな態度でもあり、志麻いづみは倉吉朝子に対する助演的なスタンスではあるけれど、とても微細な感情表現があって、この映画に気品と奥深さを与えていました。現代的な倉吉朝子に比べて、古典的な女性美が今にも壊れそうなバランスで備わっていて、とても魅力的です。

　典子は青年に欲情を覚えているものの、青年は夫への報復として、彼女を抱こうとせずＳＭ行為しか行いません。静かな朝、縄で縛られたまま用を足す典子が、便所の窓から遠い向こうに、波の打ち寄せる砂浜で戯れているカップルを見やるカットが、些細だけれど、彼女が今手に入れられない普通の愛の形を羨望の気持ちで見つめているのがわかって良い場面です。最後、彼女がベッドに括られたまま、探しに来た夫に見つけられる場面で、サディストの夫が一瞬彼女をぶったのち、典子が「抱いて」と言って平凡な愛の形を求め、妻の元に戻った夫が彼女を普通に抱きしめる、ただ抱擁するということの素直な愛の姿がここで描かれます。

　それに対し、典子と引き換えに達夫が手に入れたはずの理恵は、「いまのままで良かったのに」と言い出します。「わたしは次の人のところへ行くわ。わたしはまるで植物になったみたい。想像の中には、すべてがあるの。あなたも」そう呟く彼女に、自分も彼女の男になろうとして達夫が鞭を振るおうとしますが、理恵はこう叫びます。「あなたはぶたないで！　他の人にぶたれているとき、わたしはあなたを何より近くに感じてる。わたしをぶつ人は、遠くなっていって、いなくなるの。だから、あなたにだけはぶたれたくない」。理恵は、達夫に指一本触れることを許しません。そしてその後、理恵のヒモから暴行を受けた達夫はやはり「殴られ、蹴られていた間、君を何より身近に感じていた。つらければつらいほど、君がぼくのそばにいる」と独白して、彼女の愛に共鳴して映画は終わります。

　これは「究極の完全な愛は頭の中にしかあり得ない」という極論を描いてしまった作品です。そこには生身の肌触りも、直に感じる熱も、意外な愛の仕草もないけれど、それは想像で補ってしまえると言い切って、ひたすら自分の内側だけを見つめる女と、それに同調する男の「エア恋愛」なお話なのです。

　一度目に観たとき、理恵が本当にＭ嬢の傾向があるのか曖昧だったのですが、繰り返し観て、彼女はまったく望んでいない性的奉仕を空ろなほど望まれるがままにしており、鬱屈や苦痛から逃れるため、内面を空っぽにしてしまった人間であると感じました。その苛まれる苦痛の中で、頭に思い浮かべる愛の対象こそが自分をこの世に生かし続ける究極の存在で、痛みが強ければ強いほど、観念の中の愛は彼女に救いをもたらします。

　愛する人の生身が具体的な愛を表現するとき、些細な人間らしい欠陥や、望みどおりじゃない仕草や言葉の足りなさで失望させられるより、想像の中のあの人を念じていたいという、極北的な愛。「目の前のあなたより、わたしの頭の中にいるあなたの方が素晴らしい」というのは確かにわかるけれど、でもどうしようもない極論であって、それは眼前の生身の人を無視してそこにその人の似姿の神を見る、ほとんど宗教に等しい感覚です。鞭打たれる痛みの中で、強く念じて、ひたすら念じ続けてすがることこそが至高の恋愛だから、そのあなたに下賤な現実に降りてきて欲しくないという、自己完結性を持ってきてしまった脚本家のいどあきおは、身体のリアルな感覚を追求するはずのＳＭ映画において、反するように観念的愛の行き着くところを語ってしまったと思います。

　本作を観ながら、なんとなくトリュフォーの『アデルの恋の物語』を思い出しました。愛する人に手紙を綴りながら、狂ったアデルが町をさまよってその男に出会っても気づかない、頭の中の相手をひたすら愛して現実のその人を必要としなくなってしまう、頭の中で完結している狂気の愛の極論と、本作は同じことを描いていると感じました。

『キャンパス・エロチカ　熟れて開く』

76／日活／監督　武田一成／脚本　出倉宏
出演　北川たか子、山村裕、沢田情児

女子大生のヒロインが処女のまま同棲を始めるが、彼が処女性を讃えるように重んじて指一本触れないので、ヒロインが好奇心や欲望のまま、よそで次々と性経験を積んでいく、というお話です。

セックスコメディとして軽はずみで後腐れのない感じが楽しいですが、最後は青春の中でどうしてもぶつかる別離があってほろ苦い。その楽しく観ながら不意に切ない哀しみの只中で終わるバランスが良かったです。二人が座り込む夕暮れの静かな部屋の物悲しさと、別れ方が微妙に曖昧であっけない故に余韻が残ります。

なんというか、ヒロインが淡々としてて全然いやなことが起こらないから気楽に観ていられます。女性の処女性を崇高なものとするようなムカつく価値観は、ちゃんと否定されますしね。でも今じゃできないお話かもしれません。映画は真っ向から女性の性欲や性的好奇心を描いてるんだけど、女性には欲望がないという誤解がまだあったから、あり得た物語だなと思います。

あと、気のいい変わり者なヤクザ役の沢田情児さんがおかしくて魅力的でした。キャッチボールのシーンの、最初は主人公カップルの間を行き交うボールを見ているのに、いつの間にかヒロインに対して視線が止まってしまう、そこで初めて彼女に惚れているというのを見せる演出が、アアいいなあと。

ヒロインの北川たか子さんは器用な方ですね。セックスの最中に浪花節をかける変態みたいな男と寝たあと、お風呂で自然と「清水次郎長」を唸るシーンがお上手でした。調べたら趣味が「詩吟」と書いてあったから、このときから素養がおありだったかも。

『ラブハンター　熱い肌』

72／日活／監督　小沼勝／脚本　萩冬彦
出演　田中真理、吉沢健、相川圭子

矢野コンツェルンの夫人志摩子（田中真理）はある日ドライブ中に、フーテンの男二人と女を車に乗せるハメとなります。彼女は自分が原因で不能となった嗜虐的な夫和彦（織田俊彦）との仲がうまくいっておらず、その夜、昔のボーイフレンドを呼び出して車内で情事に耽りました。しかし後をつけていたフーテンたちのいたずら心から車は斜面を滑り落ち、男は即死、志摩子も足の骨にひびが入る事態に。フーテンの沖田（吉沢健）は慌てて救急車を呼びながらも、二人の裸体をカメラに写します。

沖田は写真をネタに和彦をゆすりますが、同時に志摩子に優しい感情を寄せます。彼は志摩子を利用して和彦から金を巻き上げつつも、彼女の孤独と美しさには愛情と尊重を持って接する二面性があり、その複雑さが吉沢健という俳優によって違和感なく表現されていました。吉沢健はロマンポルノではあまり出演作がなく、やはり若松孝二監督のピンクが本領ですが、ロマンポルノの男優さんでは珍しくクセのない優しげなハンサムだし、現代的な諦観をまとったエキセントリックさが、こういった役にはうってつけです。

こういうことを書くのは不本意ではあるのですが、やはりロマンポルノにおいて、男優さんの層は決して厚くなかったと思うのです。個性派俳優さんは多いものの、二枚目の主演を務められる人は少なく、それはロマンポルノが女優をメインにした世界であるゆえ当然なのですが、監督たちはその辺りを厳しいと感じていたのではないでしょうか。だから、ハンサムなのに『壇の浦夜枕合戦記』で怪演をしていた風間杜夫は、ほんとに貴重でイイ人だなと思うのですが。

本作は小沼勝監督の作品でも、『夢野久作の少女地獄』に通じるような幻想的な演出が多用され、かつ一人の自暴自棄だった女性が自立するまでを描いた正統なドラマともなっています。そのバランスが見事で素晴らしい。墓地で初めて田中真理と吉沢健が情交をしかけた際、茂みから黄色い風船が覗く幻影を見るのも、風船というのは映画では安易なアイテムなのですが、この茂みからの覗き方が非凡。アイテムは利用の仕方如何であるということに今更感嘆します。また、夫による志摩子への性的虐待も、剥かれて弧を描く林檎の深紅の皮を乳房や腹に乗せるなど、リアリティよりとても美意識の強いもの。また、入院した志摩子が病院のベッドで羽のロープをまとって眠っているのも、ありきたりな場面でも、どうにだって一貫した個性は持たせ得ることを表していてステキです。

田中真理は洋館の似合う女。また、ロマンポルノにおいて古い洋館というのは、常に背徳的な秘め事が行われる、妖しく閉ざされた場所です。この映画ではボッシュの絵画『十字架をになうキリスト』が印象的に使われ、それは矢野という財閥に囚われる田中真理が、自由な女であろうとする意志に対し、人々の口さがなさから犠牲となっているという象徴と言えるかもしれません。

田中真理は不思議な顔立ちの女性で、普通の美女の枠ではないのだけれど、セックスシーンなどで口をキィと食いしばるとき、覗く歯並びがとてもあどけなくてハッとします。なので、この映画において憎まれ口を叩いたときの口元を、吉沢健にカワイイと褒められるシーンは、そのままほんとに田中真理の魅力に通じていてドキリとします。インタビューなど拝見すると、小沼監督は理論家の田中真理にちょっとてこずったのかもしれませんが、ちゃんと彼女独自の魅力を見出してあげているのよねと微笑ましい気持ちになります。

『青い獣　ひそかな愉しみ』

78／日活／監督　武田一成／脚本　田中陽造
出演　加納省吾、三谷昇、水島美奈子

厭な秀作です。受験戦争で追い詰められ、家庭内暴力に走るムンムンと青臭いノイローゼ臭を、何故かユーモラスな雰囲気を湛えて撮った作品。ロマンポルノですが、イマイチ欲情ポイントが見つけづらいです。絡みの半分は三谷昇で萎える。

武田一成監督と、脚本の田中陽造コンビは、『おんなの細道　濡れた海峡』なんて良い作品もありますね。どちらもそこはかとないユーモラスな雰囲気が全編漂ってるのですが、構成とかは全然違っていて、なんとなく落ち着くとこへ落ち着く『濡れた海峡』と違い、青年期の過剰に奢った自意識を、わりと冷静に、でも否定的なフィルターをかけることはせず描いて、暴発にめがけてクレッシェンドして頂点で終わる感じ。『濡れた海峡』は映画独自の浮遊感で漂う、〈映画〉ならではの作品だと思うし、本作も内容はともかくドラマらしい構成になってて、激しい物語のわりに楽しいと思います。

エリート生徒だった秀一は大学受験を控え、急に頭のネジが外れたらしく、性的な鬱屈で勉強に集中できずノイローゼ状態に。中学を出るなり働いて、今は肉屋を切り盛りしている父母にむしょうに腹が立って仕方が無く、ある晩自分が勉強中に両親がセックスしているのに気づいて、暴力を振るってしまいます。そして母が昔の従業員と不倫していることも知り、またブチ切れる秀一。お店の客理恵への性的な憧れもイビツになっていき、「人間は肉の塊と変わらない」と思い至った彼は、ある晩両親を前に、とうとう鉄パイプを手にしてしまいます。

タイトルのひそかな愉しみとは、秀一が夜中に店の冷蔵庫に忍び入り、吊るされた売り物の牛肉に穴をほじくって、そこでオナニーするということです。彼は人を人と思わないから、勿論コンドームをつけたりする遠慮はなく、ナマ出しのうえ放置。翌日、理恵がその肉を買いに来て、秀一は一瞬アッと思ってもそのままにし、どういうつもりか部屋まで後をついていって、彼女がそのステーキを食べるのを見守るのでした。で、彼はその晩理恵を相手に童貞を失うのですが、そこで「女も牛肉の塊も一緒だ」と、自意識が充たされない憤懣のすり替えである、自分以外の人間への見下す感情によって結論付けるのです。

秀一のキャラはなかなか絶妙。弁が立ってイチイチ嫌味なんですよ。喋り方も役者が下手なんだろうけど、それがまた最高にイヤな耳障りを生んでて。非常に自尊心が強く、でも自分の本領を発揮できていない鬱屈から、その知性を全部他人を貶めることに使ってるキャラです。

お父さんの職業が中卒の肉屋というのも物言いたげで、同情はしてるけど積極的に擁護する気はないみたいな、すごく弱者っぽい描き方です。なんというか、親子間でもこういうわかりやすい階級差があるから、すんなり家庭内暴力が理解できてしまうのが興味深い。弱者に対する苛立ちみたいなものが、確実に感じられるし。でも最後、そういう人々が果たせる殉死の意識が尊く現れていると思います。

肉屋さんのある、昔の商店街みたいな雰囲気がイイ感じ。おうちの中はセットなのでしょうか、秀一が結構豪快に叩き壊して回るのですが……。理恵のカレシの職業も変わっています。女の部屋に小鳥がいっぱいいるメルヘンな雰囲気がロマンポルノっぽい。

映画は、観た人が不愉快になりすぎないよう、最後は女性の厳しい仏心で青年が改心するみたいな終わり方。傲慢なままだとそれはそれで、観終わって家に帰るなり玄関にうずくまって、しばらく身動きできないようなイヤさがあって面白いと思うけど、まあ人情としてこの映画のラストはホッとします。両親の最後とかも救いはちゃんと残した映画です。

でもエンディングで、秀一が理恵に喚いて窮状を訴える場面は、壮絶にずうずうしい泣き言かましてて、イヤさ&安堵の微妙な匙加減が面白い。役者が下手なせいか、それとも演出なのか、浄化の感銘の中に悪意や笑いもひそんでいる、不思議な調合の作品です。観客としては未分化に現れるそれらを、ありのまま受け入れたいところ。明け方の公園の情景も美しいし、かなりハイテンションな中で終わる映画なので、とても昂揚感があって物語的にも面白い作品です。

『大人のオモチャ　ダッチワイフ・レポート』

75／日活／監督　曾根中生／脚本　大和屋竺
出演　ひろみ摩耶、益富信孝、丘奈保美

発端は北極。一見『遊星からの物体X』のように緊張した隊員たちの姿。性欲がたまりすぎて狂気スレスレとなっている彼らに、同行の大森医師（益富信孝）は精巧な機械仕掛けのダッチワイフBB《べべ》を与えます。そして帰郷の際、恥ずべき極秘事項として大森により、BBは焼き捨てられます。

無事帰還した彼ら。大森は次回の北極行きのため、新たなダッチワイフの制作を職人の久生（織田俊彦）に依頼しますが、それは異様に念の入った細工が要求されました。その上、ＢＢのモデルが久生の亡くなった妻と知ると、大森は自分が用意したモデルを使うよう指示し、久生の反感を買います。またＢＢが忘れられなくなり、再度北極行きを願い出る隊員を、大森は「神経異常」と診断し除隊させてしまうのでした。

ＢＢを巡るダッチワイフ職人の久生と大森の軋轢に、そんな着眼点があったかと驚かされます。職人の自尊心の高さは、新しいダッチワイフの制作に事細かに指示を出しつつ、「共同便所のＢＢは一度も抱かなかった」と言い放つ大森の高慢さを許すことが出来ません。自分の手塩にかけた人形が、不浄なものとして侮蔑されたため憤るという職人気質が目新しくて、特に大森と久生が差し向かいで飲んでるシーンなど、大和屋竺はよくその心情を納得できるように描けたなと感心しました。

でも、実は大森はＢＢに恋をしており、焼き捨てたのは贋物で、本当のＢＢは一人暮らしの自宅へ持ち帰っていたのです。でもプライドの高い大森は屈折した愛情から、ＢＢが共同便所だったことが許せず毎晩「どんなテクニックで隊員たちを喜ばせたんだ！　淫売め！」と痛罵し、緊縛したりしています。勿論相手はダッチワイフ。勝手にキイキイ機械仕掛けで動いているだけです。

そしてＢＢのモデルが久生の妻だったとわかるとショックを受け、一変して下賤なもののように見下すのでした。大森は同じ頃、昔自分が恋していた女の妹を発見し、彼女をモデルにするよう久生へ強引にねじ込みます。彼女は大病院の院長の娘で出自もよく、激しい傲慢さも大森と同じく他人を見下した気質によるもので、大森にとっては、この高慢さこそが精神的な血統の良さなのでしょう。気のいい女房より、人の手を見たらバリ掻いてせせら笑う猫の方が高貴で潔癖なのです。

でも、久生と助手は何様感全開な大森が許せず、新しいダッチワイフにある仕掛けを施しておきます。北極への出発前、届いたダッチワイフに狂喜する大森。彼はこれでようやく、ほんとうに理想的で高潔なダッチワイフを犯すことができるのですが……。とある衝撃的な展開を迎えたラスト、映画は歩道橋を写して唐突に終わります。ああイイ！　この不意に救いなく終わってしまう虚しさが！

本作でもう一人、とても良いシーンがあるのが粟津號です。ＢＢでしか燃えなくなってしまった彼は、生身の女性に嫌悪感を覚え、無理に迫られると思わず頭を殴り失神させてしまいます。そしてベッドで一人、ＢＢの機械仕掛けによる仕草を我が身で再現してみせ、動かない女性でしか果たせない長回しの寂しい狂気の道化芝居によって、見る者をしんみりさせるのでした。

ネクロフィリア的殺人鬼の映画には、よくマネキンなどの人形が登場しますが、本作は生身の人間の体臭などを嫌悪するところから出発しているらしいので、先述の粟津號のシーンも、殺してしまったのではという不安を覚えつつ、あくまでダッチワイフを想起してのことで、ネクロフィリアという風には思えませんでした。彼はぐったりした自由意志を持たないものに惹かれているのではなく、ＢＢの機械仕掛けの積極的な動きを懐かしんでいるだけです。

大森という偏屈で自分以外の人間を見下し、人形愛に目覚めてしまった人物像は大変興味深いです。彼は屍肉と共に暮らせる人ではありません。清潔な合成樹脂と自分が指定した精密な機械反応だけを望み、そういう意味では、フランケンシュタインの人造人間などの、自由意志を持って動いてナンボという人形映画とは表裏一体でも、対極の欲望にある内容です。

本作も、ラストではイタいオチがあるのですが、人でなしの恋はいつも懲罰が待っているのですね。人間が、人形に執着したり恋したりする段階で止まるとつい発露してしまう無意識の罪悪感は、なかなか面白いです。

あとがき

かなり取り上げた映画の趣味嗜好が不揃いな本をお読みいただき、ありがとうございます。昔から一つのテーマだけを追求するのが苦手で、すぐに飽きがきて別の方向に興味が向いてしまう性格でした。なので本書も、章立てから東西の映画が入り乱れている一貫性のなさ。でも移り気でとっちらかった内容こそが自分らしいので、思うがままに並べてみました。本書で取り上げたシャブロル、ファスビンダー、日活ロマンポルノ、大映や東映のキワモノ映画、東宝のクールアクションがいまも血肉となっています。

トップの「シャマラン絶対主義！」は同人誌に収録された際、当時のシャマランの新作が『ハプニング』だったので、元々の原稿はそこまでしか書いていません。今回改めて本にするにあたって、その後のシャマランの作品すべての感想を書きおろしで加筆しています。現在の文章との差異が目立つのはいやだったので、前半もこの機会にかなり整えました。いまは文章の中でそんな時間の経過があるのを、拙さから気づかれるのは恥ずかしいけれど、読者の方がもし内容に変化を発見できたならば教えてほしい、という自己愛いっぱいな気持ちでいます。

今回は分量の都合で収録を見送った原稿もたくさんあり、よくもまあ昔はブログや原稿料の出ない同人誌に、こんなに熱心に取り組んでいたものだなあと、我ながら感心しました。それと同時に、近年の筆の鈍りに焦燥感も覚えてしまいました。いまは仕事の原稿を書くので手一杯で、情熱の赴くまま趣味の原稿を書く余力が失われているのですが、一応書きたい気持ちは相変わらずあるのです。書きたいテーマで長年温めているのもありますし……、片手間に書き上げていける気力体力が欲しいです。

とにかく、本書のメインにあるものは「観る映画観る映画が全部面白くて仕方がないから、感想をなんとか文章にしたい」という必死さです。形にならない感動を的確な言葉で定着させたいという熱意は、いまも根本的に変わらないけれど、この本の文章は稚拙ながらも取り憑かれたような情熱があって、わたしの大事な記録です。ブログの「アヌトパンナ・アニルッダ」は現在非公開ですが、当時読んでくださった方々のリアクションが書く原動力になり、大きな支えでもありました。

最後に、これらの原稿を書くきっかけを与えてくれた『Bootleg』の侍功夫さん、『TRASH-UP!!』の屑山屑男さん、本書のデザイン担当のシマダマユミさん、そして眠っていた原稿を本にしたい気持ちを形にしてくださった、Pヴァインの大久保潤さんに感謝致します。

初出一覧

■「シャマラン絶対主義！」……………………………………………『Bootleg Basic』

■「異郷と恐怖――『女子大生・恐怖のサイクリングバカンス』」……同作品DVDリーフレット（JVC,Ltd.）

■「目がくらむ光、カンガルーの手――『荒野の千鳥足』」…………同作品パンフレット（キングレコード）

■「八〇年代のシャブロルに感じる「居心地の悪さ」」
「侮辱と少しの飴の籠――『マルタ』」

「破滅へと駆け抜ける少女たち――『ヴィオレット・ノジエール』」

「現実と虚構のはざまでたゆたう羽仁進の映画世界」

「野村芳太郎の怖くない霊と、怖い子どもたち」

「東宝クールアクションの世界――『死ぬにはまだ早い』『ヘアピン・サーカス』」…………『TRASH-UP!!』

■その他の原稿はすべて個人ブログ『アヌトパンナ・アニルッダ』より

著者略歴

真魚 八重子（まな やえこ）

愛知県出身。映写技師や派遣社員を経て、現在は「映画秘宝」「朝日新聞」「キネマ旬報」などのほか、パンフレットやDVDでも執筆。著書に『映画系女子がゆく！』『映画なしでは生きられない』『バッドエンドの誘惑』。

血とエロスはいとこ同士
エモーショナル・ムーヴィ宣言

2020年1月18日　初版印刷
2020年1月18日　初版発行

著者　真魚八重子

編集　大久保潤（P ヴァイン）

デザイン　シマダマユミ（TRASH-UP!!）

発行者　水谷聡男

発行所　株式会社 P ヴァイン
〒150-0031　東京都渋谷区桜丘町 21-2 池田ビル 2F
編集部：TEL 03-5784-1256
営業部（レコード店）：
TEL 03-5784-1250　FAX 03-5784-1251
http://p-vine.jp

発売元　日販アイ・ピー・エス株式会社
〒113-0034　東京都文京区湯島 1-3-4
TEL 03-5802-1859　FAX 03-5802-1891

印刷・製本　シナノ印刷

ISBN　978-4-909483-48-5

万一、乱丁落丁の場合は送料負担にてお取り替えいたします。
本書の原稿、写真、記事データの無断転載、複写、放映は
著作権の侵害となり、禁じております。
©Yaeko MANA

カバー写真　『ラブハンター　熱い肌』© 日活

ele-king books